Prühs
GmbH-Geschäftsführer-Vergütung

GmbH-Ratgeber
Band 5

GmbH-Geschäftsführer-Vergütung

100 Steuertipps zu den wichtigsten Vergütungsformen für GmbH-(Gesellschafter-)Geschäftsführer

4. Auflage

von

Dr. jur. Hagen Prühs

VSRW-Verlag · Bonn
Verlag für Steuern, Recht und Wirtschaft

In der Reihe **GmbH-Ratgeber** sind unter anderem folgende Titel erschienen:

- Die GmbH-Gründung
- Unternehmensnachfolge in der GmbH
- Der GmbH-Jahresabschluss
- GmbH-Geschäftsführer: Rechte und Pflichten
- GmbH-Geschäftsführer: ABC der Haftungsrisiken
- Der GmbH-Beirat
- GmbH-Gesellschafter: Rechte und Pflichten
- GmbH-Anteilsverluste
- Betriebsaufspaltungs-Sparbuch
- GmbH-Gesellschafterversammlung

Nähere Informationen hierzu am Ende des Buches und im Internet unter www.vsrw.de („Bücher")

Bibliografische Information der Deutschen Bibliothek

Die Deutsche Bibliothek verzeichnet diese Publikation in der Deutschen Nationalbibliografie; detaillierte bibliografische Daten sind im Internet über http://dnb.ddb.de abrufbar.

© Copyright VSRW-Verlag GmbH, Bonn 2013
VSRW-Verlag GmbH, Rolandstr. 48, 53179 Bonn, Fax: 0228 95124-90
ISBN 978-3-936623-52-9

Vorwort

Seit der 3. Auflage dieses Buches hat sich in der steuerlichen Behandlung der Bezüge von Gesellschafter-Geschäftsführern Etliches geändert. Dafür verantwortlich waren zum einen der Gesetzgeber und zum anderen die Rechtsprechung. Insbesondere die Finanzgerichte und der BFH haben die Gestaltungsspielräume bei der Festlegung der Bezüge für Gesellschafter-Geschäftsführer zunehmend eingeschränkt. Beispielhaft sei verwiesen auf das Verbot, bei Weiterarbeit für die Gesellschaft nach Erreichen des Pensionsalters Gehalt und Pension gleichzeitig zu beziehen, sowie auf die verschärften Anforderungen an die Erdienbarkeit und Finanzierbarkeit von Pensionszusagen sowie an die Durchführung von Gehaltsabreden.

Die vorliegende 4. Auflage gibt nicht nur den Stand von Gesetzgebung, Verwaltungsauffassung und Rechtsprechung zu allen wichtigen Vergütungsbestandteilen zum Ende des Jahres 2012 wieder, sondern zeigt auch die verbliebenen Gestaltungsspielräume auf, die Gesellschafter-Geschäftsführer und ihre steuerlichen Berater im Interesse einer Verringerung der Steuerbelastung der Gesellschaft und des Geschäftsführers nutzen sollten.

Um die 100 Tipps rund um die Geschäftsführervergütung besser bewerten zu können, wurden in Teil A die steuerlichen Aspekte der Geschäftsführervergütung kurz systematisch dargestellt. Am Ende dieses Teils findet der Leser eine Prüfliste mit 12 Geboten für eine gegenüber dem Finanzamt „wasserdichte" Vereinbarung der Geschäftsführerbezüge.

Teil B enthält 100 Kurzbeiträge in ABC-Form rund um die Geschäftsführervergütung.

Teil C bietet dem Leser eine Reihe von mustergültigen Formulierungen für Vergütungsabsprachen zwischen einer GmbH und ihrem (Gesellschafter-)Geschäftsführer mit ausführlichen Erläuterungen.

Wer sich zu allen Fragen rund um die Vergütung von GmbH-(Gesellschafter-)Geschäftsführern stets aktuell informieren möchte, sei auf die Zeitschrift „GmbH-Steuerpraxis" verwiesen, die allmonatlich über die Schwerpunktthemen Steuern, Vergütung und Geschäftsführer-Haftung berichtet. Eine Kurzbeschreibung befindet sich hinten im Buch und auf www.gmbh-steuerpraxis.de.

Bonn, im Januar 2013

Hagen Prühs

Hinweis: Die in diesem Buch verwendeten Zeichen bedeuten:

 Gestaltungsempfehlung ✋ Achtung! Wichtiger Hinweis

Inhalt

Abkürzungsverzeichnis

Abs.	Absatz
Abschn.	Abschnitt
abzgl.	abzüglich
a.F.	alte Fassung
AO	Abgabenordnung
Az.	Aktenzeichen
BetrAVG	Gesetz zur Verbesserung
	der betrieblichen Altersversorgung
BFH	Bundesfinanzhof
BGB	Bürgerliches Gesetzbuch
BGH	Bundesgerichtshof
BMF	Bundesfinanzminister
BSG	Bundessozialgericht
BStBl	Bundessteuerblatt
bzw.	beziehungsweise
DB	Der Betrieb
d.h.	das heißt
DM	Deutsche Mark
DStR	Deutsches Steuerrecht
EFG	Zeitschrift Entscheidungen der Finanzgerichte
EFZG	Entgeltfortzahlungsgesetz
einschl.	einschließlich
EStG	Einkommensteuergesetz
EStR	Einkommensteuer-Richtlinien
ff.	fortlaufende
FinMin	Finanzministerium
GewStG	Gewerbesteuergesetz
GewESt	Gewerbeertragsteuer
ggf.	gegebenenfalls
GmbH	Gesellschaft mit beschränkter Haftung
GmbH-Stpr.	GmbH-Steuerpraxis
HGB	Handelsgesetzbuch
i.S.d.	im Sinne des
i.V.m.	in Verbindung mit
KG	Kommanditgesellschaft
KSt	Körperschaftsteuer
KStG	Körperschaftsteuergesetz
KStR	Körperschaftsteuer-Richtlinien
LStR	Lohnsteuer-Richtlinien
lt.	laut
Nr.	Nummer
n.v.	nicht veröffentlicht
OFD	Oberfinanzdirektion
OHG	Offene Handelsgesellschaft
OLG	Oberlandesgericht
o.g.	oben genanntes
p.a.	per annum
PersGes	Personengesellschaft(en)
S.	Seite
s.o.	siehe oben
sog.	so genannte
TDM	tausend Deutsche Mark

Tz.	Textziffer
u.a.	unter anderem
vGA	verdeckte Gewinnauschüttung
vgl.	vergleiche
v.H.	vom Hundert
z.B.	zum Beispiel
zzgl.	zuzüglich

Teil A: Die steuerliche Behandlung der Geschäftsführer-vergütung im Überblick

Die GmbH ist mit großem Abstand die beliebteste Unternehmensform, nicht zuletzt auch deshalb, weil sie im kalkulierbaren Umfang den Gesellschaftern und der Geschäftsführung Schutz vor unliebsamen Haftungsrisiken gibt. Zudem ist die GmbH eine eigene juristische Person, sodass ihre Gesellschafter mit ihr Verträge abschließen können, beispielsweise auch einen Geschäftsführervertrag. Dies ist einer der größten Vorteile im Bereich mittelständischer GmbHs, die meist inhabergeführt sind oder bei denen die Familie als Gesellschafter zumindest die Mehrheit hat. Zentrale Bedeutung im Bereich der Geschäftsführung hat die optimale und rechtssichere sowie – bei Geschäftsführern mit Gesellschafterstatus – die steuersichere Vergütungsgestaltung unter Ausnutzung aller erdenklichen Gestaltungsmöglichkeiten.

Nachfolgend wird auf die wesentlichen Aspekte überblicksartig eingegangen. Weitere Details können Sie dem im **Teil B** abgedruckten **ABC** entnehmen, das aus neuen und aktualisierten, praxisgerecht „kommentierten" Rechtsprechungs-Beiträgen der Fachzeitschrift „GmbH-Steuerpraxis" (zitiert: GmbH-Stpr.) besteht – von A wie Abfindung bis Z wie Zufluss. In **Teil C** finden Sie vertragliche **Musterformulierungen für die Vergütung** eines (Gesellschafter-) Geschäftsführers. Die Übersicht über lesenswerte Beiträge aus der Fachzeitschrift „GmbH-Steuerpraxis" – abgedruckt als **Teil D** – rundet die Erläuterungen im vorliegenden Ratgeber „GmbH-Geschäftsführer-Vergütung" ab.

1. Zweckmäßige Gestaltung: Mehrere Gehalts-Komponenten, flexible Vergütungsgestaltung

Die Vergütung eines GmbH-(Gesellschafter-)Geschäftsführers besteht in der Regel zweckmäßigerweise **aus mehreren Gehaltsbestandteilen**. Nicht empfehlenswert ist es, nur ein Fix-Gehalt zu vereinbaren; sondern weitere Gehaltsbestandteile wie etwa Tantiemen und Zusatzvergütungen wie beispielsweise steuerfreie Gehaltsextras bzw. steuerbegünstigte Arbeitgeberleistungen sind anzuraten.

☞ Insbesondere in einer **wirtschaftlichen Engpass-Situation** der GmbH, etwa einer vorübergehenden Verlust-Situation oder in der Gründungsphase, zahlen sich flexiblere Gehaltsgestaltungen mit mehreren Komponenten aus – schon allein deshalb, weil die GmbH bei geringerer Leistungskraft dementsprechend niedriger belastet ist.

Als **mögliche Gehaltsbestandteile** sind insbesondere zu nennen: Festgehalt mit entsprechendem Urlaubs- und Weihnachtsgeld (13. und 14. Monatsgehalt), andere Fest-Vergütungen wie etwa eine Fest-Tantieme, erfolgsorientierte Gehaltsbestandteile wie beispielsweise die Umsatz- und Gewinntantieme, geldwerte Nutzungsvorteile beispielsweise aufgrund der privaten Nutzungsmöglichkeit des Dienstwagens, Leistungen der GmbH für die betriebliche Altersversorgung und sonstige Vorteile wie zum Beispiel die steuerfreie Überlassung von Telekommunikationsgeräten, eines PC fürs Heimbüro, eines Notebooks oder andere zum Teil lohnsteuerfreie oder teilweise steuerbegünstigte Arbeitgeberleistungen.

Dies alles wird steuerlich als so genannte **Gesamtausstattung** des Gesellschafter-Geschäftsführers bezeichnet. Diese Gesamtausstattung legt das Finanzamt zugrunde. Sie muss angemessen sein → Stichwort **Angemessenheit**. Andernfalls ist das Finanzamt berechtigt, Vergütungen des Gesellschafter-Geschäftsführers auf das angemessene Maß zu kürzen.

Wenn kleinere **GmbHs mehrere Gesellschafter-Geschäftsführer** haben oder ein Gesellschafter-Geschäftsführer für zwei GmbHs **tätig ist**, ist nach höchstrichterlicher Rechtsprechung im Allgemeinen ebenfalls eine **Gehaltskürzung** angebracht. Denn normalerweise schuldet jeder Geschäftsführer seiner GmbH die volle Arbeitskraft.

Bei einem **unangemessenen Gesamtgehalt** liegen hinsichtlich des unangemessenen Teils so genannte verdeckte Gewinnausschüttungen (vGA) vor. Das wiederum heißt: 1. Insoweit ist der GmbH der Betriebsausgabenabzug versagt. 2. Der Gesellschafter-Geschäftsführer bezieht insoweit keinen Arbeitslohn, sondern „durch das Gesellschaftsverhältnis veranlasste Kapitaleinkünfte" in Form von vGA. 3. Wird in einer Betriebsprüfung bei einer GmbH eine vGA festgestellt, wirkt sich dies regelmäßig auch auf die Einkommensteuerveranlagung des Gesellschafter-Geschäftsführers aus.

Sind **einzelne Komponenten** der Gesamtausstattung als **vGA** zu beurteilen, so etwa die Gewinntantieme, weil sie über 50% des Jahresüberschusses der GmbH beträgt, oder Überstundenvergütungen, mindern eben diese Gehaltsbestandteile den Gewinn der GmbH nicht. Es treten die oben genannten Steuerfolgen ein.

Steuerlich besonders unangenehm ist es, wenn eine Vergütungsabrede dem Grunde nach steuerlich nicht anzuerkennen ist, so etwa eine Gehaltserhöhung, für die der notwendige Gesellschafterbeschluss fehlt. Dann liegt eine vGA vom ersten Euro an vor. Merke: Auf solche Fehler, die ein Betriebsprüfer als erste auf seiner Liste hat, sollte man es nicht ankommen lassen. Hier stehen schnell hohe Steuerbeträge im Raum, z.B. wenn es um eine in allen drei Prüfungsjahren beanstandete Gehaltserhöhung geht.

a) Steuervorteile für Fremdgeschäftsführer als Angestellte

Wenn der (Gesellschafter-)Geschäftsführer steuerlich den Status eines Arbeitnehmers hat, kommen ihm alle Lohnsteuerprivilegien zugute, die auch seine Mitarbeiter beanspruchen könnten. So kann er beispielsweise in den Genuss **steuerfreier Arbeitgeberleistungen** (s.o.) oder von Maßnahmen der betrieblichen Gesundheitsvorsorge (§ 3 Nr. 34 EStG, maximal 500 € pro Kalenderjahr) kommen; **Reisekosten** können ihm im Rahmen der steuerlichen Regelungen lohnsteuerfrei erstattet werden; **Sachbezüge** bleiben bis zur monatlichen Freigrenze von 44 € lohnsteuerfrei, für **Fahrtkostenzuschüsse** kann die niedrige Pauschalbesteuerung gewählt werden.

Wichtigste Ausnahme sind die lohnsteuerfreien Sonntags-, Feiertags- und Nachtarbeitszuschläge (sog. SFN-Zuschläge nach § 3b EStG): Dieses Privileg will die BFH-Rechtsprechung Gesellschafter-Geschäftsführern im Normalfall nicht gewähren.

☞ Ein nicht zu unterschätzender Vorteil ist weiterhin, dass die GmbH sich in allen lohnsteuerlichen Angelegenheiten eine rechtsverbindliche und kostenlose Auskunft (so genannte Lohnsteueranrufungsauskunft, § 42e EStG) erteilen lassen kann. Dies gilt auch dann, wenn es um Lohnsteuerfragen rund um das Gehalt eines Geschäftsführers mit Gesellschafterstatus geht. Vorausgesetzt: Dessen Status als Arbeitnehmer ist anerkannt.

☛ Steht bei Vergütungsgestaltungen aber die **Frage möglicher verdeckter Gewinnausschüttungen** im Raum, hilft die Lohnsteueranrufungsauskunft nicht weiter. Hier gilt: Der Gesellschafter-Geschäftsführer muss selbst von Anfang an für eine steuersichere Gestaltung sorgen oder sich vom Finanzamt eine – gegebenenfalls gebührenpflichtige – rechtsverbindliche Auskunft geben lassen.

b) Vorteile und Steuerrisiken für Geschäftsführer mit Gesellschafterstatus

Dieselben Vorteile wie Fremdgeschäftsführer und anderen GmbH-Mitarbeiter haben Geschäftsführer mit Gesellschafterstatus ebenfalls. Denn sie gelten im Regelfall steuerlich als **Arbeitnehmer**, selbst dann, wenn sie alleinige Gesellschafter-Geschäftsführer sind oder kraft ihrer Gesellschafterstellung die GmbH beherrschen. Das heißt: Sie kommen in den Genuss **aller Lohnsteuerprivilegien**.

Hier liegt der entscheidende Unterschied zum Sozialversicherungs-recht. Dort genügt für den **selbstständigen Status** des Gesellschafter-Geschäftsführers schon, dass er mit 51% oder mehr an der GmbH beteiligt ist. Festzuhalten bleibt damit: Lohnsteuerlich und sozialversicherungsrechtlich gibt es zwar Parallelen. Das Finanzamt ist aber nicht unbedingt an eine sozialversicherungsrechtliche Beurteilung des Arbeitnehmer-/Selbstständigenstatus gebunden, sondern hat unter Umständen ein eigenes Prüfungsrecht.

Auf die besonderen Steuerrisiken für Gesellschafter-Geschäftsführer wurde eingangs bereits kurz eingegangen. Die größte Gefahr droht hier, dass in vielen Fällen seine Arbeitnehmereinkünfte in Kapitaleinkünfte (vGA) umqualifiziert werden können. Dies ist immer dann der Fall, wenn die geldwerten Vorteile nicht durch das Arbeitsverhältnis, sondern **durch das Gesellschaftsverhältnis** – also durch die Nähe des Gesellschafter-Geschäftsführers zu seiner GmbH – **veranlasst** sind.

Dadurch, dass die vGA gesetzlich nicht definiert sind, sondern durch eine Vielzahl von Finanzgerichtsentscheidungen erst konkretisiert worden sind und noch konkretisiert werden, ergeben sich für Gesellschafter-Geschäftsführer in gewissem Rahmen **steuerliche Unwägbarkeiten.** Diese Probleme lassen sich aber dann relativ gut in den Griff bekommen, wenn ein GmbH-Chef folgende Spielregeln einhält:

– Er vereinbart in puncto Vergütung alles schriftlich mit seiner GmbH und sorgt rechtzeitig für einen legitimierenden Gesellschafter-Beschluss.

– Er orientiert sich bei seiner Vergütungsgestaltung mit der GmbH an dem, was die Gesellschaft auch mit einem fremden Geschäftsführer vereinbaren würde (so genannter Fremdvergleich).

– Vergütungsgestaltungen werden so wie vereinbart „1 zu 1" auch durchgeführt, insbesondere fällige Gehaltsbestandteile zum festgelegten Zeitpunkt ausgezahlt und nicht damit gewartet. Sonst kann das Finanzamt mit dem Einwand kommen, dass die verabredete Vergütung nicht ernst gemeint sei.

– Vergütungsvereinbarungen werden dem Grunde und der Höhe nach eindeutig vertraglich festgelegt. Nichts Wesentliches bleibt offen. So ist beispielsweise bei einer Gewinntantieme klar geregelt und rechnerisch nachvollziehbar, wie sich der Tantiemebetrag ermittelt.

– Er vereinbart von vornherein keine Vergütungen, deren steuerliche Anerkennung kritisch wäre, so beispielsweise Mehrarbeitszuschläge oder Umsatztantiemen, wenn sie sich nicht aufgrund besonderer Situation rechtfertigen lassen.

Zu beachten ist: Früher war es so, dass sich eine im Rahmen der Betriebsprüfung bei der GmbH festgestellte vGA nicht mehr auf die bereits bestandskräftige Einkommensteuerveranlagung des Gesellschafter-Geschäftsführers auswirken konnte. Dies hat sich mit der körperschaftsteuerlichen Sondervorschrift § 32a KStG geändert: Werden im Nachhinein bei der GmbH vGA festgestellt, können beispielsweise auch bestandskräftige Einkommensteuerbescheide des Gesellschafters noch geändert werden.

c) Geschäftsführer als Selbstständiger/Berater der GmbH

Normalerweise werden (Gesellschafter-)Geschäftsführer von GmbHs im Rahmen eines Anstellungsvertrags, also als Angestellte, für ihre Firma tätig. Stattdessen können sie allerdings auch als selbstständiger (unternehmerisch tätiger) Geschäftsführer in den Diensten der GmbH stehen. Dies kann sich vor allen Dingen für ältere „gestandene" Geschäftsführer empfehlen, die nach dem erreichten Ruhestandsalter weiter in qualifizierter Form für ihre GmbH tätig sind (vgl. dazu Zimmers, GStB 2011, S. 305).

Eine solche **selbstständige Geschäftsführer-Tätigkeit** kann handfeste praktische, wirtschaftliche und steuerliche Vorteile haben. Die Alternative dazu: Der ehemalige Senior-Chef ist nur noch als **selbstständiger „echter"** **Berater** für die GmbH tätig (siehe folgendes Praxis-Beispiel). Damit vermeidet er auch die rechtlichen Risiken, die sich aus dem Amt des Geschäftsführers ergeben. Vorausgesetzt: Er hat sein Geschäftsführeramt auch tatsächlich abgegeben und ist auch faktisch nicht mehr als Geschäftsführer tätig.

Praxis-Beispiel: Gesellschafter als selbstständiger Berater

Gesellschafter-Geschäftsführer Müller scheidet wie vertraglich vereinbart mit erreichtem Ruhestandsalter von 65 Jahren aus der Geschäftsführung der Familien-GmbH aus. Weil er aber über ein großes Knowhow, langjährige Geschäftserfahrung und über die entscheidenden persönlichen Kundenkontakte verfügt, ist die GmbH weiterhin auf seine Mitarbeit angewiesen.

Herr Müller schließt mit der GmbH einen Beratervertrag. Danach ist er nicht mehr geschäftsführend tätig, unterstützt aber die neue (junge) Geschäftsleitung nach besten Kräften. Laut Vertrag ist Herr Müller als freier Mitarbeiter beschäftigt und bekommt monatlich für seine Dienste ein Pauschalhonorar. Unter bestimmten Voraussetzungen können Extra-Leistungen zusätzlich honoriert werden.

Wenn ein mustergültiger Vertrag über freie Mitarbeit abgeschlossen wurde und Herr Müller seine Beratertätigkeit im Wesentlichen frei gestalten kann, dürfte es mit der rechtlichen und steuerlichen Anerkennung der Gestaltung keine Probleme geben. Herr Müller ist aber nicht nur ertragsteuerlich, sondern auch umsatzsteuerlich Unternehmer, kommt also damit in den Genuss des Vorsteuerabzugs bei seinen Aufwendungen für die Beratungstätigkeit (z.B. Heimbüro).

Ob Herr Müller als freiberuflicher Berater tätig ist oder gewerbliche Einkünfte erzielt, hängt davon ab, ob er eine dem Beruf des Betriebswirts ähnliche Beratertätigkeit ausübt (vgl. zur Problematik: Seifried/Böttcher, DStR 2011, S. 1168; Prühs, Beratervertrag, S. 15 f.).

Das vorstehende Beispiel zeigt, dass vor einer „Umgestaltung" des Geschäftsführerverhältnisses in ein **„echtes" selbstständiges Beraterverhältnis** sämtliche Rechts- und Steuerfolgen geprüft werden sollten, damit es im Nachhinein keine bösen Überraschungen gibt.

Dies gilt erst recht, wenn die **Geschäftsführertätigkeit auf selbstständiger,** d.h. unternehmerischer **Basis** erfolgen soll. Hier kommt es an:

- auf einen stimmigen Vertrag, der die Ungebundenheit und Weisungsfreiheit des Amtsinhabers als Selbstständigen klar dokumentiert,

- auf handfeste, wirtschaftliche und praktische Vorteile für beide Seiten, GmbH und Geschäftsführer,

- auf die Praktikabilität einer solchen Gestaltung auf freier Mitarbeiterbasis und

- nicht zuletzt auf die Steuervor- und -nachteile, welche sich für die GmbH und für den „Unternehmer-Geschäftsführer" aus der Gestaltung ergeben.

Wie jede Vertragsgestaltung hat auch die Ausgestaltung einer Geschäftsführertätigkeit als Unternehmertätigkeit ihre Licht- und Schattenseiten. Vorteilhaft für den „unternehmerischen" Geschäftsführer ist u.a., dass er nun auch von den steuerlichen Unternehmervergünstigungen profitiert, so beispielsweise umsatzsteuerlich vom Vorsteuerabzug und einkommensteuerlich von unternehmerischen Sonderabschreibungen. Allerdings bringt sein Unternehmerstatus auch Pflichten mit sich, insbesondere einen höheren steuerlichen Bürokratieaufwand. Er hat nun außerdem Betriebsvermögen statt Privatvermögens. Davon könnten unter Umständen auch seine GmbH-Anteile betroffen sein.

d) Abfindungen und andere Sondervergütungen

In speziellen Fällen gibt es Steuervergünstigungen, z.B. die sog. Fünftel-Regelung, wenn der (Gesellschafter-)Geschäftsführer eine – nach Jahren meist hohe – **Entlassungsabfindung** enthält. Eine der wichtigsten Grundvoraussetzung ist hier, dass der „Löwenanteil" der Abfindungssumme dem Berechtigten in einem einzigen Veranlagungszeitraum zufließt. Steuerjuristisch heißt das: „Zusammengeballter Zufluss" (zu aktuellen Entwicklungen: Foerster, GmbH-Stpr. 2011, S. 161 → Stichwort **Abfindung.**

✋ Geschäftsführer mit Gesellschafterstatus müssen hier zusätzlich aufpassen. Denn es kann gegebenenfalls sogar eine vGA drohen, so etwa wenn die Zahlungsmodalitäten für die Abfindung so (großzügig) sind, wie sie nicht mit einem Dritten vereinbart worden wären (nicht gewahrter Fremdvergleich).

Weil Geschäftsführer einer GmbH grundsätzlich keine Arbeitnehmer im arbeitsrechtlichen Sinne sind, können sie sich **für nicht genommenen Resturlaub** – auch für Urlaubsrückstände aus mehreren Jahren – von der GmbH eine **Entschädigung** zahlen lassen. Dies wird auch bei Geschäftsführern mit Gesellschafterstatus anerkannt. Voraussetzung dafür ist jedoch, dass bestimmte Formalien strikt eingehalten werden → Stichwort **Urlaubsabgeltung.**

2. Mögliche betriebliche Altersversorgung: Direktversicherung, Pensionszusage

Die **Direktversicherung** – bei Beitragsübernahme durch die GmbH als Arbeitgeberin – stellt in der Praxis die am weitesten verbreitete Form der betrieblichen Altersversorgung für GmbH-Geschäftsführer dar. Dies ergibt sich unter anderem aus der aktuellen GmbH-Geschäftsführer Umfrage der BBE.

Als betriebliche Altersversorgung kommt darüber hinaus die **Pensionszusage** – in Form der Direktzusage der GmbH zu Gunsten des (Gesellschafter-)Geschäftsführers – in Betracht. In der Praxis kommen allerdings wohl erst ältere und berufserfahrene Geschäftsführer in den Genuss dieser besonderen Form der betrieblichen Altersversorgung. Vor allem – auch wegen der Steuervorteile – handelt es sich dabei um eine beliebte Gestaltungsvariante von GmbHs mit ihrem „verdienten" Gesellschafter-Geschäftsführer.

Der **besondere Steuervorteil bei Pensionszusagen:** Die GmbH als Arbeitgeberin bildet für ihre erst zukünftig zu erbringenden Pensionsleistungen eine heute schon Gewinn mindernde Rückstellung, die jährlich über die Zuführungen zu dieser Rückstellung Gewinn mindernd fortzuschreiben ist. Die GmbH bekommt somit bereits in der „Anspar-Phase" der betrieblichen Altersversorgung für ihren Gesellschafter-Geschäftsführer eine hohe Steuerentlastung. Dieses Steuersparmodell funktioniert allerdings nur dann, wenn die GmbH höhere Erträge und nicht etwa Verluste erzielt.

✋ Die **einkommensteuerliche Anerkennung** von Pensions-Rückstellungen ist an besondere Voraussetzungen geknüpft (§ 6a EStG): So ist insbesondere Schriftlichkeit in allen Details der Pensionszusage vorgeschrieben. Außerdem darf es keine steuerschädlichen Vorbehalte der GmbH geben. Im Übrigen muss der GmbH-Geschäftsführer ein bestimmtes Mindestalter haben. Handelt es sich bei dem Pensionsberechtigten um einen Gesellschafter-Geschäftsführer, sind zur steuerlichen Anerkennung **weitere Anforderungen** zu erfüllen:

- So ist unter anderem ein bestimmter Mindest-Zeitraum für die restliche aktive Geschäftsführertätigkeit zu wahren, außerdem eine Probezeit, bevor die Pensionszusage erteilt werden darf → Stichworte **Pensionszusage, Erdienungszeitraum.**

- Die Gesellschafter-Geschäftsführer dürfen durch die Pensionszusage nicht überversorgt sein → Stichwort **Überversorgung.**

- Nicht zuletzt muss die betriebliche Altersversorgung für die GmbH wirtschaftlich verkraftbar, das heißt finanzierbar sein. Hier hat die höchstrichterliche Rechtsprechung besondere Anerkennungskriterien entwickelt → Stichworte **Pensionszusage, Finanzierbarkeit.**

Sämtliche dieser Kriterien müssen erfüllt sein. Sonst liegen vGA vor, und der GmbH ist verwehrt, Gewinn mindernde Pensionsrückstellungen zu bilden, beziehungsweise der Steuerprüfer ist dazu berechtigt, solche Rückstellungen im Nachhinein Gewinn erhöhend aufzulösen.

a) Vor- und Nachteile von Pensionszusagen

Der Vorteil von Pensionszusagen ist, wie zuvor angesprochen, dass die GmbH, ohne überhaupt finanziell belastet zu sein, Gewinn und damit Steuer mindernde Rückstellungen bilden kann.

Muss die GmbH beziehungsweise müssen GmbH-Anteile später aber verkauft werden, können sich Pensionszusagen mit den damit verbundenen Verpflichtungen als nicht hinnehmbare Last für den potenziellen Käufer darstellen. Vor diesem Hintergrund werden GmbH-Erwerber in der Praxis meist darauf bestehen, dass der bisherige Gesellschafter-Geschäftsführer von der GmbH bezüglich seiner Pensionsansprüche abgefunden wird und das Unternehmen dann lastenfrei auf den Erwerber übertragen wird. Vor diesem Hintergrund ergibt sich in Abfindungsfällen eine besondere einkommensteuerliche Problematik, die in Teil B unter dem → Stichwort **Abfindung** näher erläutert wird.

Pensionsrückstellungen dokumentieren eine künftige Verpflichtung der GmbH. Auch wenn damit noch keine tatsächliche Belastung verbunden ist: Aufgrund ihres Verpflichtungscharakters kann sich für Banken und damit **für die Kreditwürdigkeit der GmbH ein negatives (Bilanz-)Bild** ergeben. Vor diesem Hintergrund stand und steht die Praxis vor dem Problem, solche Pensionsverpflichtungen möglichst effektiv und mit geringer steuerlicher Belastung zu beseitigen.

☞ In solchen Fällen sollten Sie unbedingt einen versierten Berater in Anspruch nehmen, der Ihnen alle Gestaltungsvarianten mit ihrer steuerlichen Gesamtbelastung durchrechnet.

b) Steuerliche Anforderungen an Pensionszusagen

Die steuerliche Anerkennung einer Pensionsrückstellung auf der Ebene der GmbH setzt zum einen eine **ordnungsgemäße Pensionszusage** voraus, die bei Gesellschafter-Geschäftsführern besondere Anforderungen erfüllen muss (siehe unten), und zum anderen **generell** die Erfüllung **spezieller gesetzlicher Voraussetzungen**, die in § 6a EStG geregelt sind. Das sind unter anderem:

– Rechtsanspruch auf einmalige oder laufende Pensionsleistungen,

– keine Abhängigkeit von künftigen gewinnabhängigen Bezügen,

– kein Vorbehalt der GmbH, die Pension zu gewähren oder zu mindern,

– schriftliche Zusage mit eindeutigen Angaben zu Art, Form, Voraussetzungen und zur Höhe der in Aussicht gestellten künftigen Leistungen,

Außerdem muss der Pensionsberechtigte mindestens das 27. Lebensjahr vollendet haben. Die Pensionsrückstellung darf höchstens mit dem Teilwert der Pensionsverpflichtung eingesetzt werden. Dazu gibt es im Gesetz spezielle Regelungen (§ 6a Abs. 3 EStG).

c) Spezielle steuerliche Anforderungen für Pensionzusagen an Gesellschafter-Geschäftsführer

Bevor eine Pensionszusage einem Gesellschafter-Geschäftsführer steuerlich wirksam erteilt werden darf, muss dieser im Regelfall eine **Warte-** bzw. **Probezeit** von fünf Jahren hinter sich bringen – so die höchstrichterliche Rechtsprechung. Ausnahme: Der Gesellschafter-Geschäftsführer hat sich bereits vorher in einem anderen Unternehmen bewährt, beispielsweise als jahrelang erfolgreicher Einzelunternehmer, der seine Firma auf die neu gegründete GmbH übertragen hat.

Die Pension muss sich der Gesellschafter-Geschäftsführer außerdem **noch "erdienen"** können, was bei Gesellschaftern mit beherrschendem Status eine noch längere aktive Zeit im Unternehmen als Geschäftsführer voraussetzt. Bei nicht beherrschenden Gesellschafter-Geschäftsführern liegt die restliche aktive Zeit erheblich niedriger. Dies wird unseres Erachtens zu Recht kritisiert.

Der Gesellschafter-Geschäftsführer darf durch die Pensionszusage **nicht "überversorgt"** sein. Davon ist nach bisheriger Rechtsprechung immer auszugehen, wenn seine Versorgungsanwartschaft aus der Pensionszusage zusammen mit einer eventuellen Rentenanwartschaft aus der gesetzlichen Rentenversicherung 75% der am Bilanzstichtag bezogenen Aktivbezüge übersteigt.

 Die strikte BFH-Rechtsprechung zur Überversorgung ist im Wandel – nicht zuletzt angesichts von Konstellationen, in denen denkbar ist, dass Gesellschafter-Geschäftsführer mit Rücksicht auf die GmbH zwar auf ihr Gehalt, nicht aber auf ihre Pensionsansprüche verzichten wollen. Es ist auch nicht einsehbar, warum ein Gesellschafter-Geschäftsführer nicht alleinverantwortlich bestimmen kann und sollte, wie viel seiner Vergütung er „in bar" und wie viel er als spätere Pension bekommt.

3. Abzugsfähigkeit von Vergütungen als Betriebsausgaben bei der GmbH

Alle Geschäftsführervergütungen, die bei Gesellschafter-Geschäftsführern normale Arbeitseinkünfte und keine vGA sind, mindern als Betriebsausgaben den Gewinn der GmbH. Die Gewinnminderung hat zur Folge, dass die Gesellschaft Ertragsteuern, das heißt Körperschaft- und Gewerbesteuer, spart.

a) An Fremdgeschäftsführer gezahlte Vergütungen

Diese Vergütungen sind stets als Betriebsausgaben abziehbar, und zwar als Lohnaufwand, wenn der Geschäftsführer als Arbeitnehmer der GmbH beschäftigt ist, ansonsten bei einem Beraterverhältnis als sonstige Betriebsausgaben.

✋ Ist der Geschäftsführer zwar nicht an der GmbH beteiligt, dafür aber ein Angehöriger eines Gesellschafters, stellt sich die vGA-Problematik ebenfalls. Mit anderen Worten: Erhält ein solcher Geschäftsführer unübliche oder unangemessen Vergütungen oder Vorteile von der GmbH, werden **diese dem Gesellschafter** als eigene, ihm zugeflossene vGA einkommensteuerlich zugerechnet. Auch auf der Ebene der GmbH erfolgt eine steuerliche Beurteilung als vGA.

b) An Gesellschafter-Geschäftsführer gezahlte Vergütungen

Auch diese Vergütungen sind von der GmbH uneingeschränkt als Betriebsausgaben abziehbar – allerdings nur unter der Voraussetzung, dass es sich um **steuerlich anerkannte Arbeitseinkünfte** oder **Beratervergütungen**, nicht aber um vGA handelt.

VGA liegen insbesondere dann vor, wenn

- Art, Zeitpunkt und Höhe der Vergütungen unüblich ist,

- die Vergütungshöhe (Gesamtausstattung oder einzelne Gehaltsbestandteile wie etwa Tantiemen) unangemessen ist,

- die Zahlung an sich unüblich ist, so etwa bei Überstundenzuschlägen,

- die Zahlung der Vergütung nicht zeitgerecht erfolgt, sie insbesondere erst viel später als vereinbart oder gar nicht erfolgt,

- es für die Zahlung der Vergütung keine klare vertragliche Grundlage gibt.

Der Gesellschafter-Geschäftsführer einer GmbH darf aufgrund neuerer BFH-Rechtsprechung mit steuerlicher Wirkung durchaus auch ein **höheres gewinnabhängiges Gehalt** beziehen. Der Tantiemeanteil am Gesamtgehalt kann also mehr als 25% – so die frühere Grenze des BFH – ausmachen. Doch sollte der an ihn zu zahlende Tantiemebetrag im Regelfall die **Höchstgrenze von 50% des Jahresüberschusses** der GmbH „absolut" nicht überschreiten.

Außerdem muss vor allem die **Bemessungsgrundlage** – wie auch alle anderen Tantiememodalitäten – eindeutig vertraglich geregelt sein. Jeder fremde Dritte muss in der Lage sein, anhand des Vereinbarten den maßgeblichen Tantiemebetrag rechnerisch zu ermitteln (Musterformulierungen: Mertes, GmbH-Stpr. 2009, S. 108) → Stichwort Gewinntantieme.

c) Besondere steuerliche Anforderungen an die Vergütungsgestaltung

Die **Gesamtausstattung** eines Gesellschafter-Geschäftsführers muss angemessen sein, was entweder durch einen betriebsinternen oder betriebsexternen Gehaltsvergleich zu belegen ist.

Angemessen muss auch die **betriebliche Altersversorgung** (Stichwort: Überversorgung bei Pensionszusagen) sowie die **Tantiemeregelung** sein. So muss eine Gewinntantieme, die mehr als 50% des GmbH-Gewinns abschöpft, aus besonderen Gründen gerechtfertigt sein. Umsatztantiemen sind Ausnahmesituationen vorbehalten.

Überstundenvergütungen an **Führungskräfte** wie Gesellschafter-Geschäftsführer sind **normalerweise steuerlich** unüblich. Hier sollte der steuersicherere Weg über eine Tantieme-Beteiligung, ggf. in Ausnahmesituationen über eine Umsatztantieme, gesucht werden, um den Gesellschafter-Geschäftsführer an dem Mehrergebnis seiner GmbH angemessen zu beteiligen. Klar ist damit auch: Eine Mehrarbeit muss sich zahlenmäßig in einem entsprechenden Geschäftserfolg (höherer Umsatz oder Gewinn) niederschlagen.

4. Steuerlicher Dauerbrenner in GmbH-Betriebsprüfungen: Angemessenheit des Gesellschafter-Geschäftsführergehalts

Wenn die Gesamtausstattung eines Gesellschafter-Geschäftsführers der Höhe nach angemessen ist, das heißt einem **Fremdvergleich** standhält, ist eine wesentliche vGA-Hürde genommen.

Diesen Fremdvergleich führen Finanzgerichte und Finanzverwaltung regelmäßig anhand eines **betriebsexternen Gehaltsvergleichs** durch. Dabei werden im Normalfall Vergleichszahlen aus anerkannten Geschäftsführer-Gehälter-Strukturuntersuchungen, beispielsweise Zahlen aus der BBE-Studie, zugrunde gelegt, die für das jeweilige Geschäftsjahr beziehungsweise das „Vergütungsjahr" maßgeblich sind → Stichwort **Gehaltsstruktur-Untersuchungen.** Wesentliche Grunddaten der BBE-Gehaltsstudie 2013 finden Sie unter diesem Stichwort.

Die wichtigsten Gehalts-Kennzahlen aus der BBE-Studie werden alljährlich in der Fachzeitschrift „GmbH-Steuerpraxis" veröffentlicht und kommentiert. Geht es in Betriebsprüfungen um die Angemessenheit von in früheren Jahren gezahlten Gesellschafter-Geschäftsführergehältern sollten Sie darauf achten, dass das „richtige" einschlägige Zahlenmaterial aus früheren Gehalts-Studien zugrunde gelegt wird. Die BBE-Gehaltsstudien für zurückliegende Jahre sind auf Anfrage beim VSRW-Verlag, Fax-Nr. 0228/95124-90 erhältlich.

Entscheidend ist, um Ihr Gesamtgehalt als steuerlich angemessen zu rechtfertigen, aus den einschlägigen Gehaltsstrukturuntersuchungen die „richtigen", d.h. **die in Ihrem individuellen Vergütungsfall passenden Vergleichszahlen** zu recherchieren und geltend zu machen. Dies kann zwar einigen Aufwand machen, ist aber immer noch kostengünstiger, als ein individuelles Gehaltsgutachten – laut BFH von höchstem Beweiswert – in Auftrag zu geben.

Der **betriebsinterne Gehaltsvergleich** hat zwar grundsätzlich Vorrang vor dem externen Vergleich anhand von Daten aus Gehaltsstruktur-Untersuchungen. Er ist aber häufig nicht praktikabel, weil es – vor allem in kleinen und mittelständischen GmbHs – an vergleichbar bezahlten Mitarbeitern wie beispielsweise leitenden Angestellten fehlt und es in der Regel keinen zweiten (Fremd-)Geschäftsführer gibt.

Finanzrechtsprechung und Finanzverwaltung greifen aus diesem Grund mitunter auf den **2,5-Faktor** als Multiplikator zurück. Das wiederum heißt: Als Gesellschafter-Geschäftsführer dürfen Sie steuerlich gefahrlos das 2,5-fache des Gehalts des nächstbestbezahlten Mitarbeiters verdienen. Klar ist: Dieser interne Betriebsvergleich zieht dann nicht, wenn außer Ihnen als Geschäftsführer nur noch Teilzeitkräfte und Aushilfen beschäftigt sind oder hoch qualifizierte Spezialisten und Techniker, die ein überdurchschnittliches Gehalt verdienen.

Der beste Nachweis über die Angemessenheit des Gesellschafter-Geschäftsführergehalts ist ein individuelles Gehaltsgutachten durch einen unabhängigen Berater. Davor scheuen aber Finanzverwaltung wie auch GmbH-Chefs aus Kostengründen oft zurück. Ein Trost für Gesellschafter-Geschäftsführer: Den Nachweis, dass ein Teil der Vergütung unangemessen und damit vGA ist, muss **immer das Finanzamt** erbringen.

5. Weitere steuerliche Spezialitäten bei Gesellschafter-Geschäftsführern mit beherrschendem Status

Bei beherrschenden Gesellschaftern einer GmbH gilt auch in puncto Vergütungen eine verschärfte vGA-Kontrolle. Mit anderen Worten: Sind nachfolgende Anforderungen nicht erfüllt, scheitert die Vertragsgestaltung schon aus formalen Gründen und ist vom ersten Euro an eine vGA.

Vereinbarungen zwischen der GmbH und einem beherrschenden Gesellschafter-Geschäftsführer müssen (formales Sondersteuerrecht, zuletzt bestätigt durch BFH-Beschluss vom 26.10.2011, Az. I B 68/11, GmbH-Stpr. 2012, S. 209):

- zivilrechtlich wirksam,

- klar und eindeutig vereinbart (Klarheitsgebot),

- im Voraus abgeschlossen worden sein (Rückwirkungsverbot) und

- außerdem tatsächlich wie vereinbart durchgeführt werden (Durchführungsgebot).

Zivilrechtlich wirksam sind Vergütungsvereinbarungen dann, wenn sie auf einem ordnungsgemäßen Gesellschafterbeschluss beruhen und außerdem zivilrechtlich vereinbarte Formalien wie etwa ein Schriftformerfordernis eingehalten worden sind.

Das **Klarheitsgebot** erfordert, dass jeder fremde Dritte anhand der geschlossenen Vereinbarung das vertraglich in puncto Vergütung Gewollte eindeutig erkennen und die Gehaltshöhe zutreffend ermitteln kann.

Das **Rückwirkungsverbot** besagt, dass Vergütungs-Vereinbarungen wie etwa Tantiemen nur ab dem Zeitpunkt ihrer Zusage und nicht etwa rückwirkend in Kraft gesetzt werden können. Das gleiche gilt für Jahressonderzahlungen.

Beispiel:
Wenn Sie Gesellschafter-Geschäftsführer mit beherrschendem Status sind, können Sie im Dezember 2012 nicht steuerlich wirksam die Zahlung von Weihnachtsgeld für 2012 beschließen oder sich eine Jahressonderzahlung für 2012 rückwirkend genehmigen. Denn das Jahr 2012 ist im Dezember so gut wie gelaufen; derartige Sonderzahlungen werden aber das ganze Jahr über erdient.

Das **Durchführungsgebot** ist erfüllt, wenn die Vereinbarungen tatsächlich umgesetzt und die notwendigen Konsequenzen daraus gezogen werden. Das heißt insbesondere: Zahlung des jeweiligen Gehaltsbestandteils, zum Beispiel einer Tantieme, bei Fälligkeit, und nicht erst einige Zeit später oder gar nicht!

 Bei einem Liquiditätsengpass der GmbH lautet also die Devise: Nicht abwarten und erst einmal nichts zahlen, sondern den Gehaltsanspruch bei längerfristiger „Stundung" in einen Darlehensanspruch umwandeln (Novation) oder gegebenenfalls auf einen bestehenden oder künftigen Gehaltsanspruch mit Besserungsklausel verzichten → Stichwort **Gehaltsverzicht, Besserungsklausel**.

6. Verdeckte Gewinnausschüttungen: Umqualifizierung in Gesellschaftereinkünfte kann drohen

Im Falle von vGA liegen keine durch das Arbeitsverhältnis veranlasste Einkünfte, sondern durch das Gesellschaftsverhältnis veranlasste Einkünfte oder Vergünstigungen vor. Dementsprechend liegen beim Gesellschafter einkommensteuerlich keine Einkünfte aus Arbeitnehmertätigkeit, sondern aus Kapitalvermögen (Gesellschaftereinkünfte) vor.

Solche Gesellschaftereinkünfte – auch in verdeckter Form – dürfen das Einkommen der GmbH grundsätzlich nicht mindern (§ 8 Abs. 3 Satz 2 KStG).

a) Begriff, allgemeine Definition und Hintergründe

Der Begriff der so genannten vGA ist in den Steuergesetzen nicht definiert. Er ist ein „Kind" der Finanzrechtsprechung und wurde von dieser – vorzugsweise durch den BFH – in der Praxis weiter fortentwickelt.

Nach ursprünglicher allgemeiner Definition ist eine vGA eine Vermögensminderung oder eine verhinderte Vermögensvermehrung bei der GmbH, die

– durch das Gesellschaftsverhältnis veranlasst ist,

– sich auf die Höhe des GmbH-Gewinns, z.B. über den Betriebsausgabenabzug, ausgewirkt hat und

– nicht auf einem ordnungsgemäßen Gewinnverwendungsbeschluss der Gesellschaft beruht.

Eine GmbH kann ihrem Gesellschafter-Geschäftsführer in vielfältiger Form Vorteile oder Großzügigkeiten zukommen lassen, die sie einem fremden Dritten niemals so gewähren würde: Vor diesem Hintergrund war und ist klar, dass **jede Vorteilszuwendung** an einen Gesellschafter-Geschäftsführer – auch über deren Angehörige – über die allgemeine Begriffsdefinition hinaus eine vGA ist, wenn der Vorteil unangemessen und unüblich ist, außerdem in dieser Form oder Höhe einen Dritten niemals gewährt worden wäre.

b) Beachtung der aktuellen Finanzrechtsprechung besonders wichtig

Was unter vGA, insbesondere im Bereich der Geschäftsführervergütungen, zu verstehen ist, hat sich erst durch eine jahrzehntelange Finanzrechtsprechung herauskristallisiert – so etwa, dass es bei einem Gesellschafter-Geschäftsführer in erster Linie auf die Angemessenheit seiner Gesamtausstattung ankommt.

Die Finanzrechtsprechung hat sich hier im Laufe der Zeit immer weiter fortentwickelt und die Kriterien für vGA einzelfallbezogenen konkretisiert: Während in den Jahren 2002 bis 2004 die Grundsatzentscheidungen des BFH in puncto Angemessenheit und Tantiemen gefallen sind, konzentrierten sich die obersten Finanzrichter ab dem Jahr 2009 auf die mögliche vGA-Problematik bei der Privatnutzung von Dienstwagen durch Gesellschafter-Geschäftsführer – ausgehend vom Anscheinsbeweis, dass GmbH-Gesellschafter-Geschäftsführer ihren Dienstwagen in der Regel auch privat nutzen → Stichworte **Dienstwagen** und **Fahrtenbuch**.

c) Steuerfolgen, Praxis-Beispiele, Einzelfälle

Was unter vGA zu verstehen ist, hat die Finanzrechtsprechung bei den einzelnen Vergütungsbestandteilen konkretisiert.

Kleines ABC der vGA-Einzelfälle:

Abfindungen wegen Entlassung: Die Zahlungsmodalitäten, zu denen der Gesellschafter-Geschäftsführer abgefunden wird, sind zu großzügig und nicht fremdüblich beziehungsweise die Abfindung ist dem Grunde und/oder der Höhe nach nicht gerechtfertigt und deshalb unangemessen.

Abfindung wegen Resturlaub: Über den nicht genommenen Urlaub werden keine regelmäßigen Aufzeichnungen gemacht. Der Rest-Urlaub wird jahrelang stehen gelassen, ohne dass sich die Gesellschafterversammlung über eine etwaige Abfindung äußert.

Dienstwagen-Überlassung an mitarbeitenden Gesellschafter

- ohne ausdrückliche Erlaubnis der Privatnutzung (Zimmers, GmbH-Stpr. 2009, S. 165), auch ungeregelte Privatnutzung (Zimmers, GmbH-Stpr. 2010, S. 133),
- vertragswidrige private Dienstwagennutzung (s.o. GmbH-Stpr. 2009, S. 166),
- nicht eindeutige „Kann"- bzw. „Darf"-Klauseln (= vGA-Grenzfälle) über die Privatnutzung.

Gehalt ausschließlich in Form einer Tantieme oder Pensionszusage: Regelmäßig vGA, nur in Ausnahmefällen nicht – z.B. bei Gehaltsumwandlungen → Stichwort **Nur-Tantieme** und **Nur-Pensionszusage**.

Gesamtgehalt, unangemessen: Die Gesamtausstattung des Gesellschafter-Geschäftsführers – das heißt alle geldwerten Vorteile aus dem Arbeitsverhältnis

– lassen sich der Höhe nach nicht rechtfertigen, weder nach dem betriebsinternen noch nach dem betriebsexternen Gehaltsvergleich → Stichwort **Angemessenheit** .

Gewinntantiemen, zu hohe: Durch die Auszahlung der Gewinntantiemen an den bzw. die Gesellschafter-Geschäftsführer werden mehr als 50% des von der GmbH erzielten Jahresüberschusses „abgezogen" → Stichwort **Gewinntantieme, 50%-Grenze**.

Gewinntantieme, unklarer Berechnungs-Modus: Die Berechnung der Tantieme ist für Dritte nicht rechnerisch nachvollziehbar → Stichwort **Gewinntantieme - Bemessungsgrundlage**.

Gewinntantieme, rückwirkende Genehmigung: Der beherrschende Gesellschafter-Geschäftsführer einer GmbH genehmigt sich erst im Dezember eine Gewinntantieme für das laufende Jahr.

Gewinntantieme, keine Berücksichtigung von Verlustvorträgen der GmbH: Bei der Gewinntantieme kommen keine Verluste aus Vorjahren in Ansatz, für die der Geschäftsführer ebenfalls verantwortlich zeichnete.

Tantieme, verspätete Auszahlung: Die Tantieme wird nicht bei Fälligkeit ausgezahlt, sondern erst erheblich später, ohne dass beizeiten dazu etwas Schriftliches vereinbart worden ist.

Umsatzorientierte Tantieme: Vereinbarung ohne eine zeit- und betragsmäßige Höchstgrenze → Stichwort **Umsatztantieme**.

Überstundenvergütungen/Nacht-, Sonntags- und Feiertagsarbeits (SFN)-Zuschläge:

Hier gilt die Grundregel, dass von Geschäftsführern abgeleistete Mehrarbeit durch das Gehalt bereits abgegolten ist. Besondere Gehaltszuschläge wegen Arbeiten von Gesellschaftern-Geschäftsführern nachts oder an Sonn- oder Feiertagen werden in aller Regel steuerlich nicht anerkannt, sind damit vGA,

Anerkennung allenfalls in besonderen Ausnahmefällen (Prühs, GmbH-Stpr. 2006, S. 161) nachfolgende Prüfliste und → Stichwort **Überstundenvergütungen**.

Prüfliste:

Zwölf Gebote für Gesellschafter-Geschäftsführer zur steuersicheren Gehaltsgestaltung

1. Beachten Sie in steuerlicher Hinsicht die **besonderen Formerfordernisse** und **formalen Anforderungen** und halten Sie sich daran, damit die Vergütungsgestaltung mit Ihrer GmbH nicht von Grund auf, also vom ersten Euro an, vom Betriebsprüfer als vGA abqualifiziert werden kann – egal, ob Sie beherrschender/alleiniger Gesellschafter-Geschäftsführer oder Geschäftsführer mit Minderheitsbeteiligung sind.

   – Ist die Schriftform vertraglich vereinbart, sollten Sie sich bei jeder Vertrags- und Vergütungsänderung auch strikt daran halten!

   – Sorgen Sie stets dafür, dass jede mit Ihrer GmbH getroffene Vergütungsvereinbarung oder deren Änderung von der Gesellschafterversammlung abgesegnet ist – zum besseren Beweis durch einen protokollierten Gesellschafterbeschluss.

2. Die **rückwirkende Anpassung von Vergütungsabreden** sollte für Sie tabu sein. Fallen Sie damit auf – und die Finanzämter prüfen hier sehr genau – riskieren sie nicht nur die Beanstandung als vGA, sondern eventuell sogar ein Steuerstrafverfahren.

3. Gliedern Sie Ihre Vergütung **in mehrere Komponenten** auf: Alle auch für ihre Mitarbeiter denkbaren Vergütungsformen kommen grundsätzlich auch für Sie als Gesellschafter-Geschäftsführer in Betracht. Unterscheiden Sie wie folgt:

   – Festgehalt, Fest-Tantiemen und andere fixe Gehaltsbestandteile (z.B. umsatzabhängige Jahres-Sonderzahlung),

   – soziale Arbeitgeberleistungen wie Urlaubs- und Weihnachtsgeld,

   – erfolgsabhängige Vergütungen, vorzugsweise gewinnorientierte Tantiemen,

   – vom Betrieb gewährte Leistungen zu ihrer Altersvorsorge wie etwa eine Pensionszusage oder für eine Direktversicherung übernommene Prämien,

   – geldwerter Vorteile aus der Privatnutzung des Dienstwagens,

   – steuerfreie beziehungsweise steuerbegünstigte Arbeitgeberzuwendungen.

4. Beziehen Sie auch (ggf. tarifliche) „**soziale**" **Nebenleistungen** mit ein, die

auch anderen Mitarbeitern der GmbH zugute kommen, so etwa: Gehalts-fortzahlung bei Krankheit, Tod oder Unfall, die Versorgung Ihrer Angehörigen als Hinterbliebene, den Mutterschutz, Erziehungsurlaub, den Anspruch auf private Benutzung des Dienstwagens (ggf. mit Übergangszeiten nach einer etwaigen Entlassung), mögliche Arbeitgeberbeiträge – vergleichbar zu der gesetzlichen Sozialversicherung, usw.

5. Berücksichtigen Sie bei der Bemessung Ihres Gehalts

   – in einem ersten Schritt **die innerbetrieblichen Gegebenheiten;** durch Ihr Geschäftsführergehalt darf nicht der gesamte Gewinn der GmbH „verbraucht" werden; im Regelfall sollte eine Eigenkapitalverzinsung in Höhe von 10% gewährleistet sein

   – in einem zweiten Schritt **Vergleichsdaten aus anerkannten Geschäftsführergehälter-Untersuchungen,** deren Ergebnisse gegebenenfalls das von Ihnen festgelegte, eventuell sogar ein höheres Gehalt als veranschlagt, rechtfertigen können.

6. Vermeiden Sie generell, durch Ihre Vergütungen den Gewinn der GmbH **so stark abzuschöpfen, dass deren Liquidität gefährdet** ist.

   – Ist der Liquiditätsengpass nur kurzfristig, können Sie mit der GmbH erst einmal die Stundung Ihres Gehalts oder bestimmter Gehaltsbestandteile vereinbaren, ohne sich und die GmbH besonderen vGA-Risiken auszusetzen.

   – Bei längerfristigen Liquiditätsengpässen empfiehlt sich die Umwandlung des Gehaltsanspruchs in ein Darlehen, das Sie Ihrer GmbH gewähren. Darüber sollte vor Fälligkeit des jeweiligen Gehaltsanspruchs eine schriftliche Abrede getroffen sein.

   – Eine weitere Möglichkeit besteht darin, vorläufig auf ihr Gehalt zu verzichten. Dazu ist steuerlich erforderlich, eine „mustergültige" Besserungsklausel zu vereinbaren und auch zu praktizieren.

   – Letzte Möglichkeiten sind: endgültig auf ihrer Ansprüche zu verzichten und/oder Ihr Gehalt auf ein für die GmbH verkraftbares Maß zu reduzieren.

7. Überprüfen Sie Ihren Anstellungsvertrag in punkto Vergütung **regelmäßig auf eine etwaige notwendige Vertragsanpassung,** so etwa aufgrund geänderter Rahmenbedingungen (z.B. Mehrarbeit aufgrund von Firmen-Expansion) oder aktueller steuerlicher Anforderungen (z.B. Gehaltsverzicht mit Besserungsklausel wegen vorübergehender Liquiditätsengpässe der GmbH).

8. Bevor Sie Vergütungsanpassungen – nach oben oder nach unten spielt keine Rolle – in die Wege leiten, sollten Sie neben den betriebswirtschaftlichen Folgen auch **die steuerlichen Auswirkungen überprüfen** beziehungsweise überprüfen lassen – sowohl auf der Ebene der GmbH als auch für Sie als Gesellschafter-Geschäftsführer.

9. Geht es darum, Ihre GmbH erst einmal wieder umsatzmäßig „auf Touren" zu bringen, können Sie beispielsweise eine niedrigere Festvergütung und zusätzlich für eine Übergangszeit eine **umsatzorientierte Tantieme** vereinbaren. Achtung: Dies ist der Ausnahmefall und nur dann steuerlich zulässig, wenn Gewinntantiemen der Geschäftsführung keine (nennenswerten) Motivationsanreize geben, z.b. weil die GmbH derzeit nicht genügend Ertrag erwirtschaftet, wie dies etwa in einer betrieblichen Konsolidierungsphase oder Expansionsphase oft der Fall ist. Vorsicht: Die Gestaltung mit Umsatztantiemen ist kein Freibrief. Es bleibt dabei: Ihr Gesamtgehalt inklusive Umsatztantieme muss steuerlich angemessen sein.

10. Auf **Sondervergütungen wegen Überstunden** haben Sie als Geschäftsführer grundsätzlich keinen ausreichend legitimierten Anspruch – so sieht es jedenfalls die Finanzrechtsprechung, die nur in Ausnahmefällen auch bei Gesellschafter-Geschäftsführern lohnsteuerfreie Mehrarbeitszuschläge akzeptiert, so beispielsweise, wenn Sie zur Unzeit normale Arbeitnehmertätigkeiten verrichten und die GmbH auch Ihren Mitarbeitern dafür steuerfreie Zuschläge gezahlt hätte. Aber Achtung: Hier droht, dass Ihnen die Finanzverwaltung das Geschäftsführergehalt kürzt. Argument: Da Sie teilweise als Arbeitnehmer tätig sind, ist kein volles Geschäftsführergehalt gerechtfertigt.

11. Eine **Vergütungsvereinbarung kann erst dann angepasst** werden, wenn sie laut Vertrag abgelaufen beziehungsweise kündbar ist – vorher im Regelfall nicht! Ausnahme: In einer absoluten Krise, in denen der Bestand der GmbH gefährdet ist, müssen Sie Ihr Gehalt reduzieren, gegebenenfalls sogar darauf verzichten. So die Zivilrechtsprechung, auf die sich natürlich auch die Finanzverwaltung berufen kann.

12. Eine **betriebliche Altersversorgung** in Form der **Pensionszusage** kommt erst dann in Betracht, wenn sie für die Firma finanzierbar ist. Im Zweifel lassen Sie es lieber erst einmal bei einer Direktversicherung. Achten Sie außerdem darauf, dass die steuerliche Anerkennung von Pensionszusagen und den damit verbundenen Rückstellungen von bestimmten Voraussetzungen abhängig ist:

– Bei erstmaliger Zusage oder deren Änderung sollten Sie als beherrschender Gesellschafter-Geschäftsführer grundsätzlich noch zehn Jahre weiter im Unternehmen tätig sein. Für Minderheits-Gesellschafter genügt eine weitere aktive Zeit von drei Jahren.

- Die Pensionszusage beziehungsweise deren letzte Anpassung sollten Sie spätestens vor dem Ablauf Ihres 59. Lebensjahrs in der Tasche haben.

- Treten Sie eine Geschäftsführerposition erstmals an, sollte Ihnen im Regelfall erst nach Ablauf einer fünfjährigen „Probezeit" eine Pensionszusage erteilt werden.

Weiterführende Quellen:

Anstellungsvertrag

Haas, Anstellungsvertrag des GmbH-Fremdgeschäftsführers, Band 2 – Reihe GmbH-Musterverträge, 2. Auflage, 2011, 38 Seiten

Prühs, Chef-Gehalt 2012: Vergütungscheck zum Jahreswechsel, GmbH-Stpr. 2012, S. 349

Prühs, Anstellungsvertrag des GmbH-Gesellschafter-Geschäftsführers – Mustervertrag/Alternativ-Formulierungen, Gestaltungsempfehlungen mit rechtlich und steuerlichen Praxis-Hinweisen, Band 1 – Reihe GmbH-Musterverträge, 3. Auflage, 2011, 65 Seiten

Angemessenheit / vGA-Problematik

Mertens, Zur „Angemessenheits-Geschäftsführergehalts-Tabelle" der OFD Karlsruhe vom 3.4.2009, GmbH-Stpr. 2010, S. 1

Ostermeyer/Baur, Die Vergütung des Gesellschafter-Geschäftsführers einer GmbH & Co. KG, GmbH-Stpr. 2009, S. 74

Prühs, Steuerliche Sonderproblematik bei mehreren Geschäftsführern in kleineren GmbHs, GmbH-Stpr. 2010, S. 3

Rath/Zimmers, GmbH-Geschäftsführer-Gehälter 2011/2012 - Aktuelle Vergütungsstudie der BBE, Gradmesser für steuersichere Vergütungsgestaltungen, GmbH-Stpr. 2012, S. 1

Zimmers, vGA-Aktualitäten im Spiegel aktueller Finanzrechtsprechung, Schwerpunkt: Privatnutzung Dienstwagen; GmbH-Stpr. 2010, S. 129

Zimmers, Steuerliche Gehaltskürzung bei der Tätigkeit von Gesellschafter-Geschäftsführern in mehreren GmbHs?, GmbH-Stpr. 2009, S. 10

Zimmers, Chancen zur steuersicheren Gestaltung des GmbH-Gesellschafter-Geschäftsführergehalts bei außergewöhnlichem Arbeitseinsatz, GmbH-Stpr. 2007, S. 8

Einzelne Vergütungen

Lehr, Einkommensteuerliche Abfindungs-Privilegien für GmbH-Gesellschafter-Geschäftsführer und GmbH-Mitarbeiter in Entlassungsfällen –Aktuelle Rechtslage und Rechtsprechungsentwicklung, GmbH-Stpr. 2006, S. 193

Mertes, Resturlaub von Gesellschafter-Geschäftsführern – Chancen für steuersichere Abfindungen, GmbH-Stpr. 2007, S. 225

Mertes, Steuersichere Gestaltung von Gewinntantiemen mit Formulierungshilfen, GmbH-Stpr. 2009, S. 69, 108

Prühs, Überstunden-Mehrarbeitszuschläge für Gesellschafter-Geschäftsführer als verdeckte Gewinnausschüttungen, GmbH-Stpr. 2006, S. 161

Zimmers, Voraus-Gehaltsverzicht von beherrschenden GmbH-Gesellschaftern gegen Besserungsschein – die steuerlich bessere Alternative, GStB 2012, S. 28

Zimmers, Gesellschafter-Geschäftsführer als weisungsabhängiger Arbeitnehmer oder selbstständiger Berater der GmbH – BFH vom 20.10.2010 und Praxisfolgen, GmbH-Stpr. 2011, S. 193

Altersversorgung

Gebauer, Steuerliche Besonderheiten bei Pensionszusagen – besondere Voraussetzung für die steuerliche Anerkennung bei Geschäftsführern mit Gesellschafterstatus, GmbH-Stpr. 2012, S. 37

Lehr, Private Altersversorgung des (Gesellschafter-)Geschäftsführers – einkommensteuerliche Besonderheiten u.a. beim Sonderausgabenabzug, GmbH-Stpr. 2008, S. 8

Prühs, Betriebliche Altersversorgung von GmbH-Gesellschafter-Geschäftsführern (Pensionszusagen) – aktuelle Entwicklungen im Spiegel der neueren Rechtsprechung, GmbH-Stpr. 2010, S. 225

Dienstwagen /Privatnutzung

Beckmann, Die rechtliche Seite bei Dienstwagenüberlassungen – mit Musterformulierungen, GmbH-Stpr. 2007, 304

Klümpen-Neusel, Steuerfolgen bei Dienstwagen-Überlassung an den GmbH-Geschäftsführer u.a. für Fahrten zur Arbeit und Privatfahrten – mit Überblick auf die aktuelle Rechtsprechung, GmbH-Stpr. 2007, 265

Zimmers, Dienstwagenüberlassung an Gesellschafter-Geschäftsführer ohne ausdrücklich erlaubte Privatnutzung als vGA, GmbH-Stpr. 2009, S. 165

Soziales und Gesundheit

Poppelbaum, Sozialversicherungsrechtliche Prüfung der Beschäftigungsverhältnisse in der GmbH und besonderes amtliches Clearing-Verfahren, GmbH-Stpr. 2008, S. 201

Prühs, Steuerfreie Arbeitgeberleistungen zur allgemeinen und betrieblichen Gesundheitsvorsorge, GmbH-Stpr. 2009, S. 107

Teil B: Vergütungs-ABC

1 Abfindung – Einkommensteuerermäßigung (1)

Begünstigung steuerpflichtiger Abfindungen durch die Fünftel-Regelung

Abfindungen, die beispielsweise wegen des Ausscheidens aus dem Geschäftsführeramt an den (ehemaligen) GmbH-Geschäftsführer gezahlt werden, gelten steuerlich als Entschädigung i.S.d. § 24 Nr. 1 EStG, wenn sie in **zusammengeballter Form** im Wesentlichen in einem **einzigen Kalenderjahr** zufließen. Derartige Abfindung unterliegen der Steuerermäßigung nach § 34 EStG, die zum Ziel hat, die hohe steuerliche Belastung (Progression) aufgrund des sprunghaft gestiegenen Einkommens abzumildern.

§ 34 EStG sieht dafür die so genannte **Fünftel-Regelung** vor: Die Steuer beträgt das Fünffache des Unterschiedsbetrags zwischen der errechneten Steuer ohne die außerordentlichen Einkünfte und der errechneten Steuer unter Einbeziehung von einem Fünftel der steuerpflichtigen Abfindung.

Zur Verdeutlichung der abstrakten gesetzlichen Regelung soll das nachfolgende Berechnungsschema dienen:

Berechnungsschema: Fünftel-Regelung bei Abfindungen

Abfindungsbetrag (= voll steuerpflichtig) (1)	.... €
zzgl. 1/5 der Abfindung (1)	+ .... €
Summe (3)	= .... €
Einkommensteuer auf den Betrag (3) nach der maßgeblichen Steuertabelle	.... €
Einkommensteuer auf das zu versteuernde Einkommen ohne Abfindung (2)	./. .... €
= Einkommensteuer auf 1/5 der Abfindung	= .... €
multipliziert mit 5 = Einkommensteuer auf die gesamte Abfindung	= .... €

Man sollte vorsichtig sein, wenn aus progressionsmildernden Gründen (z.B. Wegfall der aktiven Einkünfte aus Geschäftsführertätigkeit) die **Auszahlung der Abfindung in das nächste Kalenderjahr verschoben** werden soll. Vorher sollte stets eine Steuervergleichsrechnung angestellt werden:

(1) Gesamteinkommen des alten Jahres inklusive Abfindung ... €

(1a) Einkommensteuer darauf ... €

(2) Voraussichtliches Gesamteinkommen des neuen Jahres inklusive Abfindung ... €

(2a) Einkommensteuer dieses Jahres ... €

Vergleich der beiden Beträge (1a) und (2a)

Eine sich an die Geschäftsführertätigkeit anschließende **Beratertätigkeit** für die Gesellschaft steht der Steuerbegünstigung der Abfindung nicht im Wege. Es ist in der Praxis durchaus nachvollziehbar, dass ein Geschäftsführer zum Ausscheiden eher bereit ist, wenn ein Beratervertrag in Aussicht gestellt ist. Diese Regelung wird die Finanzverwaltung kaum angreifen können. Entsprechendes gilt auch für den Fall, dass der Geschäftsführer nach seinem Ausscheiden ein neues Betätigungsfeld bei einer Schwestergesellschaft findet.

BFH-Urteil vom 4.3.1998, Az. XI R 46/97; BFH-Urteil vom 26.1.2011, Az. IX R 20/10

2 Abfindung – Einkommensteuerermäßigung (2)

Auch bei schon früher vertraglich vereinbarter Entlassungsentschädigung mögliche Steuerbegünstigung durch Fünftel-Regelung

Der Fall:

B war seit 1972 innerhalb eines Konzerns beschäftigt. Die auch für ihn geltende Betriebsvereinbarung sah vor, dass er im Fall einer rationalisierungsbedingten Auflösung seines Arbeitsvertrags eine Abfindung von einem halben Monatsgehalt pro angefangenem Beschäftigungsjahr beanspruchen konnte.

Im Rahmen einer Neuordnung des Konzerns wurde dem Kläger im Jahr 08 eine Anstellung als Geschäftsführer der X-GmbH unter gleichzeitiger Aufhebung des bisherigen Arbeitsvertrags angeboten. Die Konzernmutter sagte ihm bereits zu diesem Zeitpunkt eine Abfindung von 1/12 des letzten Jahresbruttogehalts je angefangenem Beschäftigungsjahr zuzüglich 20% für den Fall zu, dass der

Dienstvertrag auf Veranlassung der X-GmbH oder durch deren Gesellschafter vor Vollendung des 60. Lebensjahrs aufgehoben bzw. gekündigt wird. B schloss daraufhin den Geschäftsführer-Anstellungsvertrag für die Jahre 09 bis 14 ab.

Aufgrund später geplanter Personalreduzierungen und Sitzverlegung wurde mit dem Kläger im vierten Quartal des Jahres 13 über eine Beendigung seiner Tätigkeit verhandelt. Die Verhandlungen hatten dann die Beendigung des Dienstverhältnisses zur Folge und führten zur Zahlung einer Entschädigung an B in Höhe von 450.000 DM für den Verlust seines Arbeitsplatzes. Mit der Abfindung sollten sämtliche Ansprüche aus dem Dienstvertrag, zusätzlichen Erklärungen und Vereinbarungen sowie aus vorhergehenden Arbeitsverhältnissen bei anderen Unternehmen begründete Ansprüche, mit Ausnahme der Pensionsansprüche, abgegolten werden.

Das Finanzamt verneinte für die Abfindungszahlung die ermäßigte Besteuerung gemäß § 34 EStG (Fünftel-Regelung).

Das Urteil:

Vor dem BFH bekam B Recht. Ihm war die ermäßigte Besteuerung der Abfindung (§ 34 EStG) im Streitfall zu gewähren.

Schließlich beruht die einem gekündigten Arbeitnehmer geleistete Entschädigung auch dann auf einer **neuen Rechtsgrundlage**, wenn **sie bereits im Dienstvertrag** für den Fall der Entlassung vereinbart wurde – so der BFH. Es komme entscheidend darauf an, dass die Zahlungen nicht als Gegenleistung für die erbrachte Arbeitsleistung, sondern als Ersatz für den Wegfall künftiger Einnahmen, sprich für den Verlust des Arbeitsplatzes, zu beurteilen sind.

Dass die Entschädigung bereits zuvor im Dienstvertrag vereinbart war, spiele insoweit keine Rolle. Schließlich könne es keinen Unterschied machen, ob der Ersatzanspruch bereits mit der Beendigung des Dienstverhältnisses aufgrund eines Gesetzes (§ 10 Kündigungsschutzgesetz), Tarifvertrags-, Betriebs- oder einer individual-vertraglichen Vereinbarung entstehe oder **erst anlässlich der Beendigung** vereinbart werde.

Konsequenzen:

Das Urteil des BFH ist aus Gründen der Rechtssicherheit eine erfreuliche Klarstellung. Schließlich sind in zahlreichen Geschäftsführer-Anstellungsverträgen – aus gutem Grund – bereits Entschädigungen für den Fall der Kündigung durch den Arbeitgeber vereinbart.

Im Übrigen ist es gerade für beherrschende Gesellschafter-Geschäftsführer **zwingend**, dass sie eine etwaige Entlassungs-Entschädigung **bereits frühzeitig** (möglichst von Anfang an) vereinbaren. Andernfalls – z.B. bei einer

Abrede in zeitlicher Nähe zum Anteilsverkauf bzw. zur Entlassung – besteht die Gefahr der Beanstandung als vGA.

BFH, Urteil vom 10.9.2003, Az. XI R 9/02

3 Abfindung – steuerliche und rechtliche Besonderheiten

Worauf Sie als Gesellschafter-Geschäftsführer achten sollten

Im Gegensatz zum Sozialversicherungsrecht wird auch der Gesellschafter-Geschäftsführer der GmbH aus steuerrechtlicher Sicht regelmäßig als Arbeitnehmer eingestuft. Dies bedeutet, dass im Fall einer Auflösung des Geschäftsführer-Dienstverhältnisses und Erhalt einer Abfindung der Abfindungsberechtigte in den Genuss der **Steuerermäßigung** nach § 34 EStG kommen kann (s. vorheriges Stichwort).

• Vertragliche Abfindungsregelung unerlässlich

Als Gesellschafter-Geschäftsführer sollten Sie in Ihrem eigenem Interesse schon **frühzeitig**, am besten direkt bei Abschluss des Anstellungsvertrags, an die Vereinbarung einer Abfindung denken. Das macht die spätere **steuerliche Anerkennung** einer Entlassungsabfindung **leichter**.

Sie sollten außerdem wissen, dass das Kündigungsschutzgesetz für GmbH-Geschäftsführer nicht gilt und Geschäftsführer auch sofort von ihrem Amt entbunden werden können. Für „den Fall der Fälle" sollte also **dienstvertraglich** auch die Frage einer etwaigen Abfindung geregelt sein.

• Fremdvergleich wahren

Beachten Sie als Gesellschafter-Geschäftsführer, dass die **Höhe der Abfindung** jedoch einem **Fremdvergleich** standhalten muss, damit die Abfindungszahlung in Höhe des unangemessenen Teils nicht als verdeckte Gewinnausschüttung umqualifiziert wird.

☞ **Bei der Bemessung der Abfindung** sollten Sie sich zur Vermeidung einer verdeckten Gewinnausschüttung (vGA) an § 10 des Kündigungsschutzgesetzes orientieren, der eine Staffelung nach der Zahl der absolvierten Dienstjahre und nach dem Alter des Arbeitnehmers vorsieht. Ferner lässt sich aus der Rechtsprechung der Arbeitsgerichte ein Abfindungsanspruch in Höhe eines Monatsgehalts für jedes geleistete Dienstjahr ableiten.

- **Besonderheiten bei beherrschenden Gesellschafter-Geschäftsführern**

Auch als beherrschender Gesellschafter-Geschäftsführer sollten Sie an eine frühzeitige Abfindungsregelung von Anbeginn im Anstellungsvertrag denken. Dies klingt paradox, da man aufgrund der beherrschenden Stellung sich regelmäßig eigentlich keine Sorgen um den eigenen Arbeitsplatz zu machen braucht.

Ein Grund für das Ausscheiden aus den Diensten der GmbH wäre aber z.B., wenn die Gesellschafterversammlung unter Ihrer maßgeblichen Mitwirkung die **Auflösung der GmbH** und die damit einhergehende Kündigung aller Arbeitsverhältnisse beschließt oder Sie Ihre GmbH an einen Dritten verkaufen müssen, der auf Ihrem Ausscheiden aus dem Geschäftsführeramt besteht. Haben Sie dann als beherrschender Gesellschafter-Geschäftsführer eine Abfindungsregelung vereinbart, unterliegen die Zahlungen der GmbH problemlos der steuerlichen Vergünstigung des § 34 EStG. Die Vergünstigung dürfte hier gewährt werden, da ausschließlich GmbH-bezogene Gründe das Ausscheiden aus dem Dienstverhältnis verursacht haben.

☞ Vereinbaren Sie mit der GmbH eine Abfindungsregelung erst dann, wenn Ihre Entlassung aktuell wird, könnte der Betriebsprüfer diese Regelung als vGA-verdächtig ansehen. Um steuerlich auf Nummer sicher zu gehen, sollte Ihr Anstellungsvertrag für den Fall einer **betriebsbedingten Entlassung** stets eine Abfindungsregelung vorsehen. Wenn Ihre GmbH deswegen im Fall der Fälle zahlen muss, kann das Finanzamt später nicht mit dem Einwand einer vGA kommen.

4 Abfindung – Versorgungsleistungen, nachträgliche (1)

Umfassendes, nachträgliches Versorgungspaket anlässlich einer Entlassungsabfindung als steuerschädliche Zusatzleistung

Der Fall:

Der Kläger war seit 1972 Geschäftsführer der S-GmbH. Sein Anstellungsvertrag lief bis zum 31.12.2006 – bei einem Jahresgehalt von rund 900.000 € brutto ab dem 1.1.2005. Außerdem hatte die GmbH dem Kläger ein Haus mit Grundstück und einen Dienstwagen mit Fahrer zur Verfügung gestellt, die Kosten für den Unterhalt des Grundbesitzes (Strom, Wasser, Heizung, Telefon) übernommen und Zuschüsse für Hauspersonal, Einrichtung und Beiträge zum Golfclub gewährt.

Im Dezember 2005 wurde auf Veranlassung der GmbH die vorzeitige Auflösung des Dienstverhältnisses zum 31.12.2005 vereinbart. Hierfür erhielt der Kläger eine Entschädigung in Höhe von rund 800.000 €. Außerdem verpflichtete sich die GmbH, die bisher zugewendeten Sachbezüge bis zum 31.12.2006 zu gewähren. Der Wert dieser Sachbezüge betrug nach den Feststellungen des Finanzgerichts rund 210.000 €. Der Kläger beantragte die ermäßigte Besteuerung der Abfindung (800.000 €) für das Jahr 2005. Das Finanzamt unterwarf die Abfindung jedoch dem regulären Steuersatz, da die weiterhin gewährten Sachbezüge auch Teil der Abfindung seien und somit die Voraussetzungen für einen zusammengeballten Zufluss in einem Kalenderjahr nicht vorlägen.

Das Urteil:

Der BFH gab dem Finanzamt Recht. Nach der ständigen Rechtsprechung des BFH sind steuerbegünstigte außerordentliche Einkünfte im Sinne des § 34 Abs. 1 EStG (s. Stichwort „Abfindung – Fünftel-Regelung") nur dann gegeben, wenn die Abfindung im Wesentlichen in **einem** Veranlagungszeitraum zu erfassen ist und durch die Zusammenballung erhöhte steuerliche Belastungen entstehen. Entschädigungen für entgangene oder entgehende Einnahmen sind daher grundsätzlich regelmäßig nur dann begünstigt, wenn sie **vollständig in einem Betrag** bezahlt werden.

Erstreckt sich eine Entschädigungszahlung auf **zwei oder mehr** Veranlagungszeiträume, ist die erforderliche Zusammenballung nicht gegeben. Eine Anwendung des § 34 EStG kommt dann grundsätzlich nicht in Betracht.

Eine **Ausnahme** hiervon lässt der BFH allerdings zu, wenn in späteren Veranlagungszeiträumen aus Gründen der sozialen Fürsorge für eine gewisse Übergangszeit **Entschädigungszusatzleistungen** gewährt werden.

Im Streitfall waren die Sachbezüge jedoch nach Ansicht des BFH – unabhängig von ihrer genauen Höhe – nicht als ergänzende Zusatzleistung zu beurteilen. Vielmehr führten sie in ihrer Bündelung zu einer recht umfassenden Versorgung (Kosten für die Wohnung einschließlich Strom, Wasser, Heizung, Telefon, Wagen mit Fahrer, Zuschüsse für Hauspersonal und Einrichtung, Beiträge zum Golfclub). Die **Menge** und der **Umfang** der einzelnen Sachbezüge in ihrer Gesamtheit seien mehr als nur ergänzende Zusatzleistungen. Die ermäßigte Besteuerung nach damaligem Recht (heute: Fünftel-Regelung), wurde deshalb vom BFH abgelehnt.

Konsequenzen:

Unschädliche Zusatzleistungen **aus Gründen der sozialen Fürsorge** sind etwa solche Leistungen, die der Arbeitgeber dem entlassenen Arbeitnehmer (Geschäftsführer) zur Erleichterung des Arbeitsplatz- oder Berufswechsels oder als Anpassung an eine dauerhafte Berufsaufgabe und Arbeitslosigkeit gewährt.

Auch wenn die Leistungen keine Bedürftigkeit des entlassenen Arbeitnehmers voraussetzen, waren sie dem BFH im Streitfall zumindest von ihrem Umfang her zu „üppig".

Mit Schreiben vom 24.5.2004 (Az. IV A 5 - S 2290 - 20/04, Rz. 15) hatte die Finanzverwaltung zunächst klargestellt, dass nach ihrer Auffassung die zusätzlichen Entschädigungsleistungen in einem anderen Kalenderjahr aus Gründen der sozialen Fürsorge **nicht mehr als 20% der Hauptleistung** betragen dürfen. Andernfalls liegt keine Zusammenballung der Einkünfte mehr vor. Von dieser sehr knapp bemessenen Grenze ist das BMF angesichts der BFH-Rechtsprechung (Urteil vom 21.4.2004, Az. XI R 22/03) aber sehr schnell wieder abgerückt. In dieser Entscheidung machte der BFH nämlich deutlich, dass selbst solche Zusatzentschädigungen „steuerunschädlich" sein können, die **mehr als 40% der Hauptentschädigung** ausmachen.

☞ Prompt korrigierte sich das BMF und legte fest: Zusatzabfindungen in Form von „Versorgungsleistungen" wirken dann nicht steuerlich negativ auf die Hauptabfindung zurück, wenn sie **weniger als 50%** der Hauptentschädigung ausmachen (BMF, BStBl I 2004, S. 633).

☞ Im Streitfall störte den BFH offenbar **weniger die Höhe** der „sozialen" Zusatzleistungen, die noch innerhalb der vorgenannten 40- bzw. 50%-Grenze lag, sondern **deren Umfang**. Daraus folgt: Ein ganzes Bündel von Zusatzleistungen, die weiter in Form eines Versorgungspakets gewährt werden, ist in aller Regel steuerschädlich für die Hauptabfindung.

BFH, Urteil vom 21.1.2004, Az. XI R 23/03

5 Abfindung – Versorgungs-leistungen, nachträgliche (2)

Spätere Zusatzleistungen wie z.B. die weitere Überlassung des Firmen-Pkw an Ex-Geschäftsführer sind für die ermäßigte Besteuerung der Hauptabfindung unschädlich

Der Fall und das Urteil:

H war Geschäftsführer der Y-GmbH. Im Jahr 2004 schied der 50-jährige H aus dem Unternehmen aus. Anschließend kam es zum Rechtsstreit vor dem Arbeitsgericht. Die Parteien einigten sich im Rahmen eines Vergleichs dahingehend, dass das Arbeitsverhältnis einvernehmlich zum 31.12.2004 aufgehoben wurde. Als Entschädigung für die Auflösung seines Vertrags erhielt H eine Abfindung in Höhe von 180.000 €, die am 31.12.2004 fällig wurde. Außerdem wurde ihm das Recht eingeräumt, den Firmen-Pkw noch bis zum 31.3.2005 weiter zu nutzen. Er musste lediglich die laufenden Kosten tragen.

H beantragte die ermäßigte Besteuerung für die Entschädigung. Diese wurde ihm nach einer Lohnsteueraußenprüfung durch das Finanzamt verweigert, weil die ihm vom Arbeitgeber (der GmbH) gewährte Abfindung nicht in einem Jahr zusammengeballt zugeflossen sei. Schließlich sei auch die Kfz-Nutzungsmöglichkeit im Folgejahr noch Bestandteil der Entschädigung.

Die von H erhobene Klage beim Finanzgericht hatte Erfolg. Mit seiner Revision beantragte das Finanzamt, die Vorentscheidung aufzuheben und die Klage abzuweisen. Der BFH wies die Revision als unbegründet zurück.

Das Finanzamt habe zu Recht entschieden, dass die Abfindung als Entschädigung ermäßigt zu besteuern ist. Die vereinbarte Abfindung stelle eine **Entschädigung** im Sinne des § 24 Nr. 1 EStG dar.

Nach ständiger BFH-Rechtsprechung sind außerordentliche Einkünfte i.S.d. § 34 EStG zwar nur dann gegeben, wenn die Einkünfte in einem **einzigen** Veranlagungszeitraum zu erfassen sind. Die ermäßigte Besteuerung bezweckt, die Härten auszugleichen, die sich aus der progressiven Besteuerung der Einkünfte ergeben. Daher müssen die Einkünfte grundsätzlich zusammengeballt in einem Jahr zufließen.

Eine **Ausnahme** von diesem Grundsatz ist nach Ansicht des BFH aber geboten, wenn – neben der Hauptentschädigungsleistung – in späteren Veranlagungszeiträumen aus Gründen der sozialen Fürsorge für eine gewisse Übergangszeit sog. **Entschädigungs-Zusatzleistungen** gewährt werden. Diese seien grundsätzlich Teil der einheitlichen Entschädigung, jedoch unschädlich für die Beurteilung des zusammengeballten Zuflusses der Hauptleistung.

Die Unbeachtlichkeit von ergänzenden Zusatzleistungen beruhe auf einer zweckentsprechenden Auslegung des § 34 EStG unter Berücksichtigung des Verhältnismäßigkeitsgrundsatzes. Es wäre nach Auffassung des BFH unangemessen, ergänzende Zusatzleistungen, die in einem anderen Veranlagungszeitraum gezahlt werden, als schädlich zu beurteilen, wenn diese sozialer Fürsorge entspringen. Daher ist die im Vergleich eingeräumte Nutzungsmöglichkeit des Pkw für weitere drei Monate als unschädliche **ergänzende Zusatzleistung** zu beurteilen. Es handele sich dabei auch keinesfalls um eine **unübliche** Entschädigungszusatzleistung.

Konsequenzen:

Wie der BFH in der vorliegenden Entscheidung noch einmal klarstellt, kommt bei Entlassungsabfindungen eine ermäßigte Besteuerung (nach derzeitigem Recht = Fünftel-Regelung) grundsätzlich nur in Betracht, wenn die Entschädigungsleistung zusammengeballt in einem Kalenderjahr zufließt. **Ausnahmen** gelten jedoch für sog. Entschädigungs-Zusatzleistungen (z.B. Aufstockung des Arbeitslosengelds, Kostenübernahme für eine Outplacement-Beratung; vgl. BFH, Urteil vom 14.8.2001, Az. XI R 22/00, BStBl II 2002, S.180) und bei einer zeitlich befristeten **Weiternutzungsmöglichkeit** des bisherigen **Firmen-Pkw** für private Zwecke.

BFH, Urteil vom 3.7.2002, Az. XI R 41/01

6 Abfindung – Verzicht auf Pension

Zur besonderen Steuerproblematik bei Geschäftsführern mit Gesellschafterstatus

Der Verzicht auf eine Pensionszusage stellt – neben der Abfindung – wohl die **einzige vertragliche** Lösung mit schuldbefreiender Wirkung dar. Um negative steuerliche Konsequenzen infolge des Verzichts zu vermeiden, ist es unerlässlich, die Frage der **Werthaltigkeit des Anspruchs** zu überprüfen, da der Gesellschafter in dieser Höhe eine **verdeckte Einlage** tätigt und damit einen Zufluss von Einkünften aus nicht selbstständiger Tätigkeit zu versteuern hat (vgl. Harle, BB 2010, S. 1963).

 Eine **werthaltige** Forderung dürfte immer dann vorliegen, wenn prinzipiell genügend Firmenvermögen vorhanden ist, um die Pensionsverpflichtung zu bedienen und das Unternehmen im Falle des unterstellten Eintritts der Verpflichtung nicht Insolvenz anmelden muss.

☞ Fehlt es an der Werthaltigkeit zum Zeitpunkt des Verzichts auf einen Pensionsanspruch, liegt grundsätzlich **kein Zufluss** bei einem Gesellschafter vor. Die verdeckte Einlage bei der GmbH beträgt somit Null Euro. Der Ertrag wird von der Gesellschafterseite auf die Seite der Gesellschaft verlagert.

Generell ist im Vorfeld eines Verzichts anzuraten, bezüglich der Werthaltigkeit eine **verbindliche Auskunft** einzuholen, die allerdings bei höheren Beträgen gebührenpflichtig sein kann. Zur Formulierung dieser verbindlichen Auskunft bzw. zur Bestimmung der Werthaltigkeit wurden in der Literatur bereits entsprechende Rechenschritte vorgeschlagen (vgl. Harle, BB 2010, S. 1963 ff).

✊ An dieser Stelle ist darauf hinzuweisen, dass ein Pensionsverzicht nicht nur im Vorfeld geplanter Anteilsveräußerungen angezeigt sein kann, sondern auch im Hinblick auf die **Neubewertung der Rückstellung nach den Regeln des BilMoG** für Jahresabschlüsse, die nach dem 31.12.2010 zu erstellen waren.

- **Verzicht auf eine noch verfallbare Pensionszusage**

Verzichtet der Gesellschafter-Geschäftsführer einer GmbH ohne Gegenleistung auf seine zu diesem Zeitpunkt noch verfallbare Pensionszusage, ist der Wert der Pensionsanwartschaft nach Ansicht des Finanzgerichts Düsseldorf (Urteil vom 15.6.2010, Az. 6 K 2357/08 K, F) mit Null Euro (Teilwert) anzusetzen. Als Folge davon entsteht ein entsprechender Gewinn bei der GmbH, allerdings dürfte auf Ebene des Gesellschafters kein fiktiver Arbeitslohnzufluss gegeben sein (vgl. KÖSDI 2010, S. 17111).

Erfolgt der Verzicht **gegen Entschädigung**, stellt sich die Frage, ob die **Steuerbegünstigung nach § 34 Abs. 1 EStG** („Fünftel-Regelung") **überhaupt anwendbar** ist. Gerade bei einvernehmlicher Pensionsabfindung kann dies problematisch und zudem im höchsten Grade **vGA-verdächtig** sein. Denn ein ordentlicher Geschäftsleiter würde erst bei einer **unverfallbaren** Pensionszusage eine Abfindung zahlen. Der BFH verlangt im Übrigen zur Anwendung der Steuerbegünstigung, dass der Abfindungsberechtigte **unter nicht unerheblichem** rechtlichen, wirtschaftlichen oder tatsächlichen **Druck** gestanden hat, er muss sich also in einer **Zwangslage** befunden haben (vgl. ausführlich Lehr, GmbH-Stpr. 2006, S. 193).

☞ In seiner neueren Rechtsprechung hat der BFH eine solche **Zwangslage** bei Abfindungen an Gesellschafter-Geschäftsführer im Zusammenhang mit dem Verkauf/Liquidation der GmbH stets bejaht. Trotzdem sollte ein vertraglich geregelter Passus nicht fehlen, der beispielsweise lauten könnte:

„Herr/Frau … verkauft mit Wirkung vom …seine/ihre Beteiligung an der …GmbH an … (Erwerber). Der Erwerber macht zur Bedingung für seinen Kauf, dass der bisherige Gesellschafter-Geschäftsführer vorher aus seinem Amt ausscheidet und auf seine Pensionsanwartschaft gegen Zahlung einer Abfindung verzichtet…".

- **Betrieblich veranlasste Herabsetzung der Pensionszusage**

Droht wegen ausbleibender Aufträge eine **Überschuldung** der GmbH gehört ggf. eine dem Gesellschafter-Geschäftsführer erteilte Pensionszusage auf den Prüfstand. Eine betrieblich veranlasste Herabsetzung könnte hier als Ausweg dienen. Bei der vertraglichen Gestaltung muss aus steuerlicher Sicht umsichtig vorgegangen werden (vgl. ausführlich Pradl, GStB 2010, S. 264).

Die Finanzverwaltung erkennt eine betriebliche Veranlassung nur in besonderen Ausnahmefällen an (vgl. Bayerisches Landesamt für Steuern, Verfügung vom 15.2.2007, DStR 2007, S. 993). Dazu muss die GmbH bereits in die **Überschuldung im Sinne der Insolvenzverordnung** geraten sein oder sich in einer **Vorstufe zur Überschuldung** befinden.

Mangels klarer Vorgaben durch die Finanzverwaltung dürfte eine Herabsetzung aufgrund des zweiten Ausnahmetatbestands – Vorstufe zur Überschuldung – **kaum gestaltungssicher** durchführbar sein. Aber auch bei bereits bestehender Überschuldung im Sinne der Insolvenzordnung bedarf eine „betrieblich veranlasste" Herabsetzung eines **umfassenden und interdisziplinären Knowhows** (vgl. Lösungsweg von Pradl, GStB 2010, S. 264).

Droht **keine Überschuldung der GmbH,** sollten andere Gestaltungswege in Betracht gezogen werden, so etwa der vorübergehende Verzicht auf Aktivgehalt unter Beibehaltung der Pensionszusage in unveränderter Höhe.

7 Abfindung – Herabsetzung der Pension

Steuerbegünstigung bei Minderung der Pensionszusage gegen Abfindung ausgeschlossen

Der Fall:

Die Eheleute A wurden im Streitjahr 2010 zusammen zur Einkommensteuer veranlagt. Herr A war alleiniger Gesellschafter und Geschäftsführer der Z-GmbH. Von dieser erhielt er im Jahr 2002 eine Direktzusage auf Alters-, Invaliden- und Hinterbliebenenversorgung in Höhe von monatlich 3.000 €. Aufgrund positiver wirtschaftlicher Entwicklungen wurde diese Zusage 2004 auf 6.000 € aufgestockt.

Wirtschaftliche Schwierigkeiten der Z-GmbH führten 2009 dazu, dass sie nicht mehr genügend Liquidität für die Beiträge zur Rückdeckungsversicherung aufbringen konnte. Daher vereinbarte die Z-GmbH mit Herrn A eine Reduzierung der monatlichen Versorgungsleistungen auf 4.000 €. Die Pensionsanwartschaft war zu diesem Zeitpunkt noch verfallbar. Um Rechtsstreitigkeiten für den teilweisen Verlust der Anwartschaft zu vermeiden, erhielt Herr A eine Abfindung von 50.000 €, die ihm im Frühjahr 2010 ausgezahlt wurde.

Das Finanzamt gewährte für die Abfindung keine ermäßigte Besteuerung (§ 24 Nr. 1 EStG in Verbindung mit § 34 EStG). Die dagegen gerichtete Klage vor dem Finanzgericht hatte keinen Erfolg.

Das Urteil:

Der BFH wies die Revision als unbegründet zurück, die Entscheidung des Finanzgerichts sei nicht zu beanstanden.

Die Anwendung der ermäßigten Besteuerung gemäß § 34 Abs. 1 EStG kommt nach ständiger Rechtsprechung nicht in Betracht, wenn unter **Fortsetzung des Einkunftserzielungstatbestands** (Dienstverhältnisses) ein bestehender Anspruch des Vertragspartners abgegolten wird. Vielmehr setzt die Vorschrift voraus, dass das zugrunde liegende **Rechtsverhältnis beendet** wird. Im Streitfall aber wurde der Anstellungsvertrag fortgeführt, lediglich die Pensionszusage der Höhe nach beschränkt.

Konsequenzen:

Eine **begünstigte Besteuerung** nach der so genannten Fünftel-Regelung (siehe Beitrag Nr. 1) kommt in Betracht, wenn eine Entschädigung

– als Ersatz für entgangene oder entgehende Einnahmen,

– für die Nichtausübung einer Tätigkeit oder

– für die Aufgabe einer Gewinnbeteiligung bzw. einer Anwartschaft auf eine solche gewährt wird.

Diese Voraussetzungen sind aber dann nicht erfüllt, wenn unter Fortsetzung des Dienstverhältnisses ein bestehender Anspruch durch den Vertragspartner abgefunden wird.

Abfindungen aufgrund einer Verminderung der Pensionszusage können daher nicht ermäßigt besteuert werden, sofern das eigentliche Dienstverhältnis fortgeführt wird. Die Pensionsvereinbarung ist untrennbar damit verbunden.

👋 Sämtliche bis zur rechtswirksamen Auflösung des Dienstverhältnisses entstandene Ansprüche auf Gehalt (z.B. Tantieme, Weihnachtsgeld, Urlaubsgeld) führen bei „Ablösung" ebenfalls nicht automatisch zu einer steuerbegünstigten Entschädigung (vgl. BFH, Urteil vom 10.10.2001, Az. XI R 50/99). Auch ein **Betriebsübergang** i.S.d. § 613a BGB führt nicht automatisch zur Beendigung des bisherigen Arbeitsverhältnisses, sondern erst eine etwaige daraufhin erfolgende Entlassung des Geschäftsführers.

BFH, Urteil vom 6.3.2002, Az. XI R 36/01

8 Abfindung – Zusammenballung mit Tantieme

Zur Problematik der Zahlung einer Tantieme und einer Abfindung bei Auflösung des Dienstverhältnisses

Der Fall:

Das Vorstandsmitglied einer Kapitalgesellschaft hatte einen Anstellungsvertrag mit einer Laufzeit vom 1.10.2007 bis 30.9.2012 abgeschlossen. Neben einem Festgehalt hatte er Anspruch auf eine Tantieme, die sich nach Ermessen des Aufsichtsrats nach der Höhe des Jahresüberschusses bzw. nach dem Erreichen eines Planergebnisses richtete. Die Tantieme war am Ende des Monats fällig, in dem die ordentliche Hauptversammlung stattfand. In den Jahren 2008, 2009 und 2010 fielen Bruttovergütungen von insgesamt ca. 200.000 €, 215.000 € und 340.000 € an.

Ende Dezember 2010 wurde das Vorstandsmitglied abberufen und das Dienstverhältnis mit Wirkung zum 31.1.2011 beendet. Für den Verlust des Arbeitsplatzes zahlte die Gesellschaft eine Entschädigung von ca. 230.000 €. Die gesamten Einnahmen des Ex-Vorstands aus nichtselbstständiger Arbeit beliefen sich in 2011 auf ca. 290.000 €.

Das Finanzamt lehnte die ermäßigte Besteuerung der Abfindung nach § 34 EStG mangels Zusammenballung ab. Das FG gab der dagegen gerichteten Klage statt. Im Revisionsverfahren wandte das Finanzamt ein, die Argumentation des FG sei unzutreffend, da es die im Jahr 2010 erdiente Tantieme nicht aus der Entschädigung herausgerechnet habe. Nur der die Tantieme übersteigende Betrag könne eine steuerbegünstigte Entschädigung darstellen. Das FG hielt es dagegen für fraglich, dass angesichts der Auflösung des Dienstvertrags für das Jahr 2010 überhaupt noch eine Tantieme gezahlt worden wäre.

Das Urteil:

Der BFH hat die Vorentscheidung aufgehoben und die Sache zur weiteren Sachverhaltsaufklärung zurückverwiesen. Denn es war ungeklärt, ob die Abfindung **bereits erdiente** Ansprüche aus dem Dienstvertrag abgelten sollte. Soweit dies der Fall war (so etwa bei abgefundenen Tantiemen), scheide eine ermäßigte Besteuerung aus.

Entscheidend sei, ob die vertraglichen Voraussetzungen für den **Tantiemeanspruch im Zeitpunkt der Vertragsaufhebung** überhaupt erfüllt waren. Dies hatte das FG nicht geprüft. Nach Auffassung des BFH kann die Tantieme trotz der Aufhebung des im Streitfall bis zum 30.9.2012 unkündbaren Dienstvertrags und der Beendigung des Dienstverhältnisses erdient worden sein. Dies lässt sich dem Dienstvertrag jedoch ebenso wenig entnehmen wie die Berechnung der Tantiemen in den Vorjahren.

Andererseits ist es aus Sicht des BFH aber auch denkbar, dass die Gesellschaft trotz der Tantiemezahlungen in den Vorjahren nicht mehr dazu verpflichtet war, für das Jahr 2010 eine Tantieme zu gewähren. Zweifel bestehen insoweit vor allem deswegen, weil die Gesellschaft im Jahr 2010 einen Verlust von ca. 750.000 € erzielt hatte.

Konsequenzen:

Die vorliegende Entscheidung ist zwar zu einer AG ergangen, **jedoch auf eine GmbH übertragbar** – allerdings nur auf Fremdgeschäftsführer bzw. nicht beherrschende Gesellschafter-Geschäftsführer.

☝ Bei einem **beherrschenden** Gesellschafter-Geschäftsführer würde eine solche Tantiemevereinbarung wohl zu einer verdeckten Gewinnausschüttung führen.

Bei der Prüfung der Steuerermäßigung für die Abfindung (§ 34 EStG) fragt sich, ob eine **Zusammenballung von Einnahmen** vorliegt, d.h. ob die Entschädigung die bis zum Ende des Veranlagungszeitraums entgehenden Einnahmen übersteigt. Hier ist im Streitfall davon auszugehen, dass ein einmal gezahltes Festgehalt auch in der Zukunft gezahlt würde. Das FG hatte in seine Durchschnittsberechnung dagegen auch die niedrigeren Festgehälter der Vorjahre einbezogen.

☞ Es kommt nicht darauf an, ob eine **Entschädigung** die entgehenden Einnahmen mehrerer Jahre abdecken soll. Entscheidend ist vielmehr, ob es im Jahr der Zahlung der Entschädigung (hier: 2011) dergestalt zu einer Zusammenballung von Einkünften kommt, dass das Gesamteinkommen (hier: Restlicher Arbeitslohn für einen Monat plus Abfindung) aus Arbeitnehmertätigkeit die bei Fortbestehen des Dienstverhältnisses angefallenen Arbeitseinkünfte übersteigt.

BFH, Urteil vom 24.10.2007, Az. XI R 33/06

9 Angehörige von Gesellschaftern, Abfindung als vGA

Verdeckte Gewinnausschüttungen bei Abfindungszahlungen an dem Gesellschafter nahestehende Personen möglichst vermeiden!

Der Fall:

Die R-GmbH schloss am 31.5.1990 mit E, der zu diesem Zeitpunkt 60 Jahre alten Ehefrau des beherrschenden Gesellschafters der R-GmbH, einen Vertrag über die sofortige einvernehmliche Aufhebung des zwischen ihnen bestehenden Dienstverhältnisses. Aufgrund des Vertrags zahlte die R-GmbH an E, die seit 1978 bei ihr halbtags als Prokuristin tätig gewesen war und deren Monatslohn zuletzt 2.039 DM betragen hatte, im Jahr 1990 eine Abfindung von 24.000 DM.

Das Finanzamt beurteilte diese Abfindungszahlung als vGA, nachdem es erfahren hatte, dass E seit dem 1.5.1990 ein vorgezogenes Altersruhegeld bezog und dass sie nach dem 31.5.1990 weiterhin – allerdings nunmehr als Putzfrau – bei der R-GmbH tätig war. Einspruch und Klage, mit denen sich die R-GmbH gegen den Ansatz der 24.000 DM als vGA bei der Festsetzung der Körperschaftsteuer und des Gewerbesteuermessbetrags wehrte, waren erfolglos.

Das Urteil:

Auch die Nichtzulassungsbeschwerde der R-GmbH beim BFH gegen die ablehnende FG-Entscheidung war erfolglos.

Die **betriebliche Veranlassung** der Abfindungszahlung hat der BFH verneint, da weder von der R-GmbH vorgetragen wurde noch aus dem Sachverhalt ersichtlich war, dass „auch familienfremde Arbeitnehmer mit vergleichbaren Tätigkeits- und Leistungsmerkmalen unter vergleichbaren Verhältnissen eine entsprechende Abfindung erhalten haben oder mit hoher Wahrscheinlichkeit erhalten würden (**betriebsinterner Fremdvergleich**; vgl. BFH-Urteil vom 18.12.1984, Az. VIII R 95/84, BStBl II 1985, S. 327). Einen betriebsexternen

Fremdvergleich, der auf die Branchenüblichkeit von Abfindungszahlungen abstellt, hat der BFH in dieser Entscheidung ausdrücklich abgelehnt.

Konsequenzen:

Verdeckte Gewinnausschüttungen durch (Abfindungs-)Zahlungen an Angehörige von GmbH-Gesellschaftern, welche dem **Gesellschafter einkommensteuerlich zugerechnet werden**, können nur vermieden werden, wenn folgende Voraussetzungen erfüllt sind:

- betriebliche Veranlassung der Abfindung sowohl dem Grund als auch der Höhe nach

- eindeutige, klare Vereinbarung sowie deren tatsächliche Durchführung

- Vorliegen eines steuerlich anerkannten Arbeitsverhältnisses sowie

- Angemessenheit zwischen Abfindung und Aktivbezügen.

✋ vGA durch nicht gerechtfertigte Vorteile von Angehörigen sind steuerlich tunlichst zu vermeiden. Sie belasten nicht nur den Gesellschafter mit 25% Abgeltungsteuer zzgl. Soli-Zuschlag, sondern auch die GmbH selbst mit rund 30% zusätzlicher Steuerlast.

BFH, Urteil vom 14.4.2000, Az. I B 1/98

10 Arbeitgeberzuschüsse für Gesellschafter-Geschäftsführer (1)

Gegenwärtiger Versicherungsstatus vorentscheidend für Lohnsteuerfreiheit von freiwilligen Arbeitgeberzuschüssen

Der Fall und das Urteil:

A war in den Streitjahren 1988 bis 1990 beherrschender Gesellschafter-Geschäftsführer der B-GmbH (Klägerin) und allein vertretungsberechtigt. Bereits im Jahr 1968 hatte ihn die BfA auf eigenen Antrag hin von der Versicherungspflicht befreit. Anlässlich einer Lohnsteueraußenprüfung wurde festgestellt, dass die B-GmbH im Prüfungszeitraum als Arbeitgeberin Beiträge zu einer befreienden Lebensversicherung für A geleistet hatte.

Das Finanzamt vertrat die Auffassung, dass die Steuerbefreiung des § 3 Nr. 62 Satz 2 EStG für diese Leistungen nicht in Betracht kommt. Aus diesem Grund wurde insoweit eine Nachversteuerung durchgeführt. Gegen den Haftungsbescheid legte die B-GmbH Einspruch und Klage ein, die beide erfolglos blieben. Im Rahmen der Revision vertrat sie die Auffassung, dass es nach dem Gesetzeswortlaut für die Steuerfreiheit nicht auf die gegenwärtige, sondern auf die **in der Vergangenheit vollzogene** versicherungsrechtliche **(Rechts-)Lage** ankommt. Das Finanzamt beantragte, die Revision zurückzuweisen.

Der BFH entschied, dass es für die Steuerfreiheit **ausschließlich auf den aktuellen** versicherungsrechtlichen Status des Gesellschafter-Geschäftsführers ankommt. Gemäß § 3 Nr. 62 Satz 2 EStG sind Ausgaben des Arbeitgebers für die Zukunftssicherung (z.b. für eine Lebensversicherung) steuerfrei, wenn der Arbeitnehmer von der **Versicherungspflicht** in der gesetzlichen Rentenversicherung **befreit** worden ist. Durch diese Vorschrift werden aber auch **freiwillige** Zuschüsse den gesetzlichen Pflichtbeiträgen des Arbeitgebers gleichgestellt.

✋ Die Steuerbefreiung greift jedoch nicht ein, wenn der Arbeitnehmer **kraft Gesetzes versicherungsfrei** ist, wenn also kein Beschäftigungsverhältnis im Sinne des Sozialversicherungsrechts besteht.

Da A bereits im Jahr 1979 seine Mehrheitsbeteiligung erworben hatte und somit die gemäß Gesellschaftsvertrag erforderliche einfache Mehrheit jederzeit herbeiführen konnte, war er in den Streitjahren kraft Gesetzes versicherungsfrei.

Dass A vor dem Erwerb seiner Beteiligung an der GmbH bereits von der Rentenversicherungspflicht befreit worden war, führe entgegen der Auffassung der Klägerin nicht zu der Steuerbefreiung. Folge nämlich einer **auf Antrag** ausgesprochenen **Befreiung** von der Versicherungspflicht **eine Versicherungsfreiheit kraft Gesetzes**, komme die Steuerfreiheit nach § 3 Nr. 62 Satz 2 EStG nicht mehr in Betracht.

Da der Gesetzeswortlaut aber keineswegs eindeutig sei, habe sich die Auslegung an dem Gesetzeszweck zu orientieren. Im Streitfall seien jedoch keine Gründe erkennbar, dass A mit versicherungspflichtigen Arbeitnehmern gleichgestellt werden müsste. Steuerpflichtige, die kraft Gesetzes von der Versicherungspflicht ausgenommen sind, bedürfen nach der Wertung des Gesetzgebers keiner steuerlichen Entlastung, da ihre Zukunftssicherung bereits gewährleistet erscheint. Denn es handelt sich hierbei um Personen in herausgehobenen Positionen und regelmäßig entsprechend dotierten Beschäftigungsverhältnissen oder um solche, die im öffentlichen Dienst oder als Versorgungsempfänger ausreichend abgesichert sind.

Konsequenzen:

Der BFH hat sich klar festgelegt: Für die Frage der Steuerfreiheit kommt es **einzig und allein** auf den gegenwärtigen versicherungsrechtlichen Status des

Arbeitnehmers an. Dies gilt selbst dann, wenn er vor dem Erwerb der Mehrheitsbeteiligung an der GmbH bereits auf eigenen Antrag hin von der Versicherungspflicht befreit worden ist.

✋ **Freiwillige Arbeitgeberzuschüsse** an Gesellschafter-Geschäftsführer können daher nur steuerfrei gezahlt werden, wenn der Empfänger keine beherrschende Stellung inne hat. Der BFH hat es zwar nicht explizit erwähnt, geht aber im Streitfall offenbar zu Recht davon aus, dass es sich bei den Zahlungen „lediglich" um Arbeitslohn und nicht etwa um vGA handelt.

Mit Urteil vom 6.6.2002 (Az. VI R 178/97) hat der BFH klargestellt, dass **Entscheidungen der Sozialversicherungsträger** über den **sozialversicherungspflichtigen Status** von Gesellschafter-Geschäftsführern unter bestimmten Voraussetzungen auch **von den Finanzbehörden zu akzeptieren** sind (siehe GmbH-Stpr. 2003, S. 85 ff.). Siehe dazu das nächste Stichwort.

BFH, Urteil vom 10.10.2002, Az. VI R 95/99

11 Arbeitgeberzuschüsse für Gesellschafter-Geschäftsführer (2)

Entscheidung des Sozialversicherungsträgers über Arbeitnehmerstatus regelmäßig auch für das Betriebsstätten-Finanzamt bindend

Wenn eine GmbH ihren Mitarbeitern (nach § 3 Nr. 62 Satz 1 EStG) lohnsteuerfreie Arbeitgeberzuschüsse für deren Zukunftssicherung zahlen will, muss deren Status als **weisungsabhängige Arbeitnehmer** feststehen. Allerdings kann es bei **Geschäftsführern** oder **leitenden Angestellten** der GmbH, die außerdem noch deren Gesellschafter sind, in Lohnsteueraußenprüfungen Probleme mit der Anerkennung von Zuschüssen als steuerfreie Arbeitgeberleistungen geben. Hier behielt sich die Finanzverwaltung bisher ein eigenes Prüfungsrecht darüber vor, ob tatsächlich ein **„abhängiges Beschäftigungsverhältnis"** oder eine (sozialversicherungsfreie) **„unternehmerische" Tätigkeit** vorliegt.

Grundsätzlich gilt laut höchstrichterlicher Rechtsprechung: Die **Beurteilung des Sozialversicherungsträgers** über die Arbeitnehmereigenschaft eines GmbH-(Gesellschafter-)Geschäftsführers ist grundsätzlich auch **lohnsteuerlich maßgebend.** Nur dann, wenn der Sozialversicherungsträger zu einer offensichtlich unzutreffenden rechtlichen Einschätzung gekommen ist, wird der Finanzverwaltung ein eigenständiges Prüfungs- und Beurteilungsrecht zugestanden (vgl. Zimmers, GmbH-Stpr. 2003, S. 85, 87).

Diese Rechtsprechung (u.a. BFH vom 6.6.2002, BStBl II 2003, S. 34) ist mittlerweile voll von der Finanzverwaltung umgesetzt. Damit sind die Grundsätze für alle Finanzämter verbindlich. Darauf weist das Finanzministerium Baden-Württemberg mit Schreiben vom 14.5.2003 (DStR 2003, S. 880) noch einmal besonders hin.

✊ In diesem Zusammenhang stellt das Finanzministerium klar, dass sich die Frage der Arbeitnehmereigenschaft – und damit auch der Steuerfreiheit von **Arbeitgeberzuschüssen zur Kranken- und Pflegeversicherung** eines GmbH-Gesellschafter-Geschäftsführers – grundsätzlich nach der Einschätzung durch den Sozialversicherungsträger beurteilt. Ist also der Sachverhalt z.B. von diesem geprüft und das Beschäftigungsverhältnis als weisungsabhängiges Arbeitsverhältnis eingestuft worden, darf das Finanzamt dies regelmäßig nicht anzweifeln.

Fazit: Hat im Betrieb also beispielsweise eine **sozialversicherungsrechtliche Prüfung** stattgefunden, bei der der Arbeitnehmerstatus des Gesellschafter-Geschäftsführers akzeptiert wurde, ist das Ergebnis auch für das Finanzamt bindend. Um von vornherein keine Missverständnisse aufkommen zu lassen, sollte man den Lohnsteuerprüfer von Anfang an auf eine solche Vorentscheidung und auf das o.g. BFH-Urteil hinweisen.

✊ Das Gleiche dürfte gelten, wenn Ihr **Arbeitnehmerstatus im sozialrechtlichen Statusverfahren** geklärt worden ist. Nicht auszuschließen ist aber, dass eifrige Steuerprüfer in der Praxis doch noch eigene Wege gehen, weitere Ermittlungen anstellen und trotz sozialrechtlich festgestelltem Arbeitnehmerstatus eine „Unternehmertätigkeit" annehmen wollen.

☞ Weitere Detailermittlungen können Sie dem Prüfer zwar nicht verwehren und müssen bereitwillig alle Auskünfte geben bzw. Unterlagen zur Verfügung stellen. War der **Sachverhalt** dem Sozialversicherungsträger aber **lückenlos bekannt** und seine rechtliche Wertung vertretbar, darf der Prüfer nicht mit einem anderen Ergebnis kommen. Hier brauchen Sie sich auf keine weiteren Diskussionen einzulassen und sollten auf die auch steuerrechtlich bindende sozialversicherungsrechtliche Beurteilung hinweisen.

FinMin Baden-Württemberg, Schreiben vom 14.5.2003, Az. 3 – S 233.3/19

12   Arbeitszimmer – Vermietung an GmbH (1)

Steuerliche Problematik bei häuslichem Arbeitszimmer – Ausweggestaltung: Heimbürovermietung an GmbH

Was geht noch steuerlich beim Arbeitszimmer in der eigenen Wohnung, wo gibt es Probleme bei der Anerkennung und wie kann man die Arbeit im Heimbüro ggf. noch steuergünstig gestalten? Angesichts fortschreitender Arbeitsverlegung von den Betrieben in die häusliche Sphäre fragen sich dies immer mehr Steuerzahler – ob sie nun (GmbH-)Unternehmer, Arbeitnehmer oder freie Mitarbeiter sind.

• **Steuerliche Arbeitszimmer-Problematik**

Aufwendungen für ein „häusliches Arbeitszimmer" lassen sich nur dann voll (als Werbungskosten bzw. Betriebsausgaben) absetzen, wenn dort der „Mittelpunkt" der Berufstätigkeit liegt. Ansonsten sind sie nur **eingeschränkt** absetzbar, wenn es **keinen anderweitigen (geeigneten) Arbeitsplatz** gibt (Abzugsbeschränkung bei max. 1.250 €/Jahr).

✋ Bei einem **weiteren vorhandenen Arbeitsplatz** (im Betrieb oder in der Praxis) lassen sich – bis auf die Kosten für Arbeitsmittel – Arbeitszimmer-Aufwendungen oft gar nicht absetzen (**Abzugsverbot**).

Allerdings hat der Gesetzgeber seinerzeit nicht näher umschrieben, was überhaupt unter einem häuslichen Arbeitszimmer zu verstehen ist, und hat ein solches Heimbüro auch nicht „negativ" von einem **außerhäuslichen Arbeitszimmer** abgegrenzt. Der gesetzliche Wortlaut gibt ebenfalls zu der Frage nichts her, wie der **berufliche Mittelpunkt** und ein „häusliches" Arbeitszimmer zu definieren ist (vgl. § 4 Abs. 5 Satz 1 Nr. 6b EStG).

✋ Die **Finanzrechtsprechung** interpretierte den Gesetzeswortlaut zum Teil steuerzahlerfreundlich (siehe GmbH-Stpr. 2001, S. 230), während die **Finanzverwaltung** den Arbeitszimmerbegriff sehr weit fasste und in den meisten Fällen zu einer Abzugsbeschränkung bzw. einem Abzugsverbot kam (vgl. OFD Düsseldorf, GmbH-Stpr. 1997, S. 178 ff.).

• **Aufarbeitung wichtiger Detailfragen durch den Bundesfinanzhof**

In zahlreichen Entscheidungen hat der BFH die Arbeitszimmerproblematik mittlerweile einigermaßen aufgearbeitet. So hatten sich der VI. und XI. Senat insbesondere zu den höchst umstrittenen Fragen geäußert, wann überhaupt ein „Arbeitszimmer" vorliegt, bei dem die Abzugsbeschränkungen greifen, und wie der „Berufsmittelpunkt" näher zu definieren ist.

Danach ist jeder **„büromäßig" genutzte Raum** ein häusliches Arbeitszimmer (BFH vom 19.9.2002, Az. VI R 70/01, vgl. GmbH-Stpr. 2003, S. 253). Damit fallen viele GmbH-Geschäftsführer bzw. Arbeitnehmer mit ihren Aufwendungen für das „Heimbüro" unter das gesetzliche Abzugsverbot.

- **Wichtige steuerliche Rahmenbedingungen beachten**

Es kommt nach aktueller BFH-Rechtsprechung auf **verschiedene Faktoren** an, welche die steuerliche Anerkennung (sämtlicher) Arbeitszimmer- bzw. Heimbürokosten leicht, schwer oder gar unmöglich machen. Beispiele: Örtliche Verhältnisse, Art des Hauses (Ein- oder Mehrfamilienhaus) und seiner Nutzung (Eigenheim oder Mietwohnung), Art und Umfang der Berufstätigkeit, Schwerpunkt des Arbeitsbereichs (zu Hause oder auswärts).

Die steuerliche Anerkennung als außerhäusliches Arbeitszimmer oder „Zweit-Betriebsstätte" ist oft schwer abzuschätzen.

- **Gestaltungsalternative: Heimbürovermietung an GmbH**

Als **GmbH-Gesellschafter**, der als Geschäftsführer oder anderweitig in der Firma mitarbeitet und über ein Heimbüro verfügt, sind Sie bei steuersparenden Verträgen mit Ihrer GmbH besser dran als andere Unternehmer. Denn Sie und Ihre GmbH sind rechtlich zwei verschiedene Personen und können daher steuerlich problemlos Verträge miteinander abschließen.

Im Klartext: Selbst dann, wenn Sie als GmbH-Gesellschafter Alleineigentümer der Immobilie sind, in der Sie Ihr Heimbüro haben, dürfte ein Heimbüromietvertrag zwischen Ihnen und Ihrer GmbH bei **Wahrung des Fremdvergleichs** steuerlich keine Probleme machen. Allerdings sollte eine gewerbesteuerliche Betriebsaufspaltung vermieden werden. Andere (Personen-/Einzel-)Unternehmer haben die Möglichkeit der Heimbürovermietung an das eigene Unternehmen nicht, es sei denn, sie mieten Räumlichkeiten im Eigentum eines Angehörigen an.

- **Heimbüro-Mietmodell: Auf Gestaltungssicherheit achten**

Mittlerweile hat der BFH in 3 Entscheidungen aus dem Jahr 2001, 2003 und 2004 bestätigt, dass ein Arbeitnehmer dem Arbeitgeber sein Arbeitszimmer als „Heimbüro" auch mit steuerlicher Wirkung vermieten kann.

☞ Bei einem anerkannten Heimbüro-Mietverhältnis **greifen die Abzugsbeschränkungen** für Arbeitszimmeraufwendungen (§ 4 Abs. 5 Nr. 6b EStG) **nicht**. Bei einer (auch) **umsatzsteuerlich** anerkannten Heimbüro-Vermietung hat der Arbeitnehmer/Vermieter (GmbH-Geschäftsführer) außerdem **Anspruch auf den Vorsteuerabzug** aus allen das Heimbüro betreffenden Aufwendungen (vgl. Niedersächsisches FG, Urteil vom 30.6.2005, Az. 5 K 796/01, EFG 2005, S. 1813: speziell zur Heimbürovermietung eines Gesellschafter-Geschäftsführers an seine GmbH).

 Ein Heimbüromietverhältnis akzeptieren der BFH und das BMF (Erlass vom 13.12.2005) nur unter bestimmten Voraussetzungen:

1. Es muss ein **„vorrangiges" betriebliches Interesse** (so auch der BFH mit Urteil vom 16.9.2004) an der Nutzung des Heimbüros **durch den Arbeitgeber** bestehen.

2. Dieses besondere Arbeitgeberinteresse „im Zweifel" nachzuweisen, ist Sache der Steuerpflichtigen (Arbeitnehmer/Arbeitgeber).

Solche Zweifelsfälle nimmt die Finanzverwaltung laut o.g. BMF-Erlass nur dann nicht an, wenn das **Heimbüro** der **einzige** „geeignete" **Arbeitsplatz** ist. Verfügt der Arbeitnehmer (Geschäftsführer) dagegen im Betrieb über einen **weiteren Arbeitsplatz**, müssen er und sein Arbeitgeber (die GmbH) dem Finanzamt in der Regel das vorrangige Arbeitgeberinteresse beweisen.

Arbeitszimmer: BFH, Urteile vom 19.9.2002, Az. VI R 70/01; vom 26.2.2003, Az. VI R 160/99; vom 16.10.2002, Az. XI R 89/00; vom 13.11.2002, Az. VI R 28/02; vom 26.2.2003, Az. VI R 125/01

Heimbüro: BFH, Urteile vom 19.10.2001, Az. VI R 131/00; vom 20.3.2003, Az. VI R 147/00, GmbH-Stpr. 2003, S. 292; vom 16.9.2004, Az. VI R 25/02

BMF-Schreiben vom 13.12.2005, Az. IV C3 – S. 2253 – 112/05, BStBl I 2006, S. 4

13 Arbeitszimmer – Vermietung an GmbH (2)

Steuerliche Anerkennung setzt nachgewiesenes vorrangiges Interesse der GmbH als Arbeitgeberin voraus

Der Fall:

Die Tätigkeit eines GmbH-Gesellschafter-Geschäftsführers erstreckte sich hauptsächlich darin, die über 60 Filialen des Unternehmens zu bereisen und zu inspizieren. Ihm stand im Betriebsgebäude der GmbH am Unternehmenssitz ein **Büroarbeitsraum zur alleinigen Nutzung** zur Verfügung. Ab August

1997 überließ er (zusammen mit seiner Ehefrau) der GmbH einen 13,07 qm großen Raum im selbst bewohnten Einfamilienhaus, das ihm zusammen mit seiner Ehefrau je zur Hälfte gehörte. Die der Nutzungsüberlassung zugrunde liegende Vereinbarung war als Ergänzung zum Geschäftsführervertrag und zugleich als Mietvertrag über ein häusliches Arbeitszimmer bezeichnet. Danach sollte die GmbH ab sofort sämtliche Kosten des Arbeitszimmers übernehmen und zu diesem Zweck das Zimmer anmieten (monatliche Pauschalmiete: 250 DM). Hinsichtlich der Vermietung an die GmbH erklärten die Eheleute negative Einnahmen aus Vermietung und Verpachtung.

Das Finanzgericht ordnete die Vermietungseinnahmen – wie das Finanzamt zuvor – als Arbeitslohn ein; es berücksichtigte jedoch einen Werbungskostenabzug für das häusliche Arbeitszimmer in Höhe von 2.400 DM, weil dem Geschäftsführer für seine Gesamttätigkeit nicht immer ein anderer geeigneter Arbeitsplatz zur Verfügung stand.

Auf die **Revision** der Eheleute und des Finanzamts hatte der BFH das Urteil bereits mit Gerichtsbescheid vom 19.12.2005 (Az. VI R 82/04) aufgehoben und die Sache an **das Finanzgericht** zurückverwiesen. Der BFH gab dem Finanzgericht für das weitere Verfahren Folgendes mit auf den Weg (vgl. ausführlich Zimmers, GmbH-Stpr. 2006, S. 260 ff):

–   Für die Anerkennung eines Heimbüro-Mietvertrags kommt es auch im Fall eines GmbH-Gesellschafter-Geschäftsführers entscheidend darauf an, dass das Heimbüro **im vorrangigen Arbeitgeberinteresse** genutzt wird.

–   Dient die Nutzung des Arbeitszimmers in erster Linie den **Interessen des Arbeitnehmers**, sind laut BFH die Mietzahlungen Arbeitslohn und das Heimbüro ein häusliches Arbeitszimmer (Abzugsbeschränkung greift!).

Das Urteil:

Die Klage wurde im zweiten Rechtsgang als unbegründet zurückgewiesen. Die Zahlungen der GmbH für das häusliche Arbeitszimmer sind nach Einschätzung des Finanzgerichts den Einkünften aus nicht selbstständiger Arbeit zuzurechnen. Eine **Teilberücksichtigung der Werbungskosten** (bis zur Höhe von 2.400 DM, vgl. § 4 Abs. 5 Satz 1 Nr. 6 b EStG alte Fassung) kommt nach Ansicht des Finanzgerichts ebenfalls **nicht in Betracht**, weil dem Geschäftsführer in seiner Firma (GmbH) grundsätzlich ein anderer geeigneter Arbeitsplatz zur Verfügung stand.

Das Finanzgericht kam zu dem Ergebnis, dass der Kläger nicht ausreichend nachgewiesen habe, dass das häusliche Arbeitszimmer im vorrangigen betrieblichen Interesse des Arbeitgebers – der GmbH – vom Kläger angemietet wurde. Zum einen sei das Interesse des Arbeitgebers daran, dass der Geschäftsführer zu Hause **Überstunden leistet,** zur Begründung nicht ausreichend, weil er damit nur ein Interesse an der jeweiligen Arbeitsleistung geltend macht. Zum anderen ist das Gericht der Auffassung, dass das Indiz für ein **vorrangiges betriebliches Interesse,** nämlich ein Abschluss vergleichbarer Mietverträge mit fremden Dritten, die mit der GmbH nicht in einem Dienstverhältnis stehen, nicht vorliegt.

Konsequenzen:

✋ Für die Praxis gilt zunächst zu beachten: Das Finanzgericht hat ausdrücklich klargestellt, dass die Gestaltung „steuerwirksame Vermietung des Heimbüros an die GmbH" durchaus **erfolgreich umgesetzt werden kann.** Dies erfordert jedoch, dass der betreffende Raum vor allem im betrieblichen Interesse des Arbeitgebers genutzt wird, was durch eine entsprechende Ausstattung „dokumentiert" sein sollte. Dieses Interesse muss – objektiv nachvollziehbar – über die Entlohnung des Arbeitnehmers und über die Erbringung der jeweiligen Arbeitsleistung hinausgehen – (zur konkreten Umsetzung, vgl. Prühs, GmbH-Stpr. 2006, S. 33 und Zimmers, GmbH-Stpr. 2006, S. 260).

Die Gestaltung funktionierte im Streitfall wohl u.a. deshalb nicht, weil die Beweislage des Klägers offenbar recht dünn war und die Zeugenaussage teilweise Ungereimtheiten enthielt.

☞ In der Praxis muss unbedingt darauf geachtet werden, dass neben einem **mustergültigen Nutzungsvertrag** auch **eindeutige Vorteile für die GmbH** erkennbar sind und nicht nur für den Gesellschafter-Geschäftsführer, z.B. ein bequemes Arbeiten zu Hause (vgl. hierzu ausführlich Zimmers, GmbH-Stpr. 2006, S. 260).

✋ Nach aktueller Gesetzeslage ist zumindest der begrenzte Werbungskostenabzug (max. 1.250 €) wieder möglich, wenn kein anderweitiger Arbeitsplatz vorhanden ist.

FG München, Urteil vom 7.10.2008, Az.13 K 1037/06, GmbH-Stpr. 2009, S. 386

14 Auslagenersatz

Aufwendungsersatz im Anstellungsvertrag des Gesellschafter-Geschäftsführers verhindert vGA

Hinsichtlich der steuerlichen Anerkennung des Auslagenersatzes an einen beherrschenden Gesellschafter-Geschäftsführer bestehen **strenge Anforderungen** nach der Rechtsprechung des BFH. Gibt es für den Ersatz durch die

Gesellschaft keine eindeutige und im Voraus vereinbarte Regelung, stellen die Zahlungen **vGA** dar (vgl. auch Beitrag Nr. 64).

Selbst für den Fall eines Rechtsanspruchs auf Auslagenersatz vertritt der BFH diese Auffassung. So hat der Geschäftsführer gesetzlich zwar einen Anspruch auf Ersatz seiner Aufwendungen, wenn er im Rahmen der Geschäftsführung Aufwendungen tätigt, die er den Umständen nach für erforderlich halten darf (§§ 675, 670 BGB). Steuerlich kann aber gleichwohl eine vGA vorliegen.

Vielfach bestreitet ein Geschäftsführer verhältnismäßig geringfügige Ausgaben aus der eigenen Tasche, ohne dass ein Beleg ausgestellt wird; z.B. Trinkgelder, Telefon- und Postgebühren. Lässt sich ein beherrschender Gesellschafter-Geschäftsführer derartigen **Bagatell-Aufwand** von der Gesellschaft pauschal erstatten, ohne ihn glaubhaft machen zu können und ohne einen Auslagenersatz vorher vereinbart zu haben, muss er damit rechnen, dass der Betriebsprüfer den **Auslagenersatz als vGA** behandelt.

Auch mit einem **nicht beherrschenden** Gesellschafter-Geschäftsführer sollte im Anstellungsvertrag der Auslagenersatz dem Grunde nach vereinbart sein. Die Höhe kann offen bleiben. Vorausgesetzt: Die GmbH erstattet später nicht pauschal, sondern lässt sich Belege vorlegen bzw. Nebenkosten glaubhaft machen.

Formulierungsvorschlag:
„Der Geschäftsführer hat Anspruch auf Ersatz sämtlicher Aufwendungen, die ihm im Interesse der Gesellschaft entstehen – auch durch Einsatz eigener Vermögenswerte. Die Aufwendungen müssen belegt werden, soweit üblicherweise Belege erteilt werden. Ansonsten reichen Eigenbelege (z.B. über gezahlte Trinkgelder usw.).

15 Auslandsreise – Kostenübernahme durch GmbH (1)

Bei Reise mit touristischem Einschlag liegt vGA vor

Der Fall und das Urteil:

Das Finanzamt nahm mehrere Auslandsreisen des Mehrheits-Gesellschafter-Geschäftsführers genauer unter die Lupe und sah in der Kostenübernahme durch die GmbH eine vGA. Die Reisen dienten der in der Immobilienbranche tätigen GmbH nach eigenen Angaben zur Kundengewinnung und führten den Geschäftsführer unter anderem nach Hongkong, Shanghai, Kapstadt und Buenos Aires. Zu den Reiseteilnehmern gehörten weitere deutsche Unternehmer aus der Immobilienbranche. Der Geschäftsführer nahm an Gebäudebesichtigungen im Ausland teil, besuchte Grundstücksgesellschaften und Betriebe sowie zum Teil auch Fachvorträge.

Das Programm der Reisen war jedoch so gestaltet, dass zwischenzeitlich genug Zeit für touristisch interessante Ausflüge übrig blieb; außerdem standen Vor- bzw. Nachmittage teilweise zur freien Verfügung.

Das FG Berlin stellte klar: Die **Reisen** seien wegen ihrer starken touristischen Prägung als vGA anzusehen. Daran ändere nichts, dass sich dem Gesellschafter-Geschäftsführer auf einer solchen Reise Gelegenheiten bieten, Geschäftsabschlüsse anzubahnen. Die Richter beanstandeten den „touristischen" Einschlag der Reisen, so u.a. die durchgeführte Tempelbesichtigung, Fahrten zum Kap der guten Hoffnung, in die Pampa, Stadtrundfahrten, Marktbesuche sowie eine Bootsfahrt nach Brasilien.

Konsequenzen:

☞ Reisen in ferne Länder stehen prinzipiell unter der besonderen Beobachtung der Finanzverwaltung. Sofern sich aus den Reiseunterlagen touristische Aktivitäten ergeben, folgt der vGA-Vorwurf auf der Stelle.

☝ Zu beachten ist: Für den vGA-Vorwurf reicht eine bloße **„Mit-Veranlassung"** durch das Gesellschaftsverhältnis, also auch ein geringer privat mitveranlasster Reiseanteil aus. Die positive BFH-Rechtsprechung zu den **gemischten Reiseaufwendungen** (BFH vom 21.9.2009 Teil-Anerkennung) dürfte nicht zum Zuge kommen.

Anmerkungen:

1. Mit Urteil vom 6.4.2005 hat der BFH die Entscheidung des FG Berlin bestätigt. Danach gilt: Übernimmt eine GmbH die Kosten für eine Auslandsreise ihres Gesellschafter-Geschäftsführers, die in „nicht unerheblichem" Umfang (das dürfte ab 10% heißen) privat veranlasst ist, sind darin verdeckte Gewinnausschüttungen zu sehen.

   ☞ Damit der Betriebsausgabenabzug der GmbH für eine Kostenübernahme 100%ig sicher ist, sollte sich aus den Reiseunterlagen ergeben, dass Sie nebenher überhaupt keinen Urlaub haben machen können.

2. Zwar hat der BFH mit Urteil vom 18.8.2005 und im Anschluss daran der Große Senat des BFH für den Bereich der Lohnsteuer entschieden, das eine Reisekostenerstattung durch Arbeitgeber auch bei **gemischt** (also privat und beruflich) **veranlassten** Aufwendungen in Betracht kommen kann (Az. VI R 32/03). Doch ist es fraglich, ob und inwieweit diese Entscheidungen

auch positive Folgen für den Bereich der GmbH und ihrer Gesellschafter-Geschäftsführer haben können (s.o.).

FG Berlin, Urteil vom 22.6.2004, Az. 7 K 7147/02; BFH, Urteil vom 6.4.2005, Az. I T 86/04, GmbH-Stpr. 2006, S. 22; BFH, Urteil vom 18.8.2005, Az. VI R 32/03; BFH, Beschluss vom 21.9.2009, Az. Gr S 1/06

16 Auslandsreise – Kostenübernahme durch GmbH (2)

Übernommene Aufwendungen für eine „Fachstudienreise" nur bei fast ausschließlich betrieblichem Anlass keine vGA

Der Fall und das Urteil:

X ist Gesellschafter-Geschäftsführer der Y-GmbH. Diese betreibt eine Werksvertretung einer in Japan ansässigen Firma A. X nahm im Oktober 1999 an einer sog. Fachstudienreise nach Japan teil. Organisiert wurde die Reise von der Firma A. Alle Reiseteilnehmer waren A-Händler. Neben Besichtigungen der A-Werke, verbunden mit Kontakten zu japanischen Kollegen, wurden auch beliebte touristische Ziele besucht. Im Zuge einer Außenprüfung hielt der Betriebsprüfer die von der GmbH als „Fortbildung" übernommenen Reiseaufwendungen für nicht als Betriebsausgaben abziehbar. Das Finanzamt behandelte die betreffenden Aufwendungen als vGA.

Das FG Baden-Württemberg wies die hiergegen gerichtete Klage als unbegründet zurück. Das Finanzamt habe die streitigen Reisekosten zu Recht als vGA behandelt, weil die Reise trotz eines gewissen betrieblichen Bezugs nicht im weit überwiegenden, so gut wie ausschließlichen betrieblichen Interesse der X-GmbH durchgeführt worden sei.

Indiz für eine **nicht nur unerhebliche außerbetriebliche** Mitveranlassung der Reise sei vor allem, dass die Reiseroute mit **vielen Ortswechseln** verbunden gewesen sei und zahlreiche der besuchten Orte **beliebte Ziele des Tourismus** darstellten. Diese Ziele seien sogar von der „veranstaltenden" Firma A als touristisch besonders interessant herausgestellt worden. Dabei habe sich durch den häufigen Ortswechsel, Fahrten und Besichtigungen in einer wirtschaftlich, technisch, gesellschaftlich und kulturell sehr interessanten Umgebung (auch) ein **hoher Bildungs- und Erlebniswert** der Reise ergeben.

Auch die mehrfach angesetzten Treffen und Präsentationen bei Abendveranstaltungen, die Gelegenheit zu fachlichen Informationen und Erfahrungsaustausch mit Kollegen geboten hätten, spielten sich in einem **weitgehend gesell-schaftlichen Rahmen** ab. Dadurch seien die Aufwendungen zur persönlichen Lebensführung der Teilnehmer zu zählen.

Konsequenzen:

Von der GmbH übernommene Reisekosten für **Fach- und Studienreisen** sind nur dann **Betriebsausgaben**, wenn sich die gesamte Reise als straff organisier-te Fortbildungsreise darstellt, bei der die Reisetage für die Teilnehmer wie nor-male Arbeitstage mit betrieblicher Tätigkeit ausgefüllt sind. Findet die Reise im europäischen Ausland statt, ist auf das günstige EuGH-Urteil vom 28.10.1999 (Rs. C 55/98) hinzuweisen. Danach verbietet Artikel 59 EGV, bei **Fortbildungs-veranstaltungen** an typischen Urlaubsorten in anderen EU-Staaten ohne Wei-teres eine erhebliche private Mitveranlassung zu unterstellen. Der BFH hat diese Sicht mittlerweile bestätigt (vgl. Urteil vom 13.6.2005), aber nur für den Arbeitnehmerbereich (Lohnsteuer-Senat des BFH). Für den GmbH-Bereich und für GmbH-Gesellschafter-Geschäftsführer mit der Problematik „vGA" ist eine positive Ausstrahlwirkung fraglich.

FG Baden-Württemberg, rechtskräftiges Urteil vom 18.7.2001, Az. 3 K 189/00, GmbH-Stpr. 2001, S. 214; BFH, Urteil vom 13.6.2005, Az. VI R 168/00; BFH, Beschluss vom 21.9.2009, Az. Gr S 1/06, BMF vom 6.7.2010, Az. IV C 3 – S 2227/07/1003:002

17 Auslandsreise mit Wirtschaftsdelegation

Übernahme der Kosten durch die GmbH hat keine verdeckte Gewinnausschüttung zur Folge

Die von einer GmbH übernommenen Kosten für die Teilnahme ihres (Gesell-schafter-)Geschäftsführers an einer Auslandsreise mit einer vom Landeswirt-schaftsministerium zusammengestellten Delegation sind nach dem Urteil des BFH vom 9.3.2010 **im Regelfall betrieblich veranlasst** und lösen keine verdeck-te Gewinnausschüttung aus.

Der BFH geht davon aus, dass die **betriebliche Veranlassung** einer solchen Rei-se bereits dann gegeben ist, dass der Geschäftsführer die anlässlich der Reise gewonnenen Informationen und **Kontakte für unternehmerische Zwecke der GmbH nutzen kann.**

Das Finanzamt vertrat im Anschluss an eine Außenprüfung bei der GmbH die Auffassung, die Übernahme der Kosten für den Geschäftsführer und seine bei der GmbH als Prokuristin beschäftigte Ehefrau stellten geldwerte Vorteile dar und seien deshalb lohnsteuerpflichtig. Dem war das Finanzgericht nicht gefolgt, weil die Übernahme der Reisekosten in den Anstellungsverträgen geregelt war. Stattdessen sah das Finanzgericht in der Übernahme der Reisekosten verdeckte Gewinnausschüttungen, was aber wiederum der BFH verneinte. Der BFH geht davon aus, dass die betriebliche Veranlassung einer solchen Reise bereits dann gegeben ist, wenn nicht auszuschließen ist, dass der Geschäftsführer die anlässlich der Reise gewonnenen Informationen und Kontakte für unternehmerische Zwecke der GmbH nutzen kann.

BFH, Urteil vom 9.3.2010, Az. VIII R 32/07

18 Beratervertrag

Klare und eindeutige Abgrenzung der Beratertätigkeit von Geschäftsführungsaufgaben bei Weiterbeschäftigung nach Pensionierung

Der Fall:

B war beherrschender Gesellschafter-Geschäftsführer der BC-GmbH. Aufgrund seines Anstellungsvertrags erhielt B ein Festgehalt und eine Tantieme. Der Anstellungsvertrag wurde später um eine Pensionszusage ergänzt. Danach sollte B ein Altersruhegeld bei Eintritt in den Ruhestand ab Vollendung des 65. Lebensjahrs erhalten.

Im März 2003 vollendete B sein 65. Lebensjahr, ab Mai 2003 bezog er Pensionsbezüge. Am 1.4.2003 schloss die BC-GmbH mit B einen Beratervertrag. Die hieraus resultierende Beratervergütung sollte spätestens bis zum 10. des auf die Leistungserbringung folgenden Monats fällig sein. B hatte der BC-GmbH monatlich eine Rechnung zu erteilen. Über die monatliche Vergütung hinaus wurde ihm für seine Tätigkeit ein Entgelt in Höhe von 10% des Jahresüberschusses vor Steuern zugesagt, fällig 4 Wochen nach Feststellung des Jahresabschlusses.

Im Rahmen einer Betriebsprüfung wurde festgestellt, dass die Vergütungen nicht wie vereinbart regelmäßig, sondern **unregelmäßig** in zwei bis viermonatigen Beträgen ausbezahlt wurden. Des Weiteren wurde für 2003 nicht der vereinbarte 10%ige Gewinnanteil als weitere Beratervergütung bezahlt. Dafür erhielt B eine zeitanteilige Tantieme nach Maßgabe des Anstellungsvertrags. Der Betriebsprüfer behandelte die Beratervergütung und den 10%igen Gewinnanteil aus dem Beratervertrag als vGA.

Das Urteil:

Das FG Baden-Württemberg bestätigte die Auffassung des Finanzamts.

- Eine vGA sei deshalb anzunehmen, weil eine **Abgrenzung der Tätigkeiten**, zu denen B **aufgrund des Beratervertrags** verpflichtet sei, von den **Aufgaben**, die er **weiterhin** als **Gesellschafter-Geschäftsführer** habe erledigen müssen, nicht leicht und einwandfrei möglich sei.

- Es sei letztlich nicht feststellbar, ob und dass B als **Berater andere Tätigkeiten** zu erfüllen gehabt habe als in der Position des Geschäftsführers.

✋ Damit sei nicht klar und eindeutig genug vereinbart, was B als geschäftsführender Gesellschafter weiterhin an Aufgaben zu erfüllen gehabt habe und was er völlig klar davon abgetrennt als Berater geleistet habe.

- Außerdem fehle es an einem **genauen Nachweis** für die aufgrund des Beratervertrags erbrachten Leistungen. Ein gewissenhafter und ordentlicher Geschäftsleiter hätte aber nur die nach dem Beratervertrag **tatsächlich erbrachten Leistungen** abgegolten.

- Desweiteren sei es nicht üblich, **Berater** an der Steigerung des Gewinns teilhaben zu lassen

Wenn dann außerdem nicht wie vereinbart monatlich über die Tätigkeiten abgerechnet würde und außerdem für das Jahr 2003 keine Tantieme gezahlt worden sei, lägen genügend Indizien vor, die auf eine **Veranlassung im Gesellschaftsverhältnis** schließen ließen.

✋ Bei beherrschenden Gesellschaftern dürfe im Übrigen aus der **Nichtdurchführung** eines Vertrags regelmäßig **auf das Vorliegen** der Voraussetzungen **einer vGA geschlossen** werden.

Konsequenzen:

✋ In der Regel muss das Finanzamt das Vorliegen einer vGA beweisen. Es gibt jedoch Fallgestaltungen, in denen der Beweis des ersten Anscheins für eine Veranlassung im Gesellschaftsverhältnis spricht. Dazu gehören u.a. **formelle Mängel** eines Vertrags und die **mangelnde Durchführung** der Vereinbarung.

☞ Nach der Rechtsprechung des BFH können Gesellschafter-Geschäftsführer zwar mit Rücksicht auf die Vertragsfreiheit unter besonderen Voraussetzungen einzelne Aufgaben aus dem Geschäftsführervertrag ausklammern und einem gesonderten Vertrag, z.B. einem Beratervertrag, unterwerfen (vgl. BFH, Urteil vom 8.4.1997, Az. I R 39/96, BFH/NV 1997, S. 902). **Grundvoraussetzungen** dafür sind aber zunächst einmal, dass die Geschäftsführervergütung

entsprechend niedrig bemessen ist und Berater- und Geschäftsführeraufgabe klar voneinander (vertraglich) abgegrenzt sind.

Die GmbH hat die Wahl, ihrem Geschäftsführer entweder ein angemessenes Entgelt zu zahlen oder ihn als Berater, ggf. sogar als Subunternehmer, zu beauftragen.

☝ Doch sind solche „Gestaltungen" aus zweierlei Gründen eher mit Vorsicht zu genießen: Zum einen muss sich ein solcher Gesellschafter-Geschäftsführer mit Beratervertrag **unangenehme Fragen** über die Abgrenzung seiner Geschäftsführer- von der Beratertätigkeit gefallen lassen. **Unklarheiten** gehen im Zweifel voll zu seinen Lasten. Mit der Annahme, der Geschäftsführer lasse sich **doppelt bezahlen**, ist das Finanzamt schnell bei der Hand.

Zum anderen ist in Betriebsprüfungen ein weiterer „Kriegsschauplatz" eröffnet: Die Frage, ob die Gesamtvergütung für Geschäftsführer- und Beratertätigkeit noch angemessen ist. Daher ist in der Praxis **von zusätzlichen Beraterverträgen eher abzuraten**.

FG Baden-Württemberg, rechtskräftiges Urteil vom 8.3.2001, Az. 6 K 44/98

19   Berufsausbildungskosten –
GmbH-Unternehmernachwuchs

Bei Übernahme der Ausbildungskosten für ein Kind des beherrschenden Gesellschafter-Geschäftsführers drohen vGA

Der Fall:

A war Gesellschafter-Geschäftsführer einer GmbH. Die Gesellschaft schloss einen Vertrag mit dem im Betrieb mitarbeitenden Sohn des A ab, für den später die Übernahme von Geschäftsanteilen geplant war. Die GmbH verpflichtete sich, das vierjährige Betriebswirtschaftsstudium des Sohnes zu finanzieren. Er sollte 90% des letzten Gehalts zzgl. Nebenleistungen erhalten. Im Gegenzug verpflichtete sich dieser zur zeitanteiligen Rückzahlung, wenn er innerhalb von fünf Jahren nach Beendigung des Studiums aus irgendwelchen Gründen als Arbeitnehmer der GmbH ausscheiden würde.

Finanzamt und FG behandelten die an den Sohn geleisteten Zahlungen als vGA. Sie waren der Auffassung, die Vereinbarung sei unklar. Außerdem habe die GmbH nicht nachgewiesen, vergleichbare Aufwendungen auch für fremde Arbeitnehmer übernommen zu haben.

Das Urteil:

Der BFH musste den Fall an das FG zurückverweisen. Es war u.a. noch zu klären, ob ein Beherrschungsfall vorlag.

Zu der Frage, wie im Einzelfall die Veranlassung einer Zahlung durch das Gesellschaftsverhältnis zu prüfen ist, machte der BFH folgende Ausführungen:

– Es ist nach den Grundsätzen eines **externen Betriebsvergleichs** zu prüfen, ob derartige Leistungen unter fremden Dritten üblich sind. Dabei ist bei der Übernahme der Ausbildungskosten für den Sohn des GmbH-Gesellschafters auch die Ausbildungsdauer zu berücksichtigen.

– Es kann auch nach den Grundsätzen eines **internen Betriebsvergleichs** geprüft werden, ob vergleichbare Leistungen gegenüber einem Arbeitnehmer erbracht werden, der mit der GmbH nicht gesellschaftlich verbunden ist. Fehlt es an einem vergleichbaren Arbeitnehmer, so können aus dem internen Betriebsvergleich keine positiven oder negativen Schlussfolgerungen auf eine Veranlassung durch das Gesellschaftsverhältnis gezogen werden.

– Schließlich ist losgelöst von diesen Vergleichen zu prüfen, ob **konkrete Umstände des Einzelfalls** für eine Vorteilszuwendung (über den Angehörigen = Sohn) an den Gesellschafter sprechen.

– Der BFH stellte klar: Es ist nicht Aufgabe einer GmbH, und damit nicht betrieblich, sondern gesellschaftlich veranlasst, (auf eigene Kosten) einen künftigen Gesellschafter auf dessen Gesellschafteraufgaben vorzubereiten.

Konsequenzen:

Bei der Prüfung des Vorliegens einer vGA ist Schritt für Schritt vorzugehen. Zunächst ist zu klären, ob ein **Beherrschungsfall** vorliegt. Hier gilt insoweit ein **Sonderrecht**, als eine von vornherein abgeschlossene, zivilrechtlich wirksame, klare und tatsächlich durchgeführte Vereinbarung vorliegen muss. Hier gab es im Streitfall wohl **Unklarheiten** und damit einen starken Verdacht auf vGA.

Ist **keine Beherrschung** gegeben, ist im nächsten Schritt durch externen und internen Betriebsvergleich sowie aufgrund der konkreten Umstände des Einzelfalls zu prüfen, ob eine Vorteilszuwendung (an den Angehörigen) durch das Gesellschaftsverhältnis veranlasst ist. Hier reicht es schon aus, dass die **Veranlassung** der Zahlung **durch das Gesellschaftsverhältnis** nur in einer der o.g. Alternativen (z.B. einzelfallbezogen) gegeben ist.

Zu den Voraussetzungen für die steuerliche Anerkennung eines Ausbildungs-dienstverhältnisses vgl BMF-Schreiben vom 22.9.2010, BStBl I 2010, S. 721, und Mertens in GmbH-Stpr. 2011, S. 76 ff.

BFH-Urteil vom 13.7.1994, Az. I R 43/94

20 Betriebliche Altersversorgung

Zu möglichen vGA-Risiken von Pensionszusagen und zur steuerlichen Anerkennung nachträglicher Änderungen von Dynamisierungsklauseln

Der Fall und das Urteil:

Der Streit ging um die Frage, ob die nachträgliche Dynamisierung einer betrieblichen Altersversorgung (Pensionszusage) eine verdeckte Gewinnaus-schüttung darstellt.

Alleiniger Gesellschafter-Geschäftsführer der D-GmbH ist der im März 1932 geborene D. 1978 wurde ihm eine Alters- und Invaliditätsversorgung in Höhe von 1.500 DM sowie eine Hinterbliebenenversorgung in Höhe von 60% der Altersrente zugesagt. Diese Zusage wurde mehrmals, zuletzt am 6.1.1990 auf monatlich 3.500 DM erhöht.

Am 30.6.1992 wurde vereinbart, dass sich die laufende Rente um jährlich 3% erhöht (Dynamisierung). Die Altersversorgung sollte ursprünglich gewährt werden, wenn der Begünstigte in den Diensten der D-GmbH das 65. Lebensjahr vollendet und in den Ruhestand tritt. In 1997 und 1999 wurde die Dauer des Anstellungsvertrags des D verlängert – zuletzt auf sein 68. Lebensjahr.

Im Streitjahr 1992 bildete die D-GmbH in ihrer Bilanz eine entsprechend hohe Pensionsrückstellung. Das Finanzamt behandelte die Zuführung zur Pensions-rückstellung insoweit als vGA, als sie auf der nachträglich zugesagten Dynami-sierungsklausel beruht.

Das FG gab dem Finanzamt Recht. Die Pensionserhöhung aufgrund der Dynamisierungsklausel sei im Zeitpunkt der Zusage (1992) nicht mehr erdien-bar gewesen. Auch bei der nachträglichen Änderung einer Pensionszusage in Form einer solchen Klausel sei der Erdienungszeitraum (in der Regel 10 Jahre restliche „aktive" Zeit) einzuhalten, was hier im Streitjahr 1992 angesichts des ursprünglich beabsichtigten Eintritts in den Ruhestand im Jahr 1997 nicht der Fall war.

Konsequenzen:

Die steuerliche Anerkennung einer Pensionszusage bzw. ihrer Änderung setzt bei einem **beherrschenden** Gesellschafter-Geschäftsführer (wie hier) regelmäßig eine noch verbleibende **längere** Tätigkeit (mindestens ca. 10 Jahre (siehe Stichworte „Pensionszusage, Erdienungsbarheit" und „ältere Geschäftsführer") im Betrieb voraus. Das **Alter** des Geschäftsführers im Zeitpunkt der Pensionszusage und die **Dauer der Tätigkeit** (Erdienungszeitraum) sind wesentliche Kriterien dafür, ob der Dienst des Geschäftsführers ausreicht, um mit einem Ruhegeld „belohnt" zu werden.

Die Anerkennung ist im Allgemeinen zu versagen, wenn die begünstigte Person **das 60. Lebensjahr** im Zeitpunkt der Zusage erreicht hat. Dies ist darauf zurückzuführen, dass für die GmbH mit steigendem Alter des Pensionsberechtigten die vorzeitige Inanspruchnahme der Pension in nicht mehr kalkulierbarer Weise steigt. Dieser Grundsatz für die steuerliche Anerkennung gilt laut BFH gleichermaßen für den **beherrschenden** wie auch den **nicht beherrschenden** Gesellschafter-Geschäftsführer.

Diese besonderen Spielregeln gelten nach Ansicht des Finanzgerichts **auch für Dynamisierungsklauseln.** Im Streitfall hat der Gesellschafter-Geschäftsführer im Zeitpunkt der Zusage das 60. Lebensjahr bereits überschritten. Dieser Umstand reichte für sich allein schon aus, die Erdienbarkeit aus den vorgenannten Gründen zu verneinen. Daneben wurde aber auch der vom BFH geforderte Regel-Erdienenszeitraum von 10 Jahren nicht erreicht, da im Zeitpunkt der Zusage die verbleibende Restdienstzeit nur noch vier Jahre und neun Monate betrug.

Eine rückwirkende **„Heilung"** war auch nicht durch die Verlängerungen des Anstellungsvertrags in den Jahren 1997 und 1999 eingetreten. Abgesehen davon, dass der zehnjährige Erdienenszeitraum hierdurch nicht erreicht wird, sind für die Beurteilung der Erdienbarkeit die vertraglichen Verhältnisse im **Zeitpunkt der Zusage der Pensionserhöhung** maßgebend. Verlängerungen von Dienstzeiten können erst ab einer entsprechenden Vereinbarung berücksichtigt werden (vgl. BFH, Urteil vom 23.7.2003, Az. I R 80/02, BStBl II 2003, S. 926).

Im Ausnahmefall können jedoch Pensionserhöhungen steuerlich anerkannt werden, wenn die Pensionserhöhung eine Anpassung an eine **erhebliche Steigerung** der Lebenshaltungskosten darstellt. Eine erhebliche Steigerung ist dann anzunehmen, wenn die Teuerung seit der letzten Pensionszusage oder seit der letzten Anpassung **mehr als 20%** beträgt (vgl. BFH-Urteil vom 6.4.1979, Az. I R 39/76, BStBl II 1979, S. 687). Eine solche erhebliche Steigerung lag im Streitfall seit der letzten Anpassung vom 6.1.1990 nicht vor, da zum Zeitpunkt der Vereinbarung der streitigen Dynamisierungsklausel –

zweieinhalb Jahre später – die Lebenshaltungskosten um nicht einmal 10% gestiegen waren.

☞ Während die Lebenshaltungskosten in den 90er Jahren relativ stabil waren, hat sich die Situation ab der Einführung des Euro schlagartig geändert. Angesichts dessen sind Ex-Gesellschafter-Geschäftsführer, die Pensionsleistungen erhalten, gut beraten, wegen der Teuerung eine Anpassung der Pensionsleistungen zu verlangen. Auch wenn sich die GmbH angesichts der Verdienste des Ex-Senior-Chefs darauf einlassen sollte: Das Finanzamt wird eine solche Anpassung nur anerkennen (müssen), wenn eine entsprechende vertragliche Anpassungsklausel vereinbart ist – mag die Teuerung mittlerweile auch noch so hoch sein. Das o.g. Urteil des BFH aus dem Jahr 1979 ist also „mit Vorsicht zu genießen".

Um die steuerliche **Anerkennung von Pensionszusagen** dennoch nicht zu gefährden, ist möglichst frühzeitig dem beherrschenden Gesellschafter-Geschäftsführer bzw. dessen Angehörigen eine Pensionszusage „mit allem Drum und Dran" (einschließlich Dynamisierungsklausel) zu erteilen. Das **Höchstalter** im Zeitpunkt der Pensionszusage sollte im Regelfall maximal **59 Jahre** betragen (bei einer restlichen aktiven Zeit von 10 Jahren).

Für eine Dynamisierungsklausel gilt, dass eine **maßvolle Pensionserhöhung** anzuerkennen sein dürfte (siehe Stichwort „Pensionszusage, Überversorgung").

– Eine Pensionserhöhung kann – wie im Streitfall – auf direktem Weg über eine „angemessene" Dynamisierungsklausel bzw. als absoluter Betrag erfolgen.

– Stattdessen bzw. daneben kann eine Pensionserhöhung auch auf indirektem Weg über die angemessene Erhöhung des Festgehalts erfolgen.

Dies führt in der Regel auch zu einer Pensionserhöhung, da die Altersvorsorge grundsätzlich in Form eines prozentualen Verhältnisses vom letzten Festgehalt vereinbart wird. Aber auch hier gilt für die steuerliche Anerkennung einer nachträglichen Vereinbarung der Regel-Erdienenszeitraum von 10 Jahren.

FG Niedersachsen, rechtskräftiges Urteil vom 22.4.2004, Az. 6 K 91/00

21 Betriebsaufspaltung – Gesellschafter-Geschäftsführer-gehalt

„Verdienste" für die Besitz-Gesellschaft bleiben bei GmbH-Geschäftsführer-Gehaltsgestaltung unberücksichtigt

Der Fall:

Zwischen einer GbR und einer GmbH bestand eine Betriebsaufspaltung. An beiden Unternehmen waren dieselben drei Gesellschafter mit je 33,3% beteiligt. Sie waren zugleich Geschäftsführer der GmbH, die ca. 30 Mitarbeiter beschäftigte. Die Gesamtvergütungen je Geschäftsführer bewegten sich in den Streitjahren 1999 bis 2003 zwischen 186.994 € und 242.795 €. Die GmbH erzielte in diesem Zeitraum Umsätze zwischen 3,9 und 5,4 Mio. €. Ihre Jahresergebnisse lagen stets unter 20.000 €.

Das Finanzamt sah nur Vergütungen zwischen ca. 140.000 € und 173.000 € als angemessen an, darüber hinausgehende Beträge seien verdeckte Gewinnausschüttungen. Die dagegen gerichtete Klage hatte nur in geringem Umfang Erfolg, die Nichtzulassungsbeschwerde wurde abgewiesen.

Das Urteil:

Die Argumentation der GmbH, bei der Prüfung der Angemessenheit der Geschäftsführervergütungen anhand von Gehaltsstrukturanalysen seien auch die Umsätze sowie Gewinne der Besitzgesellschaft zu berücksichtigen, weist der BFH zurück. Obwohl enge wirtschaftliche Beziehungen zwischen Besitz- und Betriebsgesellschaft bestünden, komme es bei der Angemessenheitsprüfung **nur auf die Verhältnisse der Betriebs-GmbH** an. Da es sich bei der Betriebs-GmbH und Besitz-GbR um rechtlich selbstständige Unternehmen handele, könne **keine übergreifende Angemessenheitsprüfung** vorgenommen werden.

Weiterhin billigt der BFH die Vorgehensweise des FG, das bei der Angemessenheitsprüfung von den sich aus den Gehaltsstrukturanalysen ergebenden Werten einen pauschalen Abschlag von 25% vorgenommen hat, weil die GmbH **drei Geschäftsführer** beschäftigte. Insoweit bindet die Tatsachenwürdigung durch das FG den BFH.

Konsequenzen:

Den an einer Betriebsaufspaltung beteiligten Gesellschaftern muss im Beratungsalltag vermittelt werden, dass ihre Unternehmen bei einigen steuerlichen Sachverhalten – etwa bei einer umsatzsteuerlichen Organschaft, bei Wertberichtigung von Forderungen oder bei Investitionszulagen – wirtschaftlich zwar als Einheit betrachtet werden, bei der steuerlichen Angemessenheitsprüfung der an die Unternehmensleiter gezahlten Vergütungen dagegen nicht.

Folgt man der Auffassung des BFH, dass bei der Angemessenheitsprüfung die rechtliche Selbstständigkeit der Unternehmen maßgebend ist, so gelten die allgemeinen Grundsätze. Zu diesen gehören nach ständiger Rechtsprechung Abschläge, wenn eine kleinere GmbH von mehreren Geschäftsführern geleitet wird (vgl. hierzu Prühs, Geschäftsführer-Doppel, GmbH-Stpr. 2010. S. 3 ff.). Dass die Beschäftigung von mehreren Geschäftsführern notwendig ist und aufgrund der besonderen Umstände des Falls keine Abschläge gerechtfertigt sind, hätte bereits dem Finanzgericht deutlich gemacht werden müssen.

Erschöpft sich die Tätigkeit des Besitzunternehmens nicht in der Verpachtung an die **Betriebs-GmbH**, sondern liegt noch ein **darüber hinausgehender Geschäftsbetrieb** vor, müssten die allgemeinen Rechtsprechungsgrundsätze des BFH dazu führen, dass bei der Angemessenheitsprüfung von den Vergleichswerten wegen **Mehrfachgeschäftsführung** ein **weiterer Abschlag** vorzunehmen ist. Ist die Tätigkeit für die Besitzgesellschaft – wie bei reiner Verpachtung – jedoch nur geringfügig, kann ein solcher Abschlag unterbleiben (FG Berlin-Brandenburg, Urteil vom 12.12.2007, Az. 12 K 8396/05 B).

BFH, Beschluss vom 9.11.2009, Az. I B 77/09

22   Dienstwagen – Fahrtenbuchführung (1)

Nachweis der rein betrieblichen Nutzung eines firmeneigenen Pkws durch mitarbeitende Angehörige

Der Fall und das Urteil:

Die Klägerin ist eine GmbH. Das Firmenfahrzeug wird von einem Mitarbeiter (Sohn des Gesellschafters) für betriebliche Fahrten benutzt. Nach dem Arbeitsvertrag war eine private Nutzung untersagt. Im Rahmen einer Lohnsteuer-Außenprüfung stellte der Prüfer fest, dass ein Fahrtenbuch nicht geführt worden war. Er unterstellte daraufhin eine Privatnutzung des Pkw und wandte die 1%-Pauschal-Methode an.

Das beklagte Finanzamt folgte dieser Einschätzung und nahm die Klägerin durch Haftungsbescheid für die hierauf entfallenen Steuern in Anspruch. Dagegen richtete sich die Klage.

Ob der Mitarbeiter das Firmenfahrzeug für private Zwecke benutzt hatte, war eine steuerbegründende Tatsache. Hierfür ist grundsätzlich zwar das Finanzamt beweispflichtig. Das Finanzgericht folgte für diese Fallkonstellation jedoch dem BFH (NV 1999, S. 1331). Danach gilt der **Anscheinsbeweis**, dass ein zur Nutzung überlassenes Fahrzeug auch für private Zwecke genutzt wird (= **typischer Geschehensablauf**) (s. auch Beitrag Nr. 28).

✋ Aufgrund des Anscheinsbeweises gilt die steuerbegründende Tatsache als bewiesen, sodass nunmehr der Steuerpflichtige entweder das Gegenteil beweisen oder aber zumindest die Grundlagen des Anscheinsbeweises widerlegen muss. Letzteres geschieht dadurch, dass der Steuerpflichtige darlegt, dass im Streitfall gerade kein typischer Geschehensablauf vorliegt.

Der typische Geschehensablauf war hier, dass der Mitarbeiter (Angehörige) den Firmen-Pkw auch privat nutzt. Demzufolge musste die GmbH nachweisen, dass der Arbeitnehmer mit dem Fahrzeug nur betrieblich gefahren war. Allein das arbeitsvertragliche Verbot genügte dem Gericht als Nachweis nicht.

Konsequenzen:

Bei Firmen-Pkw, die von Mitarbeitern – zumal von Angehörigen von Gesellschaftern – genutzt werden, gilt der **Anscheinsbeweis** einer Privatnutzung. Dieser Anscheinsbeweis lässt sich **widerlegen**, erfordert dann aber verschiedene Arbeitgeber-Kontrollen, die möglichst auch dokumentiert sein sollten:

– **Kontrolle** des **km-Stands** und des **Benzinverbrauchs:** Die GmbH hätte vortragen müssen, für welche betrieblichen Fahrten das Kfz benutzt worden war und um welche Strecken es sich dabei handelte. Dieser Nachweis ähnelt den Anforderungen an ein Fahrtenbuch.

– **Organisatorische Kontrollen**, wie z.B. nachweisbare Abgabe des Zündschlüssels an Wochenenden und zum Arbeitsende.

✋ Am besten lässt sich der Anscheinsbeweis der Privatnutzung durch ein Fahrtenbuch widerlegen. Dieses sollte **lückenlos** sein und eine **ausschließlich berufliche** Nutzung belegen.

Anzumerken bleibt: 1. Auch die – nicht erlaubte – Privatnutzung eines Betriebs-PKW durch einen Angehörigen des Gesellschafters ist eine vGA und wird dem Gesellschafter zugerechnet. 2. Anders als im Streitfall ist die Pkw-Privatnutzung nicht nach der 1%-Methode, sondern nach vGA-Grundsätzen zu bewerten (vgl. aber die Stellungnahme der Finanzverwaltung im BMF-Schreiben vom 3.4.2012, Beitrag Nr. 29).

FG Münster, rechtskräftiges Urteil vom 14.11.2001, Az. 5 K 5433/00 L

23 Dienstwagen – Fahrtenbuchführung (2)

Überwachung eines Privatnutzungsverbots bei einem Gesellschafter-Geschäftsführer und Kontrolle des Fahrtenbuchs

Der Fall und das Urteil:

Dem Gesellschafter-Geschäftsführer der B-GmbH wurde ein Dienst-Pkw zur betrieblichen Nutzung überlassen. Die private Nutzung des Fahrzeugs war ihm arbeitsvertraglich untersagt. Allerdings hat es die B-GmbH versäumt, das Verbot der Privatnutzung entsprechend zu überwachen. Fahrtenbücher wurden ebenfalls nicht geführt. Nach den Feststellungen des Finanzgerichts (Tatsacheninstanz) hat in den Streitjahren tatsächlich eine private Nutzung durch den Gesellschafter-Geschäftsführer stattgefunden.

Der BFH stellte (mittlerweile wiederholt) klar, dass die in einer privaten Nutzung betrieblicher Fahrzeuge liegende Bereicherung **eines Arbeitnehmers** (Fremdgeschäftsführers) als steuerpflichtiger Arbeitslohn zu behandeln ist. Handelt es sich bei dem Arbeitnehmer dagegen um einen **Gesellschafter-Geschäftsführer**, kann die geduldete Privatnutzung eine vGA sein.

Konsequenzen:

Die Finanzverwaltung geht grundsätzlich davon aus, dass ein im Rahmen eines Dienstverhältnisses **überlassener Firmen-Pkw** vom Arbeitnehmer **auch privat genutzt** wird. Dies gilt auch dann, wenn dem Arbeitnehmer für Privatfahrten weitere Fahrzeuge zur Verfügung stehen.

Fahrtenbücher, die keinen privaten Nutzungsanteil aufweisen, entsprechen nach Auffassung der Finanzverwaltung regelmäßig nicht der Lebenserfahrung und werden deshalb abgelehnt.

Wie das BFH-Urteil zeigt, nützt auch ein dienstvertragliches **Verbot** der Privatnutzung **allein** wenig, um die Besteuerung des geldwerten Vorteils zu vermeiden. Nur ein ordnungsgemäßes und lückenloses Fahrtenbuch führt in der Praxis dazu, dass die Besteuerung eines geldwerten Vorteils nach der oftmals ungünstigen 1%-Regelung oder als vGA vermieden werden kann.

Schon in seiner früheren Rechtsprechung hat der BFH klargestellt, dass der Anscheinsbeweis der Privatnutzung nicht durch die Behauptung entkräftet werden kann, dass für Einkaufsfahrten etc. ein **weiteres Privatfahrzeug vorhanden** ist. Denn die Richter gehen wie die Finanzverwaltung davon aus, dass zumindest Fahrten zu weiter entfernten Zielen (Ausflugs- oder Urlaubsfahrten der Familie) erfahrungsgemäß mit dem in der Regel größeren Betriebs-Pkw durchgeführt werden.

Eine Besteuerung des geldwerten Vorteils kann aber womöglich dann vermieden werden, wenn der Arbeitgeber ein vertraglich vereinbartes Privatnutzungsverbot auch **tatsächlich überwacht.** Dies kann er aber dann in der Regel nicht, wenn der Arbeitnehmer (Geschäftsführer) berechtigt ist, den Pkw nach Dienstschluss **mit nach Hause zu nehmen,** und der Arbeitgeber darüber hinaus keine detaillierten Aufzeichnungen über die gefahrenen Kilometer verlangt oder diese nicht regelmäßig prüft.

Gesellschafter-Geschäftsführer können in vergleichbaren Fällen dem Finanzamt zwar die Rechtsprechung des Sächsischen Finanzgerichts (Urteil vom 28.8.2002, Az. 3 K 2099/01) entgegenhalten. Im damaligen Streitfall hatten die Richter entschieden, dass nicht ohne weiteres davon ausgegangen werden kann, dass ein Gesellschafter-Geschäftsführer seinen Dienstwagen auch privat nutzt, wenn ihm dies arbeitsvertraglich untersagt wurde. Dies gelte zumindest dann, wenn er nachweisen kann, dass ihm **jederzeit ein anderer** – zumindest gleichwertiger – **Pkw** zur alleinigen Privatnutzung zur Verfügung gestanden hat. Doch dürfte diese Rechtsprechung nicht im Einklang mit der höchstrichterlichen Rechtsprechung (s.o.) stehen.

Jedem Gesellschafter-Geschäftsführer, der möglichst wenig privaten Nutzungsvorteil versteuern will, kann also nur dringend zur Führung eines Fahrtenbuchs geraten werden. Aus diesem sollte sich außerdem ganz klar ergeben, ob und inwieweit der Dienstwagen bei Dienstschluss am Firmensitz verbleibt.

BFH, Beschluss vom 19.12.2003, Az. VI B 281/01

24   Dienstwagen – Fahrten zur Arbeit

Zur Höhe des privaten Nutzungswerts für Fahrten mit dem Dienstwagen zur GmbH-Betriebsstätte in Park-and-Ride-Fällen

Der Fall:

Der Kläger, ein Verband, stellte seinem Hauptgeschäftsführer A einen Dienstwagen auch für Fahrten zwischen Wohnung und Arbeitsstätte zur Verfügung. Die einfache Entfernung von der Wohnung des A zur Dienststelle betrug 118 km. Für das Fahrzeug wurde kein Fahrtenbuch geführt.

Der Kläger (Arbeitgeber) unterwarf den geldwerten Vorteil aus der Privatnutzung sowie den Fahrten zwischen Wohnung und Arbeitsstätte dem Lohnsteuerabzug nach der Pauschalmethode. Für die Fahrten zwischen Wohnung und Arbeitsstätte legte er hierbei aber nur die Entfernung zwischen der Wohnung des A und dem Bahnhof X zugrunde. Dabei ging der Arbeitgeber davon aus, dass A das Dienstfahrzeug nur für diese 3,5 km lange Strecke genutzt hatte und von dort aus die weiteren 114,5 km mit der Bahn gefahren war.

Das Finanzamt hingegen legte bei der Ermittlung des geldwerten Vorteils nach § 8 Abs. 2 Satz 3 EStG die gesamte Entfernung von der Wohnung zur Arbeitsstätte (118 km) zugrunde.

Das FG wies die Klage der GmbH ab.

Das Urteil:

Der BFH bestätigte – anders als die Vorinstanz – die vom Arbeitgeber vorgenommene lohnsteuerliche Ermittlung des Zuschlags wegen der Dienstwagennutzung für Fahrten zur Arbeitsstätte und entschied:

Legt ein Geschäftsführer den täglichen Arbeitsweg zwischen seiner Wohnung und seiner Arbeitsstätte teilweise mit dem ihm überlassenen Dienstfahrzeug, teilweise mit öffentlichen Verkehrsmitteln zurück, ist nur für die mit dem Firmenfahrzeug zurückgelegte Teilstrecke ein (zusätzlicher) geldwerter Vorteil anzusetzen.

Zweck dieses geldwerten Vorteils sei es, den überschießenden pauschalen Werbungskostenabzug für die Fahrten zwischen Wohnung und Arbeitsstätte (Entfernungspauschale) zu kompensieren, der dem Arbeitnehmer bei Nutzung eines Dienstwagens zustehe, ohne dass dieser eigene Aufwendungen getragen habe. Aus der Korrekturfunktion des Zuschlags ergebe sich, dass für diesen ebenso wie für die Entfernungspauschale nur auf die **tatsächliche** Nutzung des Dienstfahrzeugs abzustellen sei.

Es gelte zwar der Beweis des ersten Anscheins, dass ein Dienstwagen für die Gesamtstrecke von der Wohnung bis zur Arbeitsstätte genutzt wird. Dieser Anscheinsbeweis werde aber dann entkräftet, wenn der Dienstwagenberechtigte – wie im Streitfall – für eine Teilstrecke eine auf ihn ausgestellte Jahresbahnfahrkarte vorlegt.

Konsequenzen:

Der Arbeitgeber hat bezüglich des Lohnsteuerabzugs dem Umstand Rechnung zu tragen, dass ein Dienstfahrzeug nur für eine Teilstrecke zwischen Wohnung und Arbeitsstätte genutzt wird. Allein die tatsächliche Nutzung des Dienstwagens ist der Pauschalbesteuerung (mit 0,03%) zugrunde zu legen. Nur in diesem eingeschränkten Umfang ist die lohnsteuerliche Erfassung eines geldwerten Vorteils nach § 8 Abs. 2 Satz 3 EStG gerechtfertigt.

Wird für einen Dienstwagen kein Fahrtenbuch geführt, kommt die Pauschalmethode zur Anwendung. Das heißt, dass eine nicht berufliche/betriebliche Nutzung unterstellt wird, also für **reine Privatfahrten** und für **Fahrten zur Arbeit**, die ebenfalls als außerbetriebliche, d.h. private Fahrten gelten. Daraus ergibt sich wiederum lohnsteuerlich:

1. Für die Nutzung zu Privatfahrten ist in jedem Kalendermonat **1%** des inländischen Listenpreises zuzüglich der Kosten für Sonderausstattungen einschließlich Umsatzsteuer anzusetzen (**1%-Regelung**).

2. Dieser Wert erhöht sich (nach § 8 Abs. 2 Satz 3 EStG) **in der Regel** wegen möglicher Fahrzeugnutzung für Fahrten zur Arbeit in jedem Kalendermonat um 0,03% des Listenpreises, und zwar für **jeden** Entfernungs-Kilometer zwischen Wohnung und Arbeitsstätte (**0,03%-Regelung**).

Wird das Dienstfahrzeug nachweisbar – wie im Streitfall – nur für eine **Teilstrecke** eingesetzt (Park-and-Ride-Fälle), ist eine entsprechend geringe Kilometerzahl zugrunde zu legen. Arbeitgeber sollten darauf achten, sich vom Arbeitnehmer **aussagekräftige Belege** für die eingeschränkte Dienstwagennutzung vorlegen zu lassen. Ansonsten müssen sie die Gesamtstrecke zwischen Wohnung und Arbeitsstätte zugrunde legen, um nicht Gefahr zu laufen, für die höhere Lohnsteuer zu haften.

BFH, Urteil vom 4.4.2008, Az. VI R 68/05

25 Dienstwagen – Kombi-Fahrzeug

Annahme der Privatnutzung auch für dem Gesellschafter-Geschäftsführer überlassenes Firmen-Kombinationsfahrzeug?

Der Fall:

An der X-GmbH sind A mit 75% und B mit 25% beteiligt. Beide sind auch zu Geschäftsführern bestellt. Dem B wurde ein sog. **Pick-Up-Fahrzeug** zur Verfügung gestellt.

Bei einer Lohnsteuer-Außenprüfung wurde festgestellt, dass für B keine private Fahrzeugnutzung ermittelt und versteuert wurde. Da B kein Fahrtenbuch geführt hat, eine Privatnutzung dienstvertraglich nicht geregelt und auf ihn kein privates Fahrzeug zugelassen war, ging der Prüfer von einer Privatnutzung des Pick-Up-Fahrzeugs aus. Der Prüfer ermittelte den Nutzungswert nach der 1%-Methode und setzte diesen als vGA an.

Der gegen die entsprechende Steuerfestsetzung gerichtete Einspruch blieb ohne Erfolg.

Das Urteil:

Das FG München wies die Klage der X-GmbH mit Urteil vom 4.8.2008 als unbegründet zurück. Das Gericht bejahte das Vorliegen einer vGA, da im Geschäftsführervertrag eine Privatnutzung nicht geregelt war, und seiner Überzeugung nach eine Privatnutzung des Pick-Up-Fahrzeugs durch B vorgelegen hat. B habe den **Anscheinsbeweis der Privatnutzung** nicht widerlegt.

Die bloße Behauptung, der betriebliche Pkw werde nicht für Privatfahrten genutzt, reiche nicht aus, den allgemeinen Erfahrungssatz, dass Personenkraftwagen typischerweise für private Zwecke mitgenutzt werden, zu widerlegen.

Zwar sei dieser Erfahrungssatz **nicht auf Lastkraftwagen und Zugmaschinen** anzuwenden (vgl. BFH-Urteil vom 13.2.2003, Az. X R 23/01, BStBl II 2003, S. 472). Im Streitfall liege ein derartiges Fahrzeug allerdings nicht vor. Denn bei dem **Pick-Up-Fahrzeug** handelt es sich um ein Kombinationsfahrzeug, das keine klassische Nähe zu einem Lkw oder einer Zugmaschine aufweist.

Konsequenzen:

In einem derartigen Fall wird die Höhe der verdeckten Gewinnausschüttung nach der BFH-Rechtsprechung **nicht nach dem lohnsteuerlichen Wert** (§ 8 Abs. 2 Satz 2 i.V.m. § 6 Abs. 1 Nr. 4 Satz 2 EStG) ermittelt (1%-Methode), sondern **nach Fremdvergleichsmaßstäben**, d.h. nach dem gemeinen

Wert und damit **unter Berücksichtigung eines angemessenen Gewinnaufschlags** (vgl. BFH-Urteil vom 23.1.2008, Az. I R 8/06, BFH/NV 2008, S. 178). Die Schätzung des privaten Anteils von 25% der gesamten Nutzung des Fahrzeugs liegt am unteren Rand dessen, was in der Rechtsprechung als angemessen angesehen wird, und berücksichtigt die Tatsache, dass für private Fahrten noch ein weiteres Fahrzeug zur Verfügung steht (vgl. FG Niedersachsen, Urteil vom 19.5.2005, Az. 5 K 244/03, DStRE 2005, S. 1156).

☞ Für GmbH-Gesellschafter-Geschäftsführer ist das sicherste Mittel, dem Anscheinsbeweis der privaten Mitnutzung des überlassenen betrieblichen Pkws zu entgehen, die **Führung eines ordnungsgemäßen Fahrtenbuchs.** Alternativ könnte im Dienstvertrag auf jegliche Pkw-Überlassung verzichtet werden. Damit käme auch der **Anscheinsbeweis** der Privatnutzung **nicht zur Anwendung** (vgl. auch Tz. 3 des BMF-Schreibens vom 3.4.2012, BStBl I, S. 478).

FG München, rechtskräftiges Urteil vom 4.8.2008, Az. 7 K 3056/06

26 Dienstwagen – Privatnutzung (1)

Zum steuerlichen Wertansatz des privaten Nutzungsanteils im Falle einer verdeckten Gewinnausschüttung

Der Fall:

Im Streitfall hatte der BFH im ersten Rechtszug entgegen der Ansicht des Finanzgerichts entschieden, dass die private Nutzung des Betriebs-Pkw durch den Gesellschafter-Geschäftsführer als **verdeckte Gewinnausschüttung (vGA)** zu beurteilen ist. Denn die GmbH hatte es versäumt, mit ihm eine Vereinbarung über die private Nutzung des Dienstwagens zu treffen. Diese „laxe" Handhabung war nach Ansicht des BFH ein gewichtiges Indiz dafür, dass die Privatnutzung durch das Gesellschaftsverhältnis veranlasst und damit als vGA zu beurteilen war.

Der BFH hatte dann die Sache an das Finanzgericht zurückverwiesen, damit dieses den privaten Nutzungsanteil nach vGA-Grundsätzen bewertet. Das FG schätzte den Wert der vGA, weil der Gesellschafter-Geschäftsführer kein ordnungsgemäßes Fahrtenbuch vorgelegt hatte. Die Richter kamen so auf einen **Privatnutzungsanteil von 30%.** Diesen Prozentsatz wendeten sie dann auf die in der Gewinnermittlung der GmbH angesetzten Werte (Aufwendungen für den Betriebs-Pkw) an. Außerdem entschied das FG:

Von diesen Werten, beispielsweise auch mit Blick auf den Prozentsatz für die Abschreibungen, sei keine Abweichung gerechtfertigt, da insoweit eine Einkommensminderung bei der GmbH eingetreten sei.

- Zur Ermittlung des gemeinen Werts sei ein **Gewinnzuschlag von 10%** angemessen und ausreichend.

- Die GmbH akzeptierte das Urteil (FG Saarland vom 22.4.2009, Az. 1 K 1405/03) in den vorgenannten beiden Punkten nicht. Der BFH hatte über die abgelehnte Zulassung der Revision zu entscheiden.

Die Entscheidung:

Der BFH lehnte die Beschwerde der GmbH ab. Die Rechtssache habe keine grundsätzliche Bedeutung. Wie eine vGA durch die Überlassung eines Betriebs-Pkws für den Privatgebrauch des Gesellschafter-Geschäftsführers zu bewerten ist, sei höchstrichterlich geklärt. Eine fehlerhafte Rechtsanwendung durch das FG sei nicht zu erkennen.

Bereits aus dem BFH-Urteil vom 23.2.2005 (Az. I R 70/04, GmbH-Stpr. 2005, S. 283) ergebe sich, dass sich in derartigen Fällen die Höhe der vGA nach dem **gemeinen Wert der privaten Dienstwagennutzung** unter Einbeziehung eines **angemessenen Gewinnaufschlags** bemisst. Dort heißt es weiter: „Nutzungsüberlassender (GmbH) und Nutzungsempfänger (Gesellschafter-Geschäftsführer) würden gemeinhin auf Kostenbasis abrechnen und sich einen etwaigen Gewinnaufschlag teilen."

Mit den Kosten – so der BFH weiter – sind zum einen die Fixkosten des Firmen-Pkw, z.B. die Aufwendungen für die Kfz-Versicherung und Kfz-Steuer, gemeint. Zum anderen kommen auch die bei der GmbH **einkommenswirksam gewordenen Abschreibungen** in Ansatz, und zwar **in voller Höhe** und nicht etwa – wie die GmbH meinte – nur die auf den Privatanteil (hier 30%) entfallende Abschreibung.

Weiterhin hatte sich die GmbH gegen die Höhe des Gewinnaufschlags (10%) gewehrt und geltend gemacht, dass z.B. das FG München in einer Entscheidung vom 4.8.2008 (Az. 7 K 3056/06) einen Aufschlag von nur 5% für angebracht hielt. Dazu stellte der BFH klar: Einen **allgemein verbindlichen Maßstab** für einen „angemessenen" Gewinnaufschlag könne es nicht geben. Dessen Höhe richte sich immer nach den **Umständen des Einzelfalls** nach Fremdvergleichsgrundsätzen. Außerdem sei es allein Sache der Finanzgerichte als Tatsacheninstanz, über den im Einzelfall angemessenen Gewinnaufschlag zu entscheiden.

Konsequenzen:

✋ Bei ungeregelter, aber auch bei vertragswidriger privater Pkw-Nutzung durch den Gesellschafter-Geschäftsführer liegen **Vorteilszuwendungen in Form von vGA** vor. Hier ist die höchstrichterliche Rechtsprechung ganz eindeutig – zumindest bei beherrschenden Gesellschafter-Geschäftsführern und bei deren in der GmbH mitarbeitenden Angehörigen (vgl. GmbH-Stpr. 2009, S. 167).

Die Bewertung einer Pkw-Privatnutzung als vGA ist höchstrichterlich erschöpfend geklärt. Mit der vorliegenden Entscheidung macht der BFH deutlich: Zur Ermittlung des gemeinen Werts der vGA sind die **Pkw-Kosten ohne Abstriche** zugrunde zu legen. Den Ansatz eines **„angemessenen" Gewinnaufschlags** überlässt der BFH den Finanzgerichten. Aufschläge in einer größeren Bandbreite von 5 bis 10% (in Einzelfällen wohl auch darüber) sind also durchaus möglich.

Zur Bewertung der unerlaubten Privatnutzung durch die Finanzämter vgl. Beitrag Nr. 29.

BFH, Beschluss vom 16.9.2009, Az. I B 70/09

27 Dienstwagen – Privatnutzung (2)

Keine verdeckte Gewinnausschüttung bei Anspruch auf Firmenwagen, der auch privat genutzt werden darf

Der Fall:

Der Streit ging darum, ob der private Nutzungsanteil aus der Überlassung des Firmenwagens an den Gesellschafter-Geschäftsführer als geldwerter Vorteil nach der 1%-Methode anzusetzen ist oder als verdeckte Gewinnausschüttung (vGA). Im Anstellungsvertrag war die Privatnutzung folgendermaßen formuliert:

„Der Geschäftsführer kann für die Dauer des Dienstverhältnisses einen Firmenwagen beanspruchen, der auch zu privaten Zwecken genutzt werden darf".

Diese Dienstwagenklausel interpretierten Finanzamt und Geschäftsführer unterschiedlich:

Erste Interpretation: Die Privatnutzung steht unter einem Erlaubnisvorbehalt durch die GmbH. Der Geschäftsführer hatte eine solche Erlaubnis nicht explizit eingeholt. Es hätte demnach eine **unerlaubte Privatnutzung des Pkw** vorgelegen.

Folge: Bei unerlaubter Privatnutzung wäre nach höchstrichterlicher Rechtsprechung (so auch BFH vom 23.1.2008, Az. I R 8/06, siehe unten) der gewährte Vorteil **durch das Gesellschaftsverhältnis veranlasst**. Die Privatnutzung wäre damit **als vGA zu bewerten**; die lohnsteuerlichen Grundsätze für die Bewertung einer privaten Dienstwagennutzung kämen nicht zum Zuge. Dementsprechend wäre der Nutzungsvorteil nach Fremdvergleichsgrundsätzen zu bewerten, d.h. mit dem **gemeinen Wert** unter Einbeziehung eines **angemessenen Gewinnaufschlags** (vgl. Beitrag Nr. 26).

Zweite Interpretation: Dem Geschäftsführer ist die Privatnutzung des Dienstwagens „dem Grunde nach" **ausdrücklich gestattet**. Ihm allein ist es letztlich überlassen, ob er den Dienstwagen tatsächlich nur dienstlich nutzen oder auch privat mitnutzen will. Es hätte eine **erlaubte Privatnutzung** vorgelegen, da diese vom Vertrag gedeckt ist.

Folge: Die private Pkw-Nutzung ist **nicht als vGA** anzusehen. Sofern kein Fahrtenbuch geführt wird, kommt die **Versteuerung** des geldwerten Vorteils **nach lohnsteuerlichen Grundsätzen**, d.h. nach der 1%-Methode (privater Nutzungsanteil) bzw. der 0,03%-Methode (für Fahrten zwischen Wohnung und Arbeitsstätte) zur Anwendung.

Die Entscheidung:

Der VI. (Lohnsteuer-)Senat des BFH schloss sich der Einschätzung des Finanzgerichts an, wonach die Privatnutzung des Dienstwagens nicht unter einem besonderen Erlaubnisvorbehalt steht. Die Klausel sei vielmehr so zu verstehen, dass dem Geschäftsführer die **Privatnutzung des Firmen-Pkw ausdrücklich gestattet** ist. Damit stehe die Privatnutzung des Firmenwagens im Einklang mit dem Anstellungsvertrag.

Die Richter stellten klar: Eine vertragswidrige (unerlaubte) Nutzung liegt dann nicht vor, wenn vereinbart ist, dass der Geschäftsführer für die Dauer seiner Amtszeit Anspruch auf einen Dienstwagen hat und außerdem ergänzend geregelt ist, dass er das Fahrzeug auch privat nutzen darf. Nach übereinstimmender höchstrichterlicher Rechtsprechung des I. (Körperschaftsteuer-)Senats und der neueren Rechtsprechung des VI. (Lohnsteuer-)Senats kommt bei einer solchen ausdrücklich erlaubten Privatnutzung eine **Beurteilung als vGA nicht in Betracht**.

Konsequenzen:

In zwei ähnlichen Fällen hatte der VI. BFH-Senat bereits ebenso entschieden (Urteil vom 23.4.2009, Az. VI R 81/06; Beschluss vom 23.4.2009, Az. VI B 118/08,

BFH/NV 2009, S. 1188). Auch hier gab es eine vertragliche „Kann-" bzw. „Darf-Bestimmung" über die Privatnutzung des dem Gesellschafter-Geschäftsführer überlassenen Dienstwagens. Nach Ansicht der Richter liegt bei Vertragsklauseln, nach denen der Geschäftsführer „den Dienstwagen auch privat nutzen kann oder darf", der Schluss nahe, dass die Pkw-Privatnutzung ausdrücklich erlaubt ist. Damit kann nach Ansicht des VI. Senats bei solchen Vereinbarungen die **strenge Rechtsprechung** des I. (Körperschaftsteuer-)Senats des BFH **zur vertragswidrigen Pkw-Privatnutzung nicht zum Zuge** kommen. Vielmehr gelte das normale Einkommen-/Lohnsteuerrecht (§ 8 Abs. 2 Satz 2, § 6 Abs. 1 Nr. 4). Folge: Bei nicht erfolgter Fahrtenbuchführung wird die private Pkw-Nutzung nach der 1%-Methode bewertet.

✋ Nach der Rechtsprechung des Körperschaftsteuer-Senats hat **bei einer vertragswidrigen privaten Pkw-Nutzung** durch den Gesellschafter-Geschäftsführer die Beurteilung als vGA Priorität vor dem Lohnsteuerrecht. Die Vorteilsgewährung ist als vGA zu beurteilen und zu bewerten (BFH, Urteil vom 23.1.2008, Az. I R 8/06; GmbH-Stpr. 2008, S. 244; vgl. Beiträge Nr. 25, 26).

BFH, Beschluss vom 21.10.2009, Az. VI B 26/09

28   Dienstwagen –Privatnutzung (3)

Anscheinsbeweis für Privatnutzung trotz arbeitsrechtlichem Nutzungsverbot

Der Fall:

Eine GmbH hatte ihrem Gesellschafter-Geschäftsführer ein Dienstfahrzeug zur Verfügung gestellt, das er privat nicht nutzen durfte. Aus Anlass der Anschaffung eines neuen Dienstwagens wurde der Anstellungsvertrag des Geschäftsführers folgendermaßen geändert:

„Die GmbH stellt dem Geschäftsführer für die Dauer des Dienstverhältnisses einen Dienstwagen zur Verfügung. Der Pkw darf nur zu Dienstfahrten und nicht für Privatzwecke genutzt werden".

Der Geschäftsführer selbst hatte kein eigenes Fahrzeug angemeldet. Auf die Ehefrau, die ebenfalls bei der GmbH angestellt war, war ein Mittelklasse-Pkw angemeldet.

Der Einlassung von GmbH und Geschäftsführer, das Dienstfahrzeug sei nicht privat genutzt worden, folgte das Finanzamt nicht und setzte unter Anwendung der 1%-Regelung ertragsteuerlich eine vGA und umsatzsteuerlich eine Entnahme sonstiger Leistungen an.

Das Urteil:

Das Finanzgericht wies die dagegen gerichtete Klage als unbegründet ab. Es folgte somit der Argumentation des Finanzamts und ging trotz dienstvertraglichem Nutzungsverbot von einer Privatnutzung aus.

Ein steuerbegründender Tatbestand wie hier die vGA müsse **vom Finanzamt nachgewiesen** werden. Dieser Nachweis wird auch nicht dadurch überflüssig, dass das Gesetz in § 6 Abs. 1 Nr. 4 Sätze 2, 3 EStG die 1%-Regelung festlegt. Diese knüpfe an den Nachweis der privaten Nutzung an und regele grob typisierend die steuerliche Rechtsfolge. Den Nachweis der privaten Nutzung erspare sie dem Finanzamt jedoch nicht.

Hier setzte die Argumentation der GmbH an, die diesen Nachweis aufgrund der Aussage des Geschäftsführers und des vereinbarten Privatnutzungsverbots als nicht erbracht ansah. Sie argumentierte, dass bei einer nicht mit Sicherheit festgestellten Tatsache derjenige den Prozess verliere, der beweispflichtig sei, hier also das Finanzamt.

Dieser Argumentation stimmte das FG zwar im Grundsatz zu. Bevor man aber zu der Feststellung eines non liquet (= die streitige Tatsache ist im Rahmen der Beweiswürdigung nicht aufklärbar) und damit zu einer Entscheidung zulasten desjenigen, der die Feststellungslast trägt, kommt, seien die Regeln des **Anscheinsbeweises** zu prüfen. Dabei könne das Gericht zur Überzeugungsbildung den Anscheinsbeweis (nur) bei typischen Geschehensabläufen heranziehen. Dieser beruhe auf der Erfahrung, dass gewisse und typische Lebensabläufe bestimmte Folgen auslösen und umgekehrt, dass bestimmte Folgen aus einem typischen Lebenssachverhalt resultieren.

Diesen typischen „Lebensablauf der Privatnutzung" eines Dienstwagens unterstellte das FG hier: Steht einem Ehepaar nur **ein** Privat-Pkw zur jederzeitigen Nutzung zur Verfügung, dann erscheine es lebensfremd, dass ein Partner eine Privatfahrt deshalb mit dem Dienstfahrzeug nicht durchführt und zurückstellt, weil das einzige Privatfahrzeug gerade anderweitig genutzt wird.

Über den Anscheinbeweis war somit nach Überzeugung der Richter die private Nutzung bewiesen.

Konsequenzen:

Die Entscheidung des FG zeigt zweierlei:

1. Die Regelung eines Privatnutzungsverbots für einen Dienstwagen **allein** genügt nicht, um den Anscheinsbeweis einer privaten Mitnutzung zu ent-

kräften. Schon gar nicht, wenn auf den Dienstwagen-Berechtigten **kein Privatfahrzeug** zugelassen ist, sondern nur auf seinen Ehepartner.

2. Um diesen Anscheinsbeweis zu entkräften, müssen – wenn schon kein Fahrtenbuchnachweis geführt wird – **weitere Fakten** und **Umstände** dargelegt werden, die es wahrscheinlich erscheinen lassen, dass der Dienstwagen nicht auch privat genutzt wird.

FG Saarland, rechtskräftiges Urteil vom 7.12.2004, Az. 1 K 312/00

29 Dienstwagen – Wertansatz für Privatnutzung

Steuerliche Bewertung der privaten Kfz-Nutzung durch einen GmbH-Gesellschafter-Geschäftsführer – BMF-Schreiben vom 3.4.2012 sorgt für Klarheit

In den Jahren 2008 bis 2010 hat der BFH in mehreren Urteilen zu der Frage Stellung genommen, wann die Privatnutzung des Firmenwagens durch einen Gesellschafter-Geschäftsführer als (Sach-)Lohn und wann als verdeckte Gewinnausschüttung (vGA) zu behandeln ist (vgl. die Beiträge 26 bis 28). Die Finanzverwaltung brauchte zwei Jahre, um aus dieser Rechtsprechung Handlungsanweisungen für die Finanzämter abzuleiten. Das Ergebnis liegt jetzt in Form des BMF-Schreibens vom 3.4.2012 vor.

Private Kfz-Nutzung als Sachlohn

Das BMF-Schreiben weist zunächst darauf hin, dass die Überlassung eines betrieblichen Kfz an einen Gesellschafter-Geschäftsführer nur dann **betrieblich veranlasst** ist und damit als Lohnbestandteil mit der 1%-Methode bewertet werden kann, wenn die Überlassungs- oder Nutzungsvereinbarung dem **Fremdvergleich** genügt, also wie unter fremden Dritten geschlossen wurde. Insbesondere muss sie zivilrechtlich wirksam sein. Andernfalls droht der Vorwurf der vGA, für deren Bewertung grundsätzlich ein anderer Maßstab gilt (dazu siehe unten).

Nachdem der BGH mit Urteil vom 25.3.1991 (Az. II ZR 169/90; BB 1991, S. 927) die Gesellschafterversammlung für den Abschluss und jede Änderung des Anstellungsvertrags eines GmbH-Geschäftsführers als zuständig erklärt hat, besteht auch die Finanzverwaltung auf der strikten **Einhaltung dieser zivilrechtlichen Anforderungen** (BMF vom 16.5.1994, BStBl I 1994, S. 868). Mit anderen Worten: Die erstmalige Gestellung eines Firmenwagens einschließlich

Privatnutzung muss zuvor von der Gesellschafterversammlung abgesegnet worden sein; das gilt auch für jede künftige Besserstellung des Gesellschafter-Geschäftsführers mit einem höherwertigen Kfz. Wird dies nicht beachtet, freut sich später der Betriebsprüfer über die von ihm festgestellte vGA.

Liegt über die Kfz-Überlassung **keine schriftliche Vereinbarung** vor, darf nicht per se eine vGA unterstellt werden. Es ist nach Tz. 3 des BMF-Schreibens auch möglich, dass zwischen der GmbH und ihrem Gesellschafter-Geschäftsführer eine Kfz-Überlassungsvereinbarung **mündlich oder konkludent** (durch schlüssiges Verhalten) getroffen wurde. Eine solche Abrede sollen die Finanzämter auch dann akzeptieren, wenn sie vom schriftlichen Anstellungsvertrag abweicht. Voraussetzung ist allerdings, dass entsprechend dieser Vereinbarung auch tatsächlich verfahren wird.

Beispiel:

Im Anstellungsvertrag ist die Privatnutzung des betrieblichen Kfz untersagt (vgl. Beitrag Nr. 28). Tatsächlich nutzt der GmbH-Chef das Fahrzeug dauerhaft auch für private Zwecke. Wird der geldwerte Vorteil zeitnah als Lohnaufwand verbucht (z.B. nach der 1%-Pauschalmethode) und die Lohnsteuer abgeführt – was die GmbH nachweisen muss –, ist die Kfz-Überlassung trotz des Verbots im Dienstvertrag anzuerkennen.

Führt der Gesellschafter-Geschäftsführer die GmbH nicht als Angestellter, sondern als Unternehmer – was aus Sicht der Rechtsprechung und der Finanzverwaltung möglich ist (vgl. im Einzelnen Beitrag Nr. 91) –, muss sich die Entgeltlichkeit der Kfz-Überlassung aus den Honorar-Abrechnungen zwischen GmbH und Geschäftsführer oder aus zeitnahen Belastungen des Gesellschafter-Verrechnungskontos ergeben (Tz. 3).

Beispiel:

Die GmbH stellt dem selbstständigen Geschäftsführer allmonatlich die Privatnutzung des überlassenen Pkw in Rechnung. Der Geschäftsführer berechnet seine Leistung in einer monatlichen Honorarrechnung.

Private Kfz-Nutzung als vGA

Liegt eine schriftliche oder zumindest konkludente Vereinbarung mit den vorgenannten Anforderungen nicht vor, ist die Kfz-Überlassung auch zu privaten Zwecken **als vGA** einzustufen. Dies gilt sowohl für einen beherrschenden als auch für einen nicht beherrschenden Gesellschafter-Geschäftsführer.

Nach der BFH-Rechtsprechung ist die vGA mit **dem gemeinen Wert der Nutzungsüberlassung** einschließlich eines angemessenen Gewinnaufschlags zu bewerten (vgl. Beitrag Nr. 26). Dem schließt sich das BMF-Schreiben in Tz. 4 an:

„Auf der Ebene der Kapitalgesellschaft ist für die Bemessung der verdeckten Gewinnausschüttung im Zusammenhang mit der privaten Kfz-Nutzung von der erzielbaren Vergütung auszugehen (vgl. H 37 KStH 2008, Stichwort „Nutzungsüberlassungen"). Dies steht im Einklang mit den BFH-Urteilen vom 23.2.2005 (Az. I R 70/04, BStBl II S. 882) und vom 23.1.2008 (Az. I R 8/06, a.a.O.), wonach die verdeckte Gewinnausschüttung mit dem gemeinen Wert der Nutzungsüberlassung zu bemessen ist und damit einen angemessenen Gewinnaufschlag einbezieht."

Da aber sowohl die von der GmbH in einem vergleichbaren Fall „erzielbare Vergütung" bei Überlassung an einen fremden Dritten als auch der „angemessene Gewinnaufschlag" streitanfällig sind, greift die Finanzverwaltung auf das zurück, was sich schon in der Vergangenheit in Betriebsprüfungen bewährt hat: Die **vGA** darf „aus Vereinfachungsgründen" ... „im Einzelfall" nach der **1%-Methode bewertet** werden – also genauso wie bei Arbeitnehmern. Bei Nutzung des Kfz durch den Gesellschafter-Geschäftsführer auch für Fahrten zwischen Wohnung und Arbeitsstätte erhöht sich dieser Wert für jeden Kalendermonat um 0,03% des Listenpreises für jeden Kilometer der Entfernung zwischen Wohnung und Betrieb – ebenfalls wie bei Arbeitnehmern.

Stellt der Betriebsprüfer eine vGA aufgrund einer nicht lohnversteuerten Kfz-Überlassung fest, hat dies nach dem BMF-Schreiben **folgende Konsequenzen**:

- Der Gewinn der GmbH wird nach der 1%-Methode erhöht; es fallen höhere Körperschaft- und Gewerbesteuern an.

- In Höhe des gleichen Werts fällt beim Gesellschafter zusätzlich ein Kapitalertrag an, welcher der 25%-igen Abgeltungsteuer unterliegt, wenn die GmbH-Anteile im Privatvermögen liegen.

Wird in einer Lohnsteuer-Außenprüfung eine nicht lohnversteuerte Kfz-Überlassung an einen Arbeitnehmer festgestellt, wird der Lohn des betreffenden Arbeitnehmers um den geldwerten Vorteil erhöht und entweder Arbeitgeber oder Arbeitnehmer mit der darauf entfallenden Lohnsteuer belastet. Der geldwerte Vorteil unterliegt also nur **einmal** der Besteuerung. Bei einer vGA schlägt der Fiskus **zweimal** zu – selbst bei Minderheitsgesellschaftern. Darin sehen wir eine **eindeutige Diskriminierung** von Unternehmern, die sich als Gesellschafter-Geschäftsführer betätigen.

BMF-Schreiben vom 3.4.2012, Az. IV C 2 – S 2742/08/10001, BStBl I S. 478

30 Finanzamts-Auskunft – Angemessenes Gesellschafter-Geschäftsführer-Gehalt

Zu den Voraussetzungen einer Bindungswirkung einer „Angemessenheitsauskunft" des Finanzamts

Der Fall:

Die X-GmbH wurde im April 1988 von A, B und C errichtet. Unter den Gesellschaftern bestand Einigkeit, dass A für seine Geschäftsidee eine zusätzliche Vergütung erhalten sollte.

Das an A gezahlte Geschäftsführergehalt zzgl. Urlaubs- und Weihnachtsgeld, Tantieme und Ruhegehaltszusage betrug rund 526.000 DM (1998), 595.000 DM (1999) und ca. 1.14 Mio. DM (2000). Die Vergütung für die Überlassung der Geschäftsidee war in 1995 auf 1,5% des Jahres-Nettoumsatzes, maximal 50% des Jahresüberschusses vor Steuern festgesetzt worden. So waren für die Überlassung der Geschäftsidee in 1998 rund 808.000 DM, in 1999 etwa 975.000 DM und im Jahr 2000 3.978 DM zusätzlich gezahlt worden.

Eine Außenprüfung für die Vorjahre (1995 bis 1997) führte zu dem Ergebnis, dass die Vergütung für die Überlassung der Geschäftsidee als Bestandteil der Geschäftsführervergütung und auch die Gesamtvergütung des A als angemessen angesehen wurde.

Mit Vereinbarung vom 5.7.2000 wurde die Vergütung für die Überlassung der Geschäftsidee in eine ertragsabhängige Vergütung in Höhe von jährlich 5% des Jahresüberschusses vor Ertragsteuern umgewandelt. Das Jahresgehalt von A wurde auf 840.000 DM erhöht und die jährliche Tantieme auf 50% des Jahresüberschusses vor Gewerbe- und Körperschaftsteuern festgesetzt. Darüber hinaus übernahm die X-GmbH die aus einer evtl. Nachversteuerung der „Knowhow-Vergütung" entstehenden Einkommensteuern des A; ferner wurde die Pensionszusage auf ein monatliches Ruhegehalt von 8.000 € (vorher 8.000 DM) erhöht.

Die X-GmbH legte dem Finanzamt die Anpassungsverträge vor. Dieses sah die Höhe der Gesamtbezüge als **angemessen** an, vorbehaltlich zukünftig anders lautender Verwaltungsanweisungen und anders lautender Rechtsprechung. Außerdem wies das Finanzamt ausdrücklich darauf hin, dass es sich hierbei **nicht um eine verbindliche Zusage** handelt.

Im Anschluss an eine Außenprüfung behandelte das Finanzamt einen Teil der Gesamtvergütung des Jahres 2000 (1.16 Mio. DM) in Höhe von 657.000 DM als vGA. Insoweit hatte das Finanzamt auf der Grundlage eines **externen Betriebsvergleichs** eine angemessene Gesamtvergütung von 350.000 DM ermittelt, die es mit Blick auf die Gehalt-Gesamtausstattung des Prokuristen (**betriebsinterner Vergleich**) um 150.000 DM erhöhte.

Der Beschluss:

Der BFH wies die Revision der X-GmbH als unbegründet zurück. Das Ergebnis, einen Teil der Vergütung des Gesellschafter-Geschäftsführers als unangemessen hoch und damit insoweit als durch das Gesellschaftsverhältnis veranlasst zu würdigen, hält nach Auffassung des BFH den Argumenten der Revision stand.

Auf die frühere Aussage des Finanzamts, die Gesamtausstattung des A sei angemessen, könne die X-GmbH deshalb nicht verweisen, weil das Finanzamt ausdrücklich hervorgehoben hatte, es liege **keine Auskunft mit Bindungswirkung** vor.

Konsequenzen:

Das Finanzamt ist bei Durchführung einer Veranlagung grundsätzlich nicht an Auffassungen gebunden, die es bei vorherigen Veranlagungen vertreten hat (**Prinzip der Abschnittsbesteuerung**). Das gilt selbst dann, wenn das Finanzamt früher aufgrund einer Betriebsprüfung anders verfahren ist. Denn auch die Ergebnisse einer Außenprüfung haben grundsätzlich nur für die Prüfungsjahre Bindungswirkung (BFH, Urteil vom 11.2.1981, Az. I R 128/77, BStBl II 1981, S. 448). **Ausnahmsweise** tritt eine **Bindungswirkung** ein, wenn das Finanzamt nach einer Betriebsprüfung eine **verbindliche Zusage** i.S.d. §§ 204 ff. AO, eine **Lohnsteueranrufungsauskunft** (§ 42e EStG) oder eine **sonstige** verbindliche Auskunft erteilt.

Außerdem kann das Finanzamt **nach Treu und Glauben** gebunden sein, wenn es einem Steuerpflichtigen zugesichert hat, einen konkreten Sachverhalt in einem bestimmten Sinn zu beurteilen. **Voraussetzung einer Bindung** in derartigen Fällen ist es jedoch, dass der vom Steuerpflichtigen mitgeteilte Sachverhalt richtig und vollständig dargestellt wurde, so von der die Auskunft erteilenden Person verstanden wurde und offensichtlich ist, dass von der Auskunft gewichtige wirtschaftliche Entscheidungen des Steuerpflichtigen abhängen. Des Weiteren muss der für die spätere Entscheidung zuständige Beamte (d.h. Sachgebietsleiter) oder der Vorsteher die Auskunft erteilt haben (BFH-Urteil vom 13.12.1989, Az. X R 208/87, BStBl II 1990, S. 274).

BFH, Beschluss vom 17.2.2010, Az. I R 79/08

31 Garagengeld, steuerfreies Gehaltsextra

Zahlungen der GmbH für die Dienstwagen-Unterbringung beim Geschäftsführer bzw. bei anderen Mitarbeitern und Steuerfolgen

Zahlt eine GmbH ihrem Geschäftsführer oder einem anderen mitarbeitenden Gesellschafter für die (sichere) Unterstellung des von ihm genutzten Firmenfahrzeugs außerhalb des Betriebs ein besonderes Entgelt, sollte dies nach Möglichkeit als **steuerfreies Gehalts-Extra** erfolgen.

Beispiele: 1. Geschäftsführer F stellt den Dienstwagen, den er u.a. auch für Dienstfahrten von seiner Wohnung aus nutzt, in einer von ihm eigens angemieteten Garage ab. Die GmbH zahlt ihm mit Rücksicht darauf ein besonderes Garagengeld. 2. Geschäftsführer G stellt den Dienstwagen neben seinem Privatfahrzeug in der Doppelgarage seines Einfamilienhauses unter.

In diesen Fällen gingen die Finanzverwaltung und einige Finanzgerichte in der Vergangenheit davon aus, dass das vom Arbeitgeber gezahlte Garagengeld mit zum steuerpflichtigen Arbeitslohn zählt. Der BFH hat hier aber eindeutig widersprochen (siehe GmbH-Stpr. 2002, S. 407) und in zwei Grundsatzentscheidungen klar gemacht, dass:

1. ein vom Arbeitgeber gezahltes Garagengeld steuerfreier Auslagenersatz sein kann und

2. Erstattungsbeträge des Arbeitgebers nicht den nach der 1%-Methode ermittelten Wert des steuerpflichtigen Privatnutzungsanteils erhöhen.

 Die Erstattung von Garagenkosten durch den Arbeitgeber ist keine Selbstverständlichkeit.

– Daher sollten Sie als **mitarbeitender Gesellschafter**(-Geschäftsführer) mit Ihrer GmbH darüber eine klare, aus Beweisgründen möglichst schriftliche Abrede treffen, um gegenüber dem Finanzamt von vornherein den Verdacht verdeckter Gewinnausschüttungen zu vermeiden.

– Auch mit dienstwagenberechtigten **Fremdgeschäftsführern** oder anderen Mitarbeitern empfiehlt sich eine klarstellende schriftliche Regelung.

Hier dürfte sich in aller Regel eine entsprechende ergänzende Vereinbarung im **Dienstwagenüberlassungsvertrag** anbieten. Als Alternative dazu bietet sich ggf. eine separate **schriftliche Mietvertragsregelung** an.

Beispiel: Ein Gesellschafter-Geschäftsführer bekommt von der GmbH eine regelmäßige monatliche Miete dafür gezahlt, dass er den Firmenwagen in einer Garage bzw. auf einem Stellplatz an dem ihm gehörenden Haus unterstellt.

Vom Bundesfinanzhof anerkanntes Garagengeld

Mit seinen Grundsatzentscheidungen vom 7.6.2002 hatte der BFH u.a. anerkannt, dass

– ein vom Arbeitgeber an den Arbeitnehmer für die Unterstellung des Dienstwagens gezahltes Nutzungsentgelt (Garagengeld) **kein steuerpflichtiges Arbeitsentgelt** ist, sondern dass es sich dabei um **nach § 3 Nr. 50 EStG steuerfreien Auslagenersatz** handelt,

– ein für die Unterstellung des Fahrzeugs in einer **arbeitnehmereigenen** Garage vom Arbeitgeber gezahltes Entgelt allerdings als **Mietentgelt** nach § 21 Abs. 1 EStG zu versteuern ist, jedoch mit der Möglichkeit zum Werbungskostenabzug der entsprechenden Kosten (BFH-Az. VI R 145/99) und

– ein gezahltes Garagengeld bei einer vom Arbeitnehmer angemieteten Garage selbst dann zum steuerfreien Auslagenersatz zählt, wenn der Arbeitgeber **nicht sämtliche Garagenkosten** erstattet (BFH-Az. VI R 1/00).

Stellungnahme der Finanzverwaltung zum Garagengeld

Mit Verfügung vom 18.3.2003 hat die OFD Frankfurt/Main zu verschiedenen Zweifelsfragen rund um das Garagengeld Stellung genommen (Az. S 2334 A – 18 – St II 30, DB 2003, S. 853). Die OFD unterscheidet hier **zwei Grundvarianten:**

Garagengeld für firmeneigenes Fahrzeug

Bringt der Arbeitnehmer auf **Verlangen des Arbeitgebers** den Dienstwagen in einer vom Arbeitnehmer angemieteten Garage unter, bleibt das gezahlte Garagengeld als **Auslagenersatz grundsätzlich steuerfrei.** Wird die private Dienstwagennutzung nach der **1%-Regelung besteuert,** darf mit Blick auf die Garagennutzung und das gezahlte Entgelt nicht etwa ein (höherer) geldwerter Vorteil angesetzt werden.

 Andererseits gilt für einen mit 1% versteuerten Dienstwagen, der in einer angemieteten Garage untergestellt ist:

– Bekommt der Arbeitnehmer die Garagenkosten nicht oder nicht voll von seinem Arbeitgeber ersetzt, mindern die Zusatzkosten nicht etwa den für die Privatnutzung anzusetzenden maßgebenden Wert (nach § 8 Abs. 2 Satz

2 bis 5 EStG). Im Klartext: Tragen Sie als Dienstwagenberechtigter zusätzliche Kosten für die Fahrzeugunterstellung, sieht die Finanzverwaltung deswegen keinen Anlass, den zu versteuernden Nutzungsvorteil niedriger als mit 1% des Brutto-Listenpreises anzusetzen.

– Bleiben Sie als Dienstwagennutzer auf den Unterstellkosten für das Fahrzeug sitzen, haben Sie die Möglichkeit, die Garagenkosten als **Werbungskosten** steuerlich geltend zu machen.

Ihre Aufwendungen sollen nach Ansicht der OFD Frankfurt aber nur in dem Umfang steuerlich absetzbar sein, wie der Firmenwagen **nachweisbar für Dienstreisen** genutzt wird. Hier einen **Fahrtenbuchnachweis** zu verlangen, dürfte übertrieben sein.

☞ Wie dieser „Nachweis" zu führen ist, darüber ist in der Verfügung nichts Näheres gesagt. Unseres Erachtens dürfte es hier ausreichen, wenn der berufliche Nutzungsumfang pro Jahr **glaubhaft gemacht** wird.

Garagengeld für arbeitnehmereigenes Fahrzeug

Nutzt der Arbeitnehmer sein eigenes Fahrzeug für Dienstreisen, kann der Arbeitgeber bei entsprechendem **Einzelnachweis** die **Fahrtkosten steuerfrei** erstatten. Bei **Garagenkosten**, die der Arbeitnehmer für ein solches auch beruflich genutztes Fahrzeug trägt, soll laut OFD Frankfurt Folgendes gelten:

Je nachdem, wie hoch der Anteil der Dienstreisen an der gesamten Fahrzeugnutzung ist,

– kann der Arbeitgeber ein **steuerfreies Garagengeld** zahlen (§ 3 Nr. 16 EStG) bzw.

– kann der Arbeitnehmer Garagenkosten als **Werbungskosten** geltend machen, falls er vom Arbeitgeber kein Garagengeld bekommt.

☞ Für Arbeitgeber empfiehlt es sich, bei solchen Garagengeldzahlungen vorher beim Finanzamt wegen der Nachweisanforderungen konkret nachzufragen (Lohnsteuer-Anrufungsauskunft). Unseres Erachtens reicht es aus, wenn der Dienstreisen-Anteil beim Fahrzeug **glaubhaft** gemacht und schriftlich – nicht unbedingt fahrtenbuchmäßig – festgehalten wird.

✋ In dem Umfang, in dem das Fahrzeug **nicht beruflich** genutzt wird, darf seitens des Arbeitgebers auch keine Garagenkostenerstattung erfolgen bzw. hat der Arbeitnehmer nicht die Möglichkeit zum Werbungskostenabzug.

OFD Frankfurt am Main, Verfügung vom 18.3.2003, Az. S 2334 A – 18 – St II 30

32 Geburtstagsfeier – Fremdgeschäftsführer

Von der GmbH für ihren Fremdgeschäftsführer ausgerichtete Geburtstagsfeier betrieblich veranlasst? – Teil-Anerkennung gemischter Aufwendungen

Der Fall und das Urteil:

A war Fremdgeschäftsführer der X-GmbH. Im Rahmen einer Außenprüfung stellte der Prüfer fest, dass die X-GmbH anlässlich des 70. Geburtstags des A einen Empfang veranstaltet hatte. Dabei sind Aufwendungen in Höhe von 3.862 DM entstanden. Aufgrund einer Kontrollmitteilung änderte das Finanzamt den Einkommensteuerbescheid des A und erhöhte dessen Einkünfte aus nicht selbstständiger Tätigkeit um den von der GmbH getragenen Aufwand. Einspruch und Klage hatten keinen Erfolg.

Der BFH hob das vorinstanzliche Urteil auf und verwies die Sache an das Finanzgericht zurück. Das Finanzgericht wird im zweiten Rechtsgang prüfen müssen, ob es sich um eine Veranstaltung der X-GmbH (Arbeitgeber) oder um ein privates Fest des A gehandelt hat. Im letzteren Fall wird A die Aufwendungen als Arbeitslohn (= geldwerter Vorteil) versteuern müssen.

Konsequenzen:

Die Entscheidung betrifft die Frage, ob Bewirtungsaufwendungen, die aus einem Empfang der GmbH anlässlich des Geburtstags ihres Fremdgeschäftsführers resultieren, Arbeitslohn – und damit Einnahmen des Geschäftsführers – sein können.

☞ Für ein Fest des Arbeitgebers und damit für eine betriebliche Veranstaltung (kein Arbeitslohn) können in derartigen Fällen folgende Merkmale sprechen:

- Die GmbH (Arbeitgeber) tritt bei der Feier als Gastgeber auf.

- Die GmbH und nicht der Jubilar, der gefeiert wird, bestimmt die Gästeliste.

- Die geladenen Gäste sind Geschäftspartner der GmbH, Angehörige des öffentlichen Lebens bzw. der Presse, Verbandsfunktionäre sowie Mitarbeiter, nicht aber private Freunde und Bekannte des Geschäftsführers.

- Der Empfang bzw. die Bewirtung findet in den Räumen der GmbH und nicht in der Wohnung des Geschäftsführers statt.

✋ Anders beurteilt der BFH Aufwendungen, die ein Geschäftsführer selbst – z.B. anlässlich seines Geburtstags – zur Bewirtung seiner Gäste erbringt. Derartige Aufwendungen sieht der BFH durch die gesellschaftliche Stellung des Geschäftsführers mitveranlasst und behandelt sie als **Teil der privaten Lebenshaltungskosten** (§ 12 Nr. 5 EStG). Sie sind dann nicht als Werbungskosten bzw. Betriebsausgaben abzugsfähig (vgl. BFH-Urteil vom 4.12.1992, Az. VI R 59/92) – auch dann nicht, wenn sie teilweise beruflich veranlasst sind.

Tipp: Ausnahmsweise könnte eine Teil-Anerkennung erfolgen, wenn der betriebliche/berufliche Anteil klar vom privaten Anteil abgrenzbar ist. Dies dürfte in der Praxis bei solchen **gemischt** veranlassten Bewirtungsaufwendungen problematisch sein. Hier dürfte ggf. die **Schätzung** des beruflichen Anteils **entsprechend der Gästeliste** weiterhelfen.

BFH, Urteil vom 28.1.2003, Az.VI R 43/99

33 Geburtstagsfeier – Gesellschafter-Geschäftsführer

Zum Zusammentreffen von betrieblichen und persönlichen Ereignissen und zur steuerlichen Behandlung gemischt veranlasster Aufwendungen bei Kapitalgesellschaften

Der Fall und das Urteil:

Die A-GmbH hatte im Streitjahr einen Betrag von 413.178 DM als Betriebsausgaben für eine Veranstaltung anlässlich des 50. Geburtstags ihres Vorsitzenden der Geschäftsführung B in ihrer GuV-Rechnung abgezogen. B hatte hierzu auf einem Briefbogen mit seinem Namen und dem Zusatz „Geschäftsführender Gesellschafter" eingeladen. Die Einladung war an alle Mitarbeiterinnen und Mitarbeiter gerichtet und enthielt den Hinweis auf seinen 50. Geburtstag. Die Veranstaltung unterschied sich nicht von früheren Betriebsfeiern sowohl hinsichtlich des Veranstaltungsorts als auch der Bewirtung und Unterhaltung. An der Veranstaltung nahmen insgesamt 2.560 Personen teil, hiervon lediglich 70 Personen aus der Geschäftswelt und dem Bekanntenkreis des B; im Übrigen handelte es sich ausschließlich um Mitarbeiterinnen und Mitarbeiter der A-GmbH.

Die Betriebsprüfung versagte den Betriebsausgabenabzug für die Kosten der Veranstaltung und erließ geänderte Steuerbescheide. Nach erfolglosem Einspruch erhob die A-GmbH Klage vor dem Finanzgericht.

Das Finanzgericht hat das Vorliegen einer verdeckten Gewinnausschüttung verneint und der Klage stattgegeben. Hierbei hat das Finanzgericht die **besonderen „betrieblichen" Gegebenheiten** der Veranstaltung hervorgehoben und **die gesellschaftsrechtliche Veranlassung** aufgrund des 50. Geburtstags verneint. Die Veranstaltung sei im Wesentlichen so abgelaufen wie die sonst üblichen Betriebsfeste. Veranstaltungsort, Bewirtung und Unterhaltungsprogramm unterschieden sich nicht von den Feiern früherer Jahre.

Hinzu komme, dass lediglich 70 Personen aus dem Bekanntenkreis sowie der Geschäftswelt als Gäste des B teilgenommen haben. Dies gibt der Veranstaltung bei einer Teilnehmerzahl von über 2.500 Personen nicht den Charakter einer „persönlichen" Geburtstagsfeier.

Konsequenzen:

Eine gesellschaftsrechtliche Veranlassung von GmbH-Aufwendungen wird von der höchstrichterlichen Rechtsprechung grundsätzlich immer dann angenommen, wenn die Feier ein **persönliches Ereignis** betrifft (vgl. BFH, BStBl II 1981, S. 108), bzw. wenn bei mehreren Anlässen die **persönliche Ehrung im Vordergrund** steht (BFH vom 28.11.1991, Az. I R 13/90). Dies gilt nach dem Urteil des BFH vom 4.11.1998 (BFH/NV 1999, S. 467) vor allem auch dann, wenn auf die Geburtstagsfeier des Firmengründers überhaupt nicht hingewiesen wird, keine Geburtstagsreden gehalten werden und an der „Feier" 1.000 Mitarbeiter sowie 500 andere Gäste teilgenommen haben.

Tipp: Eine verdeckte Gewinnausschüttung ist von der Finanzrechtsprechung unter anderem auch für eine Geburtstagsfeier angenommen worden, an der **ausschließlich Geschäftsfreunde** teilgenommen haben (vgl. FG Köln, EFG 1990, S. 266). Um dies zu vermeiden sollte der **ausschließlich geschäftliche Anlass** dokumentiert sein.

FG Baden-Württemberg, Urteil vom 11.7.2002, Az. 3 K 119/99

34 Gehalt – mehrere Gesellschafter-Geschäftsführer

Bei mehreren Geschäftsführern sind Gehaltsabschläge, im Ausnahmefall Gehaltszuschläge angebracht

Der Fall:

R und K sind zu jeweils 50% Gesellschafter der RK-Raumausstatter-GmbH, welche aus einer Gesellschaft bürgerlichen Rechts hervorgegangen ist. R ist Raumausstattermeister und K Großhandelskaufmann. Beide Gesellschafter sind zugleich die Geschäftsführer ihrer GmbH. Das Gehalt lag in den Streitjahren pro Geschäftsführer bei rund 10.000 DM im Monat plus Urlaubsgeld. Außerdem war ein 13. und 14. Monatsgehalt, ein Zuschuss zur Krankenversicherung und eine Tantieme von 25% des Jahresgewinns vereinbart, die allerdings nicht gezahlt wurde. Beide Geschäftsführer bekamen kostenlos einen Dienstwagen gestellt. Neben den beiden Geschäftsführern gab es nur noch zwei weitere Angestellte: eine Buchhaltungskraft und einen Gesellen. Die GmbH erzielte einen Umsatz von rund 1 Mio. DM.

Das Finanzamt sah die Geschäftsführergehälter als unangemessen hoch an. Auch das Finanzgericht war dieser Ansicht. Alles, was über den Betrag von 96.000 DM pro Jahr hinausgehe, sei eine verdeckte Gewinnausschüttung. Überdies sei bei einem der Geschäftsführer ein Gehaltsabschlag von 25% angebracht, weil R und K sich die Geschäftsführung in einer nur kleinen GmbH teilten. Außerdem sei ein Gehaltsabschlag auch deshalb gerechtfertigt, weil Geschäftsführer kleiner GmbHs erfahrungsgemäß weitere Tätigkeiten von (schlechter bezahlten) Angestellten miterledigen und damit kein „volles" Geschäftsführergehalt verdienen.

Das Urteil:

Der BFH gab der GmbH und ihren beiden Geschäftsführern, die sich gegen die Gehaltskürzung wehrten, dem Grunde nach Recht. Zur angemessenen Höhe des Gehalts entschied er allerdings nicht.

Der BFH stellte zunächst noch einmal klar, dass die Angemessenheit von Gesellschafter-Geschäftsführergehältern nur **schätzungsweise** in einer bestimmten **Bandbreite** ermittelt werden kann. Unangemessen – also eine vGA – sei nur der Gehaltsbetrag, der den **oberen Rand** dieser Bandbreite **überschreitet**.

Im Streitfall hatte sich das Finanzgericht an den Werten einer Geschäftsführergehälter-Studie orientiert und war bei Vergleichsbetrieben mit ungefähr demselben Umsatz auf ein angemessenes Jahresgehalt von 96.000 DM gekommen. Dieses sei nicht zu beanstanden. Trotzdem konnte nach Ansicht des BFH seine Schätzung der angemessenen Geschäftsführervergütungen keinen Bestand haben, weil das FG die Tatsache, dass es sich um **zwei** Geschäftsführer einer kleineren GmbH gehandelt hatte, bei der Angemessenheitsprüfung nicht richtig berücksichtigt und auch nicht – wie es erforderlich gewesen wäre – die **Gesamtumstände** ihrer Tätigkeit miteinbezogen hatte.

1. Bei mehreren Geschäftsführern einer GmbH, die sich die Arbeit teilen, seien **pro Geschäftsführer** grundsätzlich **Gehaltsabschläge** gerechtfertigt, um so auf ein angemessenes Gehalt bei jedem einzelnen Geschäftsführer zu kommen.

2. Vergütungsabschläge könnten aber **nicht pauschal angesetzt** werden, sondern richteten sich im Einzelfall danach, wie sich die einzelnen Geschäftsführer die anfallende Arbeit und Verantwortung teilen und wie sie in ihrem Arbeitsbereich jeweils zeitlich beansprucht sind.

Beispiele:

Der eine der beiden Geschäftsführer ist weniger in Geschäftsführungsarbeiten involviert, trägt nur in einem bestimmten Bereich die (Mit-)Verantwortung oder erledigt die weniger zeitintensiven Arbeiten. Dies muss sich auch in seiner Vergütung niederschlagen.

3. Eventuell könnten gerade auch bei mehreren Gesellschafter-Geschäftsführern von kleineren GmbHs Vergütungszuschläge angebracht sein, welche dann etwaige Gehaltsabschläge ggf. **voll** kompensieren, so etwa, weil

   a) durch die besondere Art der Zusammenarbeit beider eine effektivere Arbeitserledigung erfolgt,

   b) durch die Aufteilung der Geschäftsführung auf mehrere Köpfe Qualifikationen und Erfahrungen einzelner Geschäftsführer zum besonderen Vorteil der GmbH zum Tragen kommen oder

   c) die Geschäftsführer zusätzlich zu ihren eigentlichen Aufgaben Tätigkeiten übernehmen, für deren Erledigung sie sonst weitere Mitarbeiter mit entsprechenden Mehrkosten für die GmbH einstellen müssten.

Die nicht ausgezahlten Tantiemen deuten laut BFH auf nicht ernsthafte Vereinbarungen hin. Davon sei jedoch allenfalls der Tantiemebereich erfasst. Das übrige Gesamtgehalt werde dadurch nicht steuerlich in Frage gestellt.

Konsequenzen:

Der BFH stellte außerdem klar, dass die bei der Angemessenheitsprüfung gebotene Einzelfallbetrachtung **nicht** durch folgende schematische Beurteilungen ersetzt werden darf: 1. Als Gesamtgehälter beider Geschäftsführer wird von einem einzigen angemessenen Geschäftsführergehalt für beide ausgegangen (und dieses Gesamtgehalt wird dann z.b. auf die einzelnen Köpfe aufgeteilt). 2. Die Geschäftsführergehälter werden allein deshalb auf das Gehalt eines leitenden Angestellten gekürzt, weil die Geschäftsführer außerdem noch weitere Arbeitnehmertätigkeiten übernehmen.

Solche Angemessenheitsbeurteilungen nach „Schema F" sind nach Ansicht der obersten Finanzrichter gerade bei Gesellschafter-Geschäftsführern kleinerer GmbHs in aller Regel nicht angebracht. Dort teilen sich mehrere Geschäftsführer zwar oft die Arbeit auf (im Streitfall war der eine kaufmännisch-organisatorisch, der andere technisch zuständig). Dies ändert aber **nichts an ihrer Gesamtverantwortung** und ihrer **persönlichen Haftung** als Geschäftsführer mit allen Konsequenzen. Insbesondere diese Verantwortung jedes Einzelnen muss ebenfalls bei der Schätzung des angemessenen Gehalts berücksichtigt werden.

Das BFH-Urteil zeigt zum einen, dass und wie sich bei mehreren Gesellschafter-Geschäftsführern sogar Gehaltszuschläge begründen lassen. Vorausgesetzt: Die Ertragslage der GmbH lässt höhere Vergütungen zu. Die Entscheidung zeigt zum anderen: Wenn der Chef zusätzlich normale (Arbeitnehmer-)Tätigkeiten übernimmt und dafür keine Extra-Vergütung – etwa in Form von Beraterhonoraren – von der GmbH bekommt, kann dies ebenfalls ein Grund für einen Gehaltszuschlag sein.

BFH, Urteil vom 4.6.2003, Az. I R 38/02; BFH, Beschluss vom 9.2.2011, Az. I B 111/10

35   Gehalt, überdurchschnittliches

Sehr gute Gewinnsituation der GmbH kein Grund für doppelt so hohe Vergütungen an den Gesellschafter-Geschäftsführer – zum Fremdvergleich bei einer Familien-GmbH

Der Fall und das Urteil:

Der Streit mit dem Betriebsprüfer ging darum, ob die Gehälter der beiden Gesellschafter-Geschäftsführer bzw. die von der GmbH gezahlten Lizenzgebühren überhöht waren und damit in einem Teilbereich verdeckte Gewinnausschüttungen vorlagen. Bei der Firma war es zu einer explosionsartigen Umsatz- und Geschäftsentwicklung gekommen. Mit Rücksicht darauf hatten die Gesellschafter-Geschäftsführer die Verträge geändert und sich erheblich höhere Vergütungen genehmigt.

Neben einem festen Monatsgehalt, das im Streitjahr verdoppelt worden war, bekamen beide Gesellschafter-Geschäftsführer noch ein Weihnachtsgeld in Höhe eines Monatsgehalts und eine Gewinntantieme in Höhe von 10 bzw. 5% des GmbH-Jahresüberschusses.

Einer der Gesellschafter (A) war außerdem Inhaber einer Reihe vom Patenten, deren Nutzung er der GmbH gegen Lizenzgebühr von zunächst 10% des lizensierten Umsatzes überließ. Diese Gebühr wurde vorzeitig erheblich erhöht und der Vertrag entsprechend geändert. Der Lizenzvertrag wäre sonst noch 2,5 Jahre mit 10% weiter gelaufen. Die Gebühr wurde bei Umsätzen von 0 bis 10 Mio. DM auf 20%, von 10 bis 30 Mio. DM auf 18% und von 30 bis 70 Mio. DM auf 15% angehoben.

Der BFH bestätigte die Entscheidung des Finanzgerichts, dass in den Streitjahren Geschäftsführervergütungen von maximal 417.000 DM pro Jahr und Lizenzgebühren in Höhe von höchstens 10% des lizensierten Umsatzes steuerlich angemessen waren.

Das FG habe bei der Gehaltsüberprüfung im Rahmen des Fremdvergleichs korrekterweise auf allgemeine **Gehaltsstrukturuntersuchungen für mittelgroße GmbHs** zurückgegriffen und sei auch in seiner Berechnung der angemessenen Gehälter zu einem annehmbaren Ergebnis gekommen.

Die Finanzrichter waren hier folgendermaßen vorgegangen:

1. Sie ermittelten unter Berücksichtigung der Branche und der Umsatzgröße zunächst das angemessene **durchschnittliche** Geschäftsführergehalt. Nach dem Ergebnis der einschlägigen Gehaltsstrukturuntersuchungen für alle Geschäftsführer – Fremd- wie Gesellschafter-Geschäftsführer – kam das FG so auf ein Durchschnitts-Jahresgehalt von jeweils 320.000 DM.

2. Dieses Geschäftsführergehalt erhöhten die Finanzrichter wegen der überdurchschnittlich guten Gewinnsituation der GmbH um einen **Zuschlag von 145%**. Davon nahmen sie dann aber noch einen **Gehaltsabschlag von 90%** vor, weil als Vergleichsmaßstab nur die Gehälter von Fremdgeschäftsführern berücksichtigt werden dürften.

Die GmbH hatte zwar die Aussagekraft und Grundlagen der vom Finanzgericht zugrunde gelegten Gehaltsstrukturuntersuchungen beanstandet. Dies allein reichte dem BFH aber nicht aus, um das Ergebnis des FG in Zweifel zu ziehen. Seiner Meinung nach hätte die GmbH andere Vergleichsbetriebe (oder Daten) nennen müssen, welche stattdessen hätten herangezogen werden können.

Auch die **Angemessenheit der Lizenzgebühren** – so der BFH weiter – beurteile sich nach dem Fremdvergleich und sei vom Finanzgericht richtigerweise auf maximal 10% angesetzt worden.

Im Streitfall hatte der Gesellschafter-Geschäftsführer A den mit der GmbH geschlossenen Lizenzvertrag vorzeitig geändert (dieser wäre normalerweise noch 2,5 Jahre länger gelaufen) und die Lizenzgebühren von 10% auf teilweise doppelt so hohe Prozentsätze erhöht. Eine solche vorzeitige Vertragsänderung hätte ein nicht beteiligter Geschäftsführer bei Anwendung der Sorgfalt eines ordentlichen Geschäftsmannes (§ 43 Abs. 1 GmbHG) nur dann vorgenommen, wenn es einen **wichtigen Grund** für die vorzeitige Vertragsanpassung gegeben hätte.

Konsequenzen:

Der Fall des BFH zeigt zum einen, dass bei Vergütungserhöhungen zu Gunsten von Gesellschafter-Geschäftsführern in steuerlicher Hinsicht **doppelte Vorsicht** angebracht ist:

1. Selbst **sehr hohe Umsatz-** und **Gewinnsteigerungen** bei der GmbH rechtfertigen noch lange nicht eine überproportionale Erhöhung des Geschäftsführergehalts. Maßstab für die Angemessenheit (ggf. mit Zuschlägen) sind auch dann noch immer die Ergebnisse, welche sich aus einschlägigen Gehaltsuntersuchungen für vergleichbare GmbHs ergeben.

2. **Vorzeitigen Vertragsänderungen** würden fremde Geschäftsführer nie anbieten. Geschieht dieses also bei einem Vertrag der GmbH mit ihrem Gesellschafter, ist eindeutig der Fremdvergleich nicht gewahrt.

Der Fall zeigt zum anderen folgende weitere „Steuerfalle", die sich bei Auseinandersetzungen über die Angemessenheit von Gesellschafter-Geschäftsführergehältern in der Praxis immer häufiger auftut: Kommt der Streit vor Gericht, erfolgt mitunter eine viel strengere Angemessenheitsprüfung. So wollte im vorliegenden Fall das Finanzamt immerhin noch ein Gesamtgehalt von A und B in Höhe von 1,6 Mio. DM als angemessen anerkennen (statt 640.000 DM, die das FG höchstens akzeptieren wollte).

Vor diesem Hintergrund ist bei einem Angemessenheitsstreit der Gang zum Finanzgericht stets gut zu überlegen. Entweder sollte einschlägiges Zahlenmaterial aus Gehaltsuntersuchungen für Vergleichsbetriebe oder ein individuelles Gehaltsgutachten vorhanden sein, dass die Höhe Ihres Chefgehalts stützt. Bevor Sie ein unnötiges Risiko eingehen, sollten Sie lieber auf einen akzeptablen „Steuerkompromiss" mit dem Finanzamt hinarbeiten.

BFH, Urteil vom 18.12.2002, Az. I R 85/01

36 Gehaltserhöhung, Gesellschafter-Geschäftsführer – Steuerrecht (1)

Zur steuerlich angemessenen Höhe von Gehaltsanhebungen bei personenbezogener GmbH

Der Fall:

Eine im Bereich der Versicherungs-, Immobilien- und Kapitalanlagenvermittlung tätige GmbH zahlte ihren drei mit je 33,3% beteiligten Gesellschafter-Geschäftsführern von 1988 bis 1999 steigende Gehälter. Außerdem hatte jeder Gesellschafter-Geschäftsführer Anspruch auf eine Gewinntantieme. In den Jahren 1994 bis 1997 ergaben sich folgende Daten (DM):

Jahr	Gehälter	Umsatz	Gewinn
1994	361.900	1.200.000	- 70.000
1995	381.900	1.250.000	- 100.000
1996	430.800	1.500.000	+ 40.000
1997	481.083	1.600.000	- 45.000

Das Finanzamt qualifizierte die Erhöhungen der festen Monatsgehälter für 1994 (36.000 DM), 1995 (54.000 DM), 1996 (72.000 DM) und 1997 (90.000 DM) als verdeckte Gewinnausschüttungen. Es begründete dies mit einer fehlenden Mindestkapitalverzinsung für die GmbH von 10% sowie damit, dass die GmbH seit 1992 Verluste erzielt habe, was eine Erhöhung der Gehälter ausschließe.

Das Urteil:

Das Finanzgericht bestätigte letztlich die Auffassung des Finanzamts. Es nahm zunächst einen **externen** Gehaltsvergleich vor, bei dem es vorrangig auf die unterdurchschnittliche Ertragslage abstellte sowie auf die Tatsache, dass die vergleichsweise kleine GmbH drei Geschäftsführer beschäftigte. Unter diesen Aspekten wären nach Gehaltsstudien für das Jahr 1996 Gehälter von 115.430 DM je Geschäftsführer angemessen gewesen. Dieser Vergleichsmaßstab, den die Bezüge der Geschäftsführer der GmbH unter Einbeziehung der darüber hinaus erteilten Pensionszusagen überschreiten, war nach Auffassung des FG aber nicht entscheidend, da die Gehaltserhöhungen angesichts der **betriebsinternen Daten nicht gerechtfertigt** waren.

Der hohe persönliche **Einsatz**, die **Ausbildung** und die praktischen **Berufser-
fahrungen** der Geschäftsführer könnten nach Ansicht des FG im vorliegenden
Fall zwar die Höhe der Gehälter rechtfertigen. Allerdings müssen diese wegen
der schlechten Ertragslage derart nach unten korrigiert werden, dass eine **Mindestverzinsung des Eigenkapitals und der stillen Reserven sichergestellt** ist.
Ohnehin deuteten die im Streitfall ständig erfolgten Gehaltserhöhungen bei
gleichzeitigen Verlusten darauf hin, dass der **Gewinn** der GmbH **abgesaugt**
werden sollte. Eine derartige Entwicklung sei bei einem Fremdgeschäftsführer
nicht vorstellbar.

Auch der Argumentation der Geschäftsführer, die Gehälter berücksichtigten
den infolge von Expansion und Zuwachs des Versicherungsbestandes gestiegenen Wert des Unternehmens, lässt das FG nicht gelten. Es hält dem zutreffend entgegen, dass solche **Wertsteigerungen nicht den Geschäftsführern**,
sondern den Gesellschaftern zustehen.

Konsequenzen:

Das Urteil betrifft einen typischen Fall überzogener Gehaltserhöhungen. Allein
die Tatsache, dass die Gehälter von 4.100 DM im Gründungsjahr 1988 bis zum
Streitjahr 1997 auf 10.500 DM, somit um über 150% gestiegen sind, weckt die
Aufmerksamkeit jedes Betriebsprüfers. Wer derartige Gehaltserhöhungen be-
schließt, sollte schon im Vorfeld Argumente zur Begründung gegenüber dem
Finanzamt sammeln. Diese fehlten jedoch hier.

Die **Personenbezogenheit** einer GmbH, also die Tatsache, dass die Gesellschafter in leitenden Positionen mitarbeiten, soll im Übrigen nach diesem
Urteil **kein Argument** für höhere Geschäftsführerbezüge sein.

FG Hessen, rechtskräftiges Urteil vom 27.6.2001, Az. 4 K 752/01

37 Gehaltserhöhung, Gesellschafter-Geschäftsführer – Steuerrecht (2)

**Verdoppelung des Gehalts binnen Jahresfrist nicht üblich und
damit verdeckte Gewinnausschüttung**

Der Fall und das Urteil:

Der alleinige Gesellschafter-Geschäftsführer einer am 1.9.2000 gegründeten
und seit April 2001 im Speditions- und Logistikgewerbe aktiven GmbH hatte
laut Anstellungsvertrag vom 17.4.2001 Anspruch auf ein monatliches Gehalt

von 7.000 DM, eine 15%ige Gewinntantieme sowie weitere Nebenleistungen. Der Anstellungsvertrag war mit einer Frist von 6 Monaten zum Quartalsende kündbar.

Im Juni 2001 erhöhte die Gesellschaftersammlung das monatliche Gehalt ab 1.7.2001 auf 10.000 DM und ab 1.8.2001 auf 15.000 DM. Die GmbH erzielte im Streitjahr 2001 Umsatzerlöse in Höhe von 6,5 Mio. DM und einen Gewinn von 78.000 DM.

Den auf das Jahr 2001 entfallenden Betrag der Gehaltserhöhung sah das Finanzamt als verdeckte Gewinnausschüttung (vGA) an. Während der Geschäftsführer vor dem FG noch obsiegte, teilte der BFH die Auffassung des Finanzamts. Der BFH folgte dem FG zwar darin, dass die **Gesamtausstattung** des Geschäftsführers nach einem Fremdvergleich trotz der Gehaltserhöhungen **angemessen** war. Er sah die Gehaltserhöhungen jedoch dem Grunde nach als **unüblich** an und erkannte deswegen auf eine vGA.

Betriebliche Gründe wie die positive Geschäftsentwicklung der GmbH können solche Gehaltserhöhungen nach Ansicht des BFH nicht rechtfertigen. Denn einerseits hätte ein „ordentlicher und gewissenhafter" Geschäftsleiter abgewartet, ob sich die kurzfristige positive Entwicklung stabilisiert, ehe er dem Geschäftsführer eine Gehaltserhöhung gewährt. Andererseits hatte der Geschäftsführer aufgrund seiner Gewinntantieme ohnehin Anteil an der guten Ertragslage, so dass eine Gehaltserhöhung – insbesondere in diesem Ausmaß – nicht erforderlich war. Schließlich bestand angesichts der Kündigungsklausel im Anstellungsvertrag kein Anlass, Gehaltserhöhungen bereits nach gut zwei Monaten seit dem Vertragsabschluss zu vereinbaren.

Konsequenzen:

Eine in derart kurzer Folge nach der Gründung der GmbH und dem Abschluss des Anstellungsvertrags des Geschäftsführers ausgesprochene Gehaltserhöhung auf mehr als das Doppelte muss das Finanzamt argwöhnisch machen. Dabei spielt es keine Rolle, dass diese – wie im Streitfall – in zwei Stufen erfolgte.

Das missliche Ergebnis einer vGA hätte wohl durch eine umfassende Ergebnisplanung für die GmbH, eine darauf abgestimmte Gehaltspolitik und eine bessere Prognose für die Gewinntantieme weitgehend vermieden werden können. Dafür spricht einerseits der Umstand, dass die Gesamtausstattung des Geschäftsführers angemessen war, andererseits die „unerwartet" positive wirtschaftliche Entwicklung.

Mehr Gestaltungsspielraum von Anfang an hätte es im Streitfall bei der **Tantiemeregelung** gegeben. Denn die ursprünglichen Gewinnerwartungen der

GmbH waren niedriger. Vor diesem Hintergrund hätte sich die Vereinbarung einer über 15% hinausgehenden Tantieme angeboten. Immerhin lässt die Finanzverwaltung einen Satz bis zu 50% zu, auch wenn (beherrschende) Gesellschafter-Geschäftsführer diesen nicht voll ausreizen sollten.

War die Gewinntantieme bei einem Satz von beispielsweise 30% ursprünglich, d.h. bei Vertragsabschluss, angemessen, wäre es angesichts der unerwarteten Gewinnentwicklung unschädlich gewesen, wenn sich im Nachhinein ein mehr als 25% betragender Tantiemeanteil am Gesamtgehalt ergeben hätte. Zum einen haben die Gerichte sich schon mehrfach gegen diese Grenze ausgesprochen. Zum anderen sieht auch die Finanzverwaltung ein nicht vorauszusehendes Überschreiten der 25%-Grenze nicht mehr als pauschalen Rechtfertigungsgrund für die Annahme von vGA an.

BFH, Urteil vom 6.4.2005, Az. I R 27/04

38 Gehaltserhöhung, Gesellschafter-Geschäftsführer – Zivilrecht

Zuständigkeit der Gesellschafterversammlung für die Änderung des Gesellschafter-Geschäftsführer-Dienstvertrags – Zur Bedeutung der Einhaltung zivilrechtlicher Formalien

Nach dem BGH-Urteil vom 25.3.1991 ist die Gesellschafterversammlung einer GmbH außer für den Abschluss und die Beendigung des Anstellungsvertrags eines Geschäftsführers auch für dessen Änderung zuständig, soweit keine anderweitige Zuständigkeit (z.B. nach der Satzung) bestimmt ist. Vertragsänderungen, die nicht vom zuständigen Organ vorgenommen worden sind, sind nach dem BGH-Urteil zivilrechtlich nicht wirksam zustande gekommen.

Seine frühere Rechtsprechung, nach der die Änderung des Anstellungsvertrags in den Aufgabenbereich des Mitgeschäftsführers fällt, soweit ein solcher vorhanden und alleinvertretungsberechtigt ist, hat der BGH mit diesem Urteil aufgegeben.

Nach Auffassung der Finanzverwaltung (vgl. BMF-Schreiben vom 16.5.1994) ist das BGH-Urteil auch bei Vereinbarungen über die Änderung der Bezüge eines Gesellschafter-Geschäftsführers zu beachten. Ist eine derartige Vereinbarung mit dem Gesellschafter-Geschäftsführer nach den Grundsätzen des BGH-Urteils zivilrechtlich nicht wirksam zustande gekommen, sind Gehaltserhöhungen **steuerlich als vGA** anzusehen.

☞ Sie sollten also unbedingt beachten, dass Änderungen der Bezüge des Gesellschafter-Geschäftsführers stets von der Gesellschafterversammlung beschlossen werden. Der Beschluss ist von allen Gesellschaftern – also auch unter Beteiligung von Minderheitsgesellschaftern – zu fassen. Dazu müssen Sie nach § 51 Abs. 1 GmbHG **alle Gesellschafter durch eingeschriebenen Brief mit einer Frist von mindestens einer Woche laden**, sofern sich nicht alle Gesellschafter mit einer schriftlichen Beschlussfassung einverstanden erklären. Diese Möglichkeit zur schriftlichen Beschlussfassung kann bereits in der Satzung vorgesehen sein.

☞ Nach dem Urteil des BFH vom 11.12.1991 (Az. I R 49/90, GmbH-Stpr. 1992, S. 150) muss **neben einer einstimmigen Beschlussfassung durch die Gesellschafterversammlung nicht zusätzlich noch eine Änderung des Anstellungsvertrags** vorgenommen werden. Denn in der Mitwirkung des Gesellschafter-Geschäftsführers an dem betreffenden Gesellschafterbeschluss liegt gleichzeitig die Annahme des Angebots auf Änderung des Anstellungsvertrags.

Nach der Rechtsprechung des BGH kann in der Satzung einer GmbH oder durch einen entsprechenden Gesellschafterbeschluss die **Zuständigkeit für die Vertragsangelegenheiten** der Gesellschafter-Geschäftsführer auch **auf andere Personen übertragen** werden. Hier kommt z.B. ein Beirat, ein Gesellschafterausschuss oder auch ein Mitgeschäftsführer in Betracht.

✊ In der Praxis ist insbesondere bei Vereinbarungen mit einem beherrschenden Gesellschafter-Geschäftsführer häufig zu beobachten, dass Gesellschafterbeschlüsse sowie Vertragsabschlüsse oder -änderungen **erst im Nachhinein erstellt** werden. Vorsicht: Diese Praxis kann den Tatbestand der **Steuerhinterziehung** erfüllen.

Es ist bei solchen – strafrechtlich relevanten – rückdatierten Beschlüssen zu beachten, dass diese bereits daran scheitern können, dass z.B. nicht mehr alle Personen, die zum Zeitpunkt des – angeblichen – Beschlusses Gesellschafter waren, verfügbar sind. Ist ein Gesellschafter z.B. im Streit aus der Gesellschaft ausgeschieden, dürfte es kaum möglich sein, ihn noch zur Unterschrift unter den Gesellschafterbeschluss zu bewegen. Im Falle des Todes eines Mitgesellschafters ist ein nachträglicher Beschluss gar unmöglich.

Die vorstehenden Ausführungen zeigen, dass es wichtig ist, Rechtsgeschäfte zwischen einer GmbH und ihren Gesellschaftern zivilrechtlich wirksam abzuschließen, um die steuerliche Anerkennung nicht zu gefährden.

BMF-Schreiben vom 16.5.1994, BStBl I, S. 868

39 Gehaltsfortzahlung – Krankheitsfall

Vertragliche Regelung für Geschäftsführer besonders wichtig, vor allem für Gesellschafter-Geschäftsführer

Arbeiter haben nach dem Entgeltfortzahlungsgesetz im Krankheitsfalle grundsätzlich einen Anspruch auf Lohnfortzahlung für die Dauer von sechs Wochen (§ 3 EFZG). Diese Vorschrift ist jedoch nach herrschender Meinung auf den GmbH-Geschäftsführer nicht anwendbar. Der **Geschäftsführer kann sich nur auf § 616 BGB berufen.** Danach behält er seinen Vergütungsanspruch, wenn er

- für eine verhältnismäßig nicht erhebliche Dauer,

- durch einen in seiner Person liegenden Grund, zum Beispiel Krankheit, und

- ohne sein Verschulden

an der Dienstleistung verhindert ist.

Überwiegend wird angenommen, dass ein Zeitraum dann „verhältnismäßig nicht erheblich" ist, wenn er **bis zu 6 Wochen** beträgt (u.a. Bauer, DB 1979, S. 2179).

Eine Verhinderung zur Dienstleistung **„ohne sein Verschulden"** liegt vor, wenn der Geschäftsführer nicht grob fahrlässig oder gar vorsätzlich gehandelt hat (vgl. BAG, Urteil v. 21.1.1960, BB 1960, S. 326). Ein Verschulden wird nur dann bejaht, wenn es sich „um einen gröblichen Verstoß gegen das von einem verständigen Menschen im eigenen Interesse zu erwartende Verhalten handelt" (BAG, Urteil vom 23.1.1971, BB 1972, S. 220).

☞ Wenn ein GmbH-Geschäftsführer z.B. einen **Verkehrsunfall** und einen damit verbundenen Krankenhausaufenthalt leicht fahrlässig verschuldet hat, hat er einen Anspruch auf Gehaltsfortzahlung bis zu sechs Wochen, wenn diese Frage **nicht im Anstellungsvertrag anders geregelt** worden ist.

☞ Sofern im Anstellungsvertrag keine detaillierten Regelungen über die Lohnfortzahlung im Krankheitsfall getroffen wurden, sollte jedoch wenigstens auf die allgemeinen gesetzlichen Regelungen verwiesen werden. Dies führt dazu, dass die Gehaltszahlung für einen Zeitraum von sechs Wochen anerkannt wird.

Ohne eine derartige Vereinbarung stellt die an einen **Gesellschafter-Geschäftsführer** erfolgte Gehaltsfortzahlung im Krankheits-/Verhinderungsfall eine vGA dar, da die GmbH eine Zahlung ohne gesetzliche oder vertragliche Verpflichtung leistet.

☞ Zur besseren Absicherung des Gesellschafter-Geschäftsführers sollte man jedoch schriftlich und im Voraus eine großzügigere Regelung treffen. In der Praxis ist es üblich, im Geschäftsführervertrag eine **Lohnfortzahlung im Krankheitsfall für eine Dauer von 6 Monaten** zu verankern (z.T. bis zu 12 Monaten), etwa in Form der nachstehenden **Musterklausel:**

> *„Im Krankheitsfall oder bei sonstiger unverschuldeter Verhinderung bleibt der Gehaltsanspruch für die Dauer von 9 Monaten bestehen. Dauert die Verhinderung länger als 3 Monate ununterbrochen an, so wird die Gewinnbeteiligung anteilig gekürzt."*

40 Gehaltshöhe – „Vereinbarung" mit Finanzamt

Bei einem Steuerkompromiss über die Höhe des Gesellschafter-Geschäftsführergehalts auf klare Regelung achten

Sich mit dem Finanzamt auf dem Kompromissweg beim Geschäftsführergehalt zu einigen, kann sich für GmbH-Gesellschafter aus pragmatischen Gründen anbieten, insbesondere, wenn der Streit über die angemessene Höhe entbrannt ist.

Doch sollten solche **„tatsächlichen Verständigungen"** möglichst konkret die Kompromissfelder ansprechen, damit es später nicht zu einem erneuten Streit über den genauen Inhalt des Steuervergleichs kommt und das Finanzgericht bei der Auslegung womöglich noch zu Gunsten des Fiskus entscheidet.

So erging es den Gesellschaftern im Fall einer Familien-GmbH, den das FG Saarland zu entscheiden hatte. Umstritten war hier zunächst, ob das Gehalt der beiden Gesellschafter-Geschäftsführer A und B – bestehend aus Fixum, Weihnachtsgeld, 30%ige Gewinntantieme – steuerlich noch im angemessenen Bereich lag.

Beim Mit-Gesellschafter und zweiten Geschäftsführer B war die Sache besonders vGA-verdächtig. Denn B absolvierte außerdem noch eine Vollzeit-Ausbildung an einem weiter entfernt liegenden Ort.

GmbH und Finanzamt **einigten sich im Wege einer tatsächlichen Verständigung** „über die Höhe der vGA" auf Folgendes:

1. In allen drei Veranlagungszeiträumen sollte nur bezüglich des während der Vollzeitausbildung von B bezogenen „Gehalts" eine vGA angenommen werden.

2. Diese vGA sei „anhand des Grundlohns plus Lohnzusätze wie z.B. ..." zu ermitteln.

Die GmbH hatte eine Tantiemerückstellung für die Erfolgsbeteiligung des B gebildet und darüber kam es dann im Nachhinein zum Streit. Diese Rückstellung erkannte das Finanzamt nicht an. Es berief sich darauf, dass die Gewinntantieme mit zum „Gehalt" gehöre bzw. ein „Lohnzusatz" sei. Auf deren Behandlung als vGA habe man sich jedoch verständigt.

Damit war die GmbH nicht einverstanden. Sie meinte, die Tantieme sei nicht Gegenstand der tatsächlichen Verständigung geworden.

Das FG gab dem Finanzamt Recht. Über die steuerliche Behandlung der gesamten Geschäftsführervergütung des B – also **inklusive Tantieme** – als vGA gebe es keinen Zweifel. Denn die **Auslegung der Vereinbarung** unter Heranziehung der Gesamtumstände ergebe eindeutig, dass mit der Geschäftsführervergütung auch die Gewinntantieme gemeint war:

–   Hintergrund der Gehaltsbeurteilung als vGA war, dass B neben seiner Ausbildung überhaupt keine Zeit für eine Geschäftsführertätigkeit haben konnte. Ihm dann allerdings nur die „Grundvergütung", nicht aber auch die „Sondervergütung" (Gewinntantieme) abzusprechen, mache keinen Sinn.

–   Im Übrigen sei auch im Geschäftsführer-Anstellungsvertrag des B die Tantieme unter der Rubrik „Vergütung" aufgeführt und damit klar als Gehalt bzw. Lohnbestandteil ausgewiesen.

Konsequenzen:

☞   Eine tatsächliche Verständigung ist in vielen Fragen rund um das Thema vGA möglich. Vor allem bei der Frage der **Angemessenheit des Gesamtgehalts** oder auch nur eines **Gehaltsbestandteils** wie etwa einer Gewinntantieme ist dies vom BFH ausdrücklich anerkannt (Urteil vom 13.8.1997, Az. I R 12/97, BFH/NV 1998, S. 498; vgl. Zimmers, GmbH-Stpr. 1999, S. 40, 42 ff.).

In einer Verständigung über vGA-Sachverhalte – so der BFH – einigt man sich meistens über **tatsächliche** und nicht etwa rechtliche **Vorfragen**. Denn man fixiert entweder den Vergütungsrahmen nach Höhe bzw. Zusammensetzung oder einigt sich bei dem Vergütungsbestandteil auf einen angemessenen Anteil bzw. auf einen bestimmten Verhältniswert (z.b. Gewinntantieme in Prozent vom Gesamtgehalt).

Wird vor Gericht später darüber gestritten, was der genaue Inhalt einer tatsächlichen Verständigung ist, sollen laut vorliegender Entscheidung des FG Saarland nicht ganz eindeutige Formulierungen wie auch jeder andere zivilrechtliche Vertrag **nach Treu und Glauben ausgelegt** werden. Es soll also danach gefragt werden, was nach den Gesamtumständen die Beteiligten gewollt haben. Wie gefährlich eine solche Auslegung für die GmbH werden kann, zeigt der Fall des FG Saarland ebenfalls.

☞ Wer sich mit dem Finanzamt über vGA verständigen will, sollte für entsprechende eindeutige Abmachungen sorgen. Dazu gehört neben einer klaren Definition des Sachverhalts, der beanstandet werden darf bzw. unbestandet bleiben soll, dass keine allgemeinen und auslegungsbedürftigen Begriffe wie „Lohn", „Gehalt" oder „Miete" verwandt, sondern alle Aspekte ganz konkret angesprochen werden (Fixgehalt, Sonderzahlungen, Tantiemen, Netto-Miete, Nebenkosten, usw.). Alternativ kann beim Finanzamt eine verbindliche Auskunft beantragt werden (vgl. Beitrag Nr. 30).

Besonderen Wert sollte man auf eine **abschließende Aufzählung** legen und dies sicherheitshalber auch schriftlich klarstellen.

FG Saarland, rechtskräftiges Urteil vom 25.9.2002, Az. 1 K 127/99

41   Gehalts-Umwandlung in Darlehen

Welche Möglichkeiten und Steuerfolgen sich für GmbH-Chefs bei Liquiditätsengpässen ergeben

Ausgangsüberlegung: Als Gesellschafter-Geschäftsführer erhalten Sie ein steuerlich anzuerkennendes, angemessenes Gehalt. Bislang hat Ihnen die GmbH das Gehalt regelmäßig zum Ende des Monats ausgezahlt und die gesetzlichen Abzugsbeträge einbehalten. Aufgrund der Insolvenz eines wichtigen Geschäftspartners fallen bei Ihrer GmbH Forderungen aus und es entstehen Liquiditätsengpässe. Als ordentlicher und gewissenhafter Geschäftsführer wollen Sie Ihren Beitrag leisten, um der GmbH die notwendige Kapitalausstattung zu erhalten und verzichten zunächst auf eine pünktliche Auszahlung Ihres Gehalts.

Frage: Wie sollten Sie sich verhalten und was formell beachten, damit die steuerliche Anerkennung Ihrer Gestaltung nicht gefährdet ist?

Lösung: Auch wenn es paradox klingen mag, wählen Sie **nicht** die für die GmbH günstigste Methode. Der stillschweigende (vorübergehende) Verzicht auf die monatlichen Zahlungen und die verspätete Auszahlung (z.B. nach einem oder zwei Jahren) bei fehlender Verzinsung führen zu einer **vGA in voller Höhe** wegen fehlender Ernsthaftigkeit der Gehaltsvereinbarung. Die Finanzverwaltung wird anführen, diese Regelung sei **unüblich**, da sie mit einem fremden Dritten nicht durchführbar wäre. Dieses Argument käme insbesondere dann, wenn Sie aufgrund Ihres Verantwortungsbewusstseins Ihren Mitarbeitern gegenüber die anderen Löhne und Gehälter pünktlich zahlen würden. Zu dieser Auffassung kam der BFH seinem Urteil vom 13.11.1996.

Steuerlich anerkannt wird die im Voraus und **schriftlich vereinbarte verzinsliche** Darlehensabrede, wenn sie in der Form wie mit einem fremden Dritten geschlossen wird.

Folgende Kriterien sollten Sie beachten:

- Eine langfristige „Stundung" über eine Darlehensabrede sollten Sie bei **dauerhaften Liquiditätsengpässen** wählen; es muss erkennbar sein, dass die Stundung im ausschließlichen **Interesse der Gesellschaft** liegt.

- Eine **echte** Stundung kommt nur für eine kurze Zeit in Betracht.

- Halten Sie die **weitere Geschäftsentwicklung** im Auge und verlangen ggf. von der GmbH aus formalen Gründen **Sicherheiten** für das Darlehen. Achten Sie auf eine marktübliche Verzinsung.

Gehen Sie bei einem Darlehen wie folgt vor:

- Fassen Sie schriftlich und im Voraus (d.h. **vor regulärer Fälligkeit des Geschäftsführergehalts**) den Darlehensvertrag mit der GmbH ab und dokumentieren Sie, dass die Gesellschaft weiterhin zur Zahlung verpflichtet ist.

- Vereinbaren Sie vor allem bei längerfristigen Darlehen **Sicherheiten** für die Darlehensgewährung.

✋ Durch die so genannte **Darlehensnovation** fließt das Gehalt Ihnen als Geschäftsführer zu. Demzufolge muss die Gesellschaft ihr Gehalt regulär dem Lohnsteuerabzug unterwerfen und den Lohnaufwand verbuchen; Sie müssen als Geschäftsführer das volle Gehalt aufgrund des **fiktiven Zuflusses** versteuern. Die Zinsen aus der Darlehensgewährung stellen Einkünfte aus Kapitalvermögen i.S.d. § 20 Abs. 1 Nr. 7 EStG dar.

BFH vom 13.11.1996, Az. I R 53/95

42   Gehaltsstruktur-Untersuchung (1)

Verdienstsituation von GmbH-Geschäftsführern im Jahr 2012 – Praktische Bedeutung einschlägiger Umfrageergebnisse

Welches Gehalt ist bei Gesellschafter-Geschäftsführern steuerlich noch angemessen? Diese Frage bewegt viele Gemüter – vor allem bei anstehenden Gehaltsverhandlungen oder -gestaltungen, aber auch im Rahmen von Betriebsprüfungen. Zahlreiche Finanzbeamte, die ein gesichertes Einkommen besitzen, beantworten diese Frage auf ihre Weise und setzen den zulässigen Gehalts-Rahmen für den risikoträchtigen Beruf des GmbH-Geschäftsführers eher zu niedrig an. Ergebnisse aus repräsentativen Gehalts-Umfragen wie etwa der BBE-Studie mit jährlich neuen Gehalts-Kennzahlen zeigen, wann es sich lohnt, sein Gehalt gegenüber dem Finanzamt als „noch angemessen" zu verteidigen.

Zu wissen, was Kollegen aus derselben bzw. aus anderen Branchen verdienen, ist für jeden GmbH-Geschäftsführer interessant. Steht er als **Fremdgeschäftsführer** dazu noch aktuell in Gehaltsverhandlungen mit den GmbH-Gesellschaftern, ist er dringend auf aussagekräftige Orientierungsdaten über die derzeit „marktüblichen" Gehälter angewiesen.

Von einschlägigen Marktdaten über übliche Chef-Gehälter profitieren solche Geschäftsführer ganz besonders, die „Herr im eigenen Hause" – sprich **beherrschende Gesellschafter** ihrer GmbH – oder die in einer **Familien-GmbH** tätig sind. Denn sie können damit die steuerlich angemessene Höhe ihres Gehalts vor dem Fiskus rechtfertigen. Die Finanzverwaltung darf – mit Rückendeckung durch die Finanzrechtsprechung – seit jeher sehr hohe Maßstäbe an das Gehalt dieses Personenkreises anlegen. Alles, was nicht „üblich" ist, und dazu zählt **insbesondere ein überhöhtes Gehalt,** gilt als durch das Gesellschaftsverhältnis veranlasste sog. verdeckte Gewinnausschüttung (vGA).

Auch nach Einführung der Abgeltungsteuer gilt: Eine vGA, z.B. in Form eines „überhöhten" und damit nicht angemessenen Geschäftsführergehalts, ist die steuerlich teuerste Art der Gewinnverwendung und sollte tunlichst vermieden werden.

Zentrale Bedeutung für die vGA-Kontrolle bei an Gesellschafter-Geschäftsführer gezahlten Gehältern kommt mittlerweile der sog. Angemessenheits-Prüfung beim Gesamtgehalt zu. Dies hängt damit zusammen, dass der BFH der angemessenen Höhe des **Gesamtgehalts** „die" entscheidende Bedeutung zumisst (vgl. BFH vom 4.6.2003, Az. I R 24/02, GmbH-Stpr. 2004, S. 21 ff.).

Dabei werden bei der Prüfung der angemessenen Höhe des Gesamtgehalts im Rahmen „eines externen Gesamtvergleichs" in der Regel die **Ergebnisse von**

Gehaltsstruktur-Untersuchungen wie zum Beispiel die Zahlen aus der aktuellen BBE-Studie (s.u.) zugrunde gelegt.

✋ Beim sog. **externen Gehaltsvergleich** wird das zu beurteilende Geschäftsführergehalt vor allem mit dem verglichen, was Geschäftsführer von GmbHs aus derselben Branche, mit ähnlicher Ertragslage, Struktur und Mitarbeiterzahl üblicherweise verdienen.

Für das Jahr 2012 hat der BBE Verlag turnusgemäß seine bundesweite Umfrage zur Höhe und Zusammensetzung von GmbH-Geschäftsführergehältern durchgeführt (vgl. GmbH-Stpr. 2013, S. 1 ff.).

Der spezielle Anwendungsnutzen der BBE-Gehälter-Dokumentation, auf deren Zahlen und Daten die Finanzverwaltung und die Finanzgerichte gerne zurückgreifen, liegt in den zahlreichen Detaildaten, die sie enthält. So sind wichtige Orientierungswerte für rund **70 Einzelbranchen** aufbereitet. **Spezifiziert** werden die Geschäftsführergehälter unter anderem nach GmbH-Umsatz, Anzahl der Beschäftigten und Geschäftsführerstatus. Darüber hinaus bietet die Studie auch interessantes Anschauungsmaterial über Trends bei Erfolgsbeteiligungen, der betrieblichen Altersversorgung und beim Dienstwagen.

Die Jahresgesamtbezüge 2012 nach Wirtschaftszweigen zeigt folgendes Schaubild:

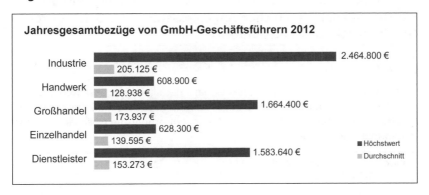

Jahresgesamtbezüge von GmbH-Geschäftsführern 2012

Industrie: 2.464.800 € / 205.125 €
Handwerk: 608.900 € / 128.938 €
Großhandel: 1.664.400 € / 173.937 €
Einzelhandel: 628.300 € / 139.595 €
Dienstleister: 1.583.640 € / 153.273 €

■ Höchstwert
■ Durchschnitt

Erläuterung wichtiger Begriffe:

1. **Jahresgesamtbezüge** heißt: Geschäftsführervergütung mit sämtlichen Gehaltsbestandteilen, also inklusive Sonderzahlungen, geldwerten Vorteilen und Zuführung zu den Pensionsrückstellungen.

2. **Median** (Mittelwert) heißt: 50% der befragten Geschäftsführer liegen mit ihren Jahresgesamtbezügen über dem angegebenen Wert, 50% der Befragten liegen darunter.

Interessante Einzelergebnisse

Aus der BBE-Umfrage des Jahres 2012 ergeben sich in Bezug auf einzelne Gehaltsbestandteile folgende Ergebnisse:

- Eine **Tantieme** erhielten rund 3/4 der Geschäftsführer – die Werte variieren u.a. je nach Branche. Spitzenreiter ist die Industrie. Die **Gewinntantieme** war am häufigsten vertreten.

- Bei der **betrieblichen Altersversorgung** nimmt immer noch die **Direktversicherung** eine Spitzenposition ein (mit rund 88,2%). Ungefähr 30% der Geschäftsführer – über alle Branchen im Schnitt – haben von ihrer GmbH eine **Pensionszusage** erhalten. Dabei handelt es sich meist um langjährig tätige und damit berufserfahrene Geschäftsführer.

- Einen Firmenwagen fahren 83% der befragten Geschäftsführer. Der durchschnittliche Bruttolistenpreis beträgt 62.411 €

Bezugsquelle für die BBE-Studie 2013: Siehe Seite 28

43 Gehaltsstruktur-Untersuchung (2)

Zur Tauglichkeit von Gehaltsstrukturuntersuchungen für die Beurteilung der steuerlichen Angemessenheit der Gehälter von Gesellschafter-Geschäftsführern

Der Fall:

Strittig war die Angemessenheit des Gehalts der alleinigen Gesellschafter-Geschäftsführerin einer den Handel mit Kommunikationstechnik betreibenden GmbH in den Jahren 1989 bis 1992. Seinerzeit erhielt die Geschäftsführerin folgende Bezüge (in DM):

Jahr	Festgehalt	Pkw	Tantieme	Gesamt
1989	180.000	1.523	313.093	494.616
1990	180.000	1.523	387.122	568.645
1991	180.000	1.523	422.165	603.688
1992	150.000	2.690	373.555	526.245

Die GmbH erzielte in den entsprechenden Jahren von 4,7 Mio. DM auf 7,2 Mio. DM steigende Umsätze sowie Jahresüberschüsse vor Steuern zwischen 938.000 DM und 1.267.000 DM bzw. nach Steuern zwischen 497.000 DM und 653.000 DM.

Anlässlich einer Betriebsprüfung wurden die Geschäftsführerbezüge als verdeckte Gewinnausschüttung behandelt, soweit sie 400.000 DM jährlich überschritten. Sämtliche dagegen gerichteten Rechtsmittel blieben ohne Erfolg.

Das Urteil:

Der BFH geht davon aus, dass die Ermittlung des angemessenen Gehalts eines beherrschenden Gesellschafter-Geschäftsführers aufgrund einer Schätzung erfolgen kann, zu der Gehaltsstrukturuntersuchungen herangezogen werden können.

☝ Die darin enthaltenen **Durchschnittswerte** dürfen jedoch **nicht unmittelbar** auf den zu beurteilenden Gesellschafter-Geschäftsführer übertragen werden. Vielmehr sind die individuellen Verhältnisse des Unternehmens zu berücksichtigen.

Zutreffenderweise hatte das Finanzgericht in der Vorentscheidung die aus einer Gehaltsstudie stammenden Durchschnittsgehälter des maßgeblichen Jahres um einen **Abschlag** von 6% je Jahr heruntergerechnet und durch **Zuschläge** berücksichtigt, dass die Geschäftsführerin **keine Versorgungszusage** im Krankheits- oder Rentenfall besaß.

Auch die Tatsache, dass es sich bei der GmbH um ein Unternehmen mit **enormem Umsatz-** und **Gewinnwachstum** handelte, hatte das Finanzgericht im Rahmen eines externen Betriebsvergleichs berücksichtigt. Ausgehend von den Daten der Gehaltsstrukturuntersuchung waren Umsatzstärke, Ertragskraft, Arbeitnehmerzahl, ausreichende Kapitalverzinsung und der **mehr als zur Hälfte** der GmbH **verbleibende Gewinn** in die Beurteilung des Finanzgerichts eingeflossen.

Da Finanzamt und Finanzgericht angesichts dieser Umstände letztlich Unsicherheitszuschläge von fast 100% zu Gunsten der Geschäftsführerin berücksichtigt hatten, sah der BFH keinen Grund, an der Vorentscheidung zu rütteln.

Konsequenzen:

Der BFH stellt klar, dass die von einzelnen Finanzgerichten in Zweifel gezogenen Gehaltsstudien grundsätzlich zur Angemessenheitsprüfung von Geschäftsführerbezügen herangezogen werden können.

☝ Offen lässt der Senat aber ausdrücklich, ob im Falle der **unveränderten Übertragung** von Daten aus Gehaltsstudien auf den jeweiligen Einzelfall ein Verfahrensfehler vorliegt. Hiervon dürfte wohl auszugehen sein, da es sich bei den Daten von Gehaltsstudien regelmäßig um Durchschnittswerte handelt, die erst an den zu beurteilenden Einzelfall angepasst werden müssen.

☞ Da der BFH auch bei einem ertragstarken, wachstumsorientierten Unternehmen auf den Fremdvergleich als Maßstab für die Angemessenheit abstellt, dürfte es schwer fallen, gegen ein Finanzgericht zu argumentieren, das sich so detailliert mit einer Gehaltsstrukturuntersuchung auseinandersetzt wie im Urteilsfall. Folgende Möglichkeiten bleiben dennoch: Die zur Beurteilung herangezogene Gehaltsstudie bzw. die zugrunde gelegten Zahlen können angegriffen werden, indem

– entweder deren Ergebnisse für den betroffenen Gesellschafter-Geschäftsführer günstigere Werte anderer Studien gegenübergestellt werden oder

– günstigere Werte aus derselben Studie anderen Vergleichszahlen gegenübergestellt werden.

✋ Entscheidend für die Aussagefähigkeit von Gehaltsstudien sind deren Erhebungsgrundlagen – und diese können **relativ klein** und wenig repräsentativ sein, wenn sich die GmbH z.B. in einer **ausgefallenen Branche** bewegt, eine **untypische Unternehmensgröße** aufweist oder sonstige besondere individuelle Verhältnisse vorliegen.

BFH, Beschluss vom 18.3.2002, Az. I B 35/01

44 Gehaltsstruktur-Untersuchung (3)

Zur Beurteilung der Angemessenheit von Geschäftsführergehältern anhand von Daten aus Gehaltsstruktur-Untersuchungen

Der Fall:

Eine GmbH (Dentallabor) hatte ihrem alleinigen Gesellschafter-Geschäftsführer eine Vergütung gezahlt, welche das Finanzamt im Streitjahr (2000) als unangemessen hoch ansah. Statt der gezahlten Jahres-Gesamtvergütung von rund 230.000 DM hielt das Finanzamt nur eine Gesamtvergütung in Höhe von etwa 190.000 DM für angemessen. In dem Differenzbetrag sah es eine verdeckte Gewinnausschüttung (vGA).

Zu dieser Einschätzung kam das Finanzamt aufgrund eines betriebsexternen Gehaltsvergleichs, wobei es unter anderem Daten aus einer Kienbaum-Geschäftsführergehälter-Studie und Zahlen aus der sog. Karlsruher Tabelle (Verfügung der OFD Karlsruhe vom 17.4.2001) zugrunde legte – ausgehend vom Gesamt-Jahresumsatz der GmbH von etwa 1 Mio. DM und einer Mitarbeiterzahl zwischen 15 und 20.

Das Urteil:

Vor dem Finanzgericht bekam die GmbH Recht. Die Richter hielten die gezahlte Gesamtvergütung in Höhe von 230.000 DM noch für angemessen und sahen keine Anhaltspunkte für eine vGA.

Unter Bezugnahme auf die höchstrichterliche Rechtsprechung wies das Finanzgericht zunächst darauf hin, dass die Angemessenheit von Gesellschafter-Geschäftsführergehältern sich **nur in einer gewissen Bandbreite schätzen** lässt. Unangemessen, und damit als vGA anzusehen, sei dabei nur der Teil der Jahres-Gesamtbezüge, der über dem oberen Rand der Schätzungsbandbreite liege.

Das Finanzgericht bestätigte außerdem, dass für den Angemessenheitsvergleich vor allem die Ergebnisse aus anerkannten Gehalts-Strukturuntersuchungen herangezogen werden können (sog. **betriebsexterner Gehaltsvergleich**). Die Finanzrichter zogen allerdings für den betriebsexternen Vergleich zur Beurteilung der Angemessenheit des Gesamtgehalts in Höhe von 230.000 DM – anders als die Finanzverwaltung – die **Gehaltsstrukturdaten der BBE-Studie** zu Rate. Danach ergab sich folgendes Bild:

–   In der Branche Dental/Optik ergab sich ein Median (mittlerer Wert) für Geschäftsführergehälter in Höhe von rund 217.000 DM und ein Höchstwert von 330.000 DM.

–   Der Vergleichswert im Median bemessen nach Mitarbeiterzahl und Umsatzgröße lag bei einem Geschäftsführergehalt von rund 308.000 DM und im oberen Viertel bei rund 570.000 DM.

Das Finanzgericht entschied anhand dieser Vergleichszahlen, dass das Gehalt von 230.000 DM noch im angemessenen Rahmen lag.

Den Gehaltsvergleich des Finanzamts anhand einer **Kienbaum-Studie** hielten die Finanzrichter nicht für schlüssig, weil sich daraus keine geeigneten Vergleichszahlen für die Branche (Dental-Labor) ergaben. Außerdem hatte das Finanzamt anhand der sog. **Karlsruher Gehalts-Tabelle** zu begründen versucht, dass die Gesamtvergütung des Gesellschafter-Geschäftsführers unangemessen hoch sei. Auch diese Argumentation hielt das Finanzgericht nicht für schlüssig. Aus dieser finanzamtsinternen Vergütungstabelle ergibt sich bei Handwerks-GmbHs mit einem Umsatz unter 5 Mio. DM und einer Mitarbeiteranzahl unter 20 eine Spanne bei den Geschäftsführergehältern von 180.000 DM bis 240.000 DM. In dieser Spannbreite – wenn auch am oberen Rand des Rahmens – lag der Gesellschafter-Geschäftsführer mit seinem Gesamtgehalt von 230.000 DM.

Das Finanzgericht erteilte der Vorgehensweise des Finanzamts eine klare Absage, das angemessene Gesamtgehalt mit 190.000 DM in die Nähe des unteren „Karlsruher" Rahmenbetrags (180.000 DM) herunterzurechnen. Ein solcher

„freihändiger Gehaltsabschlag" könne nicht mit dem im Streitfall vorliegenden GmbH-Umsatz von nur 1 Mio. DM begründet werden. Die in der Karlsruher Gehalts-Tabelle angegebene Gehaltsspanne von 180.000 DM bis 240.000 DM betrifft nur „Handwerksbetriebe im Allgemeinen", also Unternehmen mit ganz **unterschiedlichen Kosten- und Umsatzstrukturen.** Während in einer Einzelbranche wie dem Bauhandwerk mit erheblichem Materialeinsatz gearbeitet und ein hoher Umsatz erzielt wird, kommen Unternehmen anderer Einzelbranchen – so auch ein Dental-Labor – bei gleicher Mitarbeiteranzahl mit einem erheblich niedrigeren Umsatz aus, um einen vergleichbaren Ertrag zu erwirtschaften. Mit anderen Worten: Die Gehaltswerte in der Karlsruher Tabelle für Geschäftsführer von Handwerksbetrieben sind zu allgemein und können – je nach Branche – **statt Abschläge sogar Gehaltszuschläge** rechtfertigen.

Konsequenzen:

Die Entscheidung macht deutlich: Soll die Angemessenheit des Gesellschafter-Geschäftsführergehalts anhand des betriebsexternen Gehaltsvergleichs beurteilt werden, kann es nur Richtgrößen, Bandbreiten und keine absoluten Vergleichszahlen geben. Ebenso wenig ist das Finanzamt dazu berechtigt, „freihändig" allgemeine Gehaltsabschläge vorzunehmen.

Selbst bei **Überschreitung der oberen Grenze** der angemessenen Gehaltsspannbreite, die sich aus einer anerkannten Gehaltsstrukturuntersuchung ergibt, darf nicht unbedingt von einem unangemessen hohen Geschäftsführergehalt ausgegangen werden. Hier sind in der Praxis eher **Sicherheitszuschläge** vorzunehmen. Das FG Mecklenburg-Vorpommern (Urteil vom 14.11.2007, Az. 1 K 2/04) hat im Einzelfall sogar einen Sicherheitszuschlag **in Höhe von 20%** auf einen oberen Geschäftsführergehälter-Vergleichswert laut BBE-Studie für gerechtfertigt gehalten.

Normalerweise dürfte ein Sicherheitszuschlag in der Größenordnung von rund 10% in der Praxis in Ordnung gehen. So war es auch im Streitfall. Hier lag das Geschäftsführergehalt von 230.000 DM zwar um rund 11% über dem mittleren Wert (217.000 DM) der BBE-Studie, doch war dies – auch angesichts anderer stimmiger Vergleichszahlen – nicht geeignet, die Angemessenheit des Gesamtgehalts grundlegend in Zweifel zu ziehen.

FG Sachsen, rechtskräftiges Urteil vom 14.4.2010, Az. 8 K 1786/04

45 Gehaltsverzicht

Gehaltsverzicht mit Besserungsklausel als Gestaltungsmodell

Der Fall und das Urteil:

In einer Krisensituation beschloss der alleinige Gesellschafter-Geschäftsführer einer GmbH, ab dem nächsten Monat auf einen Teil seines Gehalts (3.000 DM) zu verzichten. Die Zahlung sollte „später zum Teil nachgeholt werden, sobald sich die wirtschaftlichen Verhältnisse wieder stabilisieren". Rund drei Jahre später im Oktober erfolgte ein weiterer Beschluss, wonach das Gehalt ab sofort wieder auf den vollen Betrag aufgestockt und ausgezahlt werden sollte. Außerdem sollten die Gehälter, auf die bislang verzichtet worden war, in den nächsten Monaten nachgezahlt werden. In diesem Jahr erfolgte eine Nachzahlung von 41.400 DM. Zudem war das volle Monatsgehalt bereits ab Januar schon wieder gezahlt worden. Alle diese Zahlungen sah das Finanzamt als verdeckte Gewinnausschüttung an. Klage und Revision hatten keinen Erfolg.

Der BFH geht davon aus, dass ein Forderungsverzicht eines Gesellschafters unter der auflösenden Bedingung, dass die Forderung bei Besserung der wirtschaftlichen Situation wieder auflebt, **grundsätzlich anzuerkennen** ist. Allerdings muss der Inhalt einer derartigen, zwischen Gesellschafter-Geschäftsführer und GmbH zu treffenden Vereinbarung **klar** und **eindeutig** sein.

Dies war im Entscheidungsfall nicht gegeben, weil

– der Formulierung „sobald sich die wirtschaftlichen Verhältnisse wieder stabilisieren" die erforderliche Eindeutigkeit fehlte,

– die Gehaltszahlungen bereits vorzeitig zu Jahresanfang, also zu einem Zeitpunkt wieder aufgenommen wurden, zu dem die Bilanz des vorherigen Jahres noch nicht erstellt war und damit noch keine Erkenntnis über die wirtschaftliche Besserung vorliegen konnte,

– die Wiederaufnahme der vollen Gehaltszahlung ab Januar fast 11 Monate vor dem entsprechenden Gesellschafterbeschluss erfolgte und damit ins Belieben des Gesellschafter-Geschäftsführers gestellt war.

Ein fremder Geschäftsführer hätte eine derartige Vereinbarung nicht akzeptiert, sondern eine **intervallmäßige Prüfung** der wirtschaftlichen Situation, etwa durch Zwischenabschlüsse, gefordert. Ebenso hielt es der BFH für ausgeschlossen, dass ein fremder Geschäftsführer trotz zeitlich unbegrenztem Gehaltsverzicht weiterhin seine volle Arbeitskraft zur Verfügung gestellt hätte.

Konsequenzen:

Kann das Gehalt des Gesellschafter-Geschäftsführers in einer wirtschaftlich beengten Situation der GmbH nicht mehr (voll) gezahlt werden, bieten sich folgende Möglichkeiten an:

- Unbedingter Verzicht auf die Auszahlung künftiger Gehälter, d.h. Gehaltsreduzierung im Zweifel bis auf null € (Gehaltsverzicht „im Voraus")

- bedingter Verzicht auf künftige (Teil-)Gehälter mit klar umschriebener Besserungsabrede,

- weitere Aufrechterhaltung des Gehalts, aber Stundung statt Auszahlung (nur vorübergehend für drei Monate möglich)

- Beibehaltung des Gehalts und Umwandlung des Auszahlungsanspruchs in ein Gesellschafterdarlehen.

☝ Die beiden letztgenannten Varianten bergen jedoch den Nachteil, dass die Liquidität durch die im Regelfall fälligen Lohnsteuerzahlungen belastet wird. Schon aus diesem Grund und wegen möglicher Haftungsgefahren bei Nichtzahlung der Lohnsteuer kann der unbedingte oder bedingte Verzicht die bessere, da steuersichere Lösung sein.

☞ Da ein (un-)bedingter **Gehaltsverzicht** wohl stets nur vorübergehender Natur sein wird, sollten Kriterien festgelegt werden, bei deren Erreichen die Gehaltszahlungen automatisch wieder aufgenommen werden. Ein solches Kriterium kann beispielsweise der **Ausgleich eines** nicht durch Eigenkapital gedeckten Fehlbetrags und die Wiederauffüllung des Stammkapitals sein. Derartige Bedingungen müssen allerdings überwacht werden. Als ein solches Instrument nennt der BFH im Urteilsfall im bestimmten Turnus vorgenommene **Zwischenabschlüsse**. Ähnlich können bei einem **Verzicht gegen Besserungsabrede** entsprechende Bedingungen für die Nachzahlung der rückständigen Gehälter formuliert werden (dazu im Einzelnen: Prühs, GmbH-Stpr. 2003, S. 6).

Darüber hinaus ist bei einem Gehaltsverzicht stets darauf zu achten, dass

- dieser zeitlich begrenzt wird (auch dies zeigt die vorliegende Entscheidung),

- eine gegebenenfalls bestehende Tantiemevereinbarung eventuell eine Zeit lang ausgesetzt wird,

- anschließende laufende Gehaltszahlungen und -anpassungen

in Abhängigkeit von der jeweiligen wirtschaftlichen Situation der GmbH vermieden werden, da der BFH in solchen Fällen meist auf eine Gewinnabsaugung erkennt.

✋ Bereits das FG München – als Vorinstanz – hatte im Streitfall Gehaltsabrede und Durchführung nicht anerkannt (siehe Urteil vom 11.5.2001, Az. 15 K 2443/95, GmbH- Stpr. 2003, S. 27), die Gestaltung als solche aber dem Grunde nach anerkannt.

Weitere Einzelheiten zu diesem Gestaltungsmodell bei Zimmers, GmbH-Stpr. 2012, S. 129 ff.

BFH, Urteil vom 18.12.2002, Az. I R 27/02

46 Gesellschafter-Geschäftsführer-Vergütung – steuerliche Angemessenheit (1)

Kein Recht der Finanzverwaltung, für die Angemessenheits-Beurteilung feste Höchstbeträge festzulegen

Der Fall:

Die X-GmbH und die Z-Vertriebs-GmbH sind Schwestergesellschaften und gehören zu einer Finanzberatungs-Unternehmensgruppe. Mit dem Finanzamt wird über die Angemessenheit des Gehalts ihrer beiden Gesellschafter-Geschäftsführer S und T gestritten.

S erhielt als Geschäftsführer der im Jahr 02 gegründeten X-GmbH, die sich mit Finanzdienstleistungen befasste, zunächst ein festes Monatsgehalt von 6.000 DM, das im Laufe der Jahre um mehr als das Doppelte aufgestockt wurde. Daneben hatte er Anspruch auf eine Tantieme in Höhe von 30% des Jahresüberschusses laut Handelsbilanz. Die Tantiemeregelung sah als Bemessungsgrundlage vor den Jahresüberschuss vor Abzug (1) der Körperschaft- und Gewerbesteuer, (2) der Gewinnanteile stiller Gesellschafter, (3) der Tantieme sowie (4) anderer gewinnabhängiger Vergütungen und nach Verrechnung mit Verlustvorträgen.

Laut Anstellungsvertrag war S dazu verpflichtet, seine gesamte Arbeitskraft der X-GmbH zur Verfügung zu stellen.

Außerdem war T (Lebensgefährtin des S) zunächst als Teilzeitkraft (20 Stunden pro Woche) bei der X-GmbH zu einem monatlichen Bruttolohn von rund 2.600 DM plus diversen Gehaltsextras tätig. Sie hatte zudem Anspruch auf eine Tantieme in Höhe von 5% des Jahresüberschusses, wobei die Konditionen ansonsten dieselben wie bei S waren. Später wurde die T zunächst zur

Prokuristin, dann zur weiteren alleinvertretungsberechtigten Geschäftsführerin der X-GmbH bestellt. Außerdem wurde später ein Dritter – P – als weiterer Geschäftsführer eingestellt.

Die Z-GmbH wurde im Jahr 08 von S zur Vermarktung der Produkte der X-GmbH gegründet. Geschäftsführerin war die T. Im Jahr 10 übertrug der bisherige Allein-Gesellschafter S ein Viertel der Anteile auf die T. Das Geschäftsführergehalt der T wurde im Laufe von vier Jahren stark erhöht. Sie hatte außerdem Anspruch auf eine Gewinntantieme in Höhe von 10% des Jahresüberschusses. Im Jahr 11 wurde S als zweiter Geschäftsführer der Z-GmbH bestellt. Er erhielt ein hohes Monatsgehalt plus Gehaltsextras sowie eine Tantieme von 30% des Gewinns.

Das Finanzamt hielt die Geschäftsführergehälter von S und T bei der X-GmbH und der Z-GmbH für unangemessen hoch und gelangte zu verdeckten Gewinnausschüttungen in Höhe von rund 2 Mio. DM, die es in etwa zu 3/4 auf die X-GmbH und den S und zu 1/4 auf die Z-GmbH und Frau T verteilte.

Das Urteil:

Der BFH entschied zu Gunsten der beiden GmbHs, dass die Angemessenheitskontrolle durch Finanzamt und Finanzgericht fehlerhaft erfolgt war, und verwies die Sache an das FG zurück. Diesem wurde aufgegeben, weitere Feststellungen zu treffen und den Fall nach den Angemessenheitskriterien laut neuerer BFH-Rechtsprechung zu beurteilen.

Zunächst machte der BFH deutlich, dass sich die Frage der Angemessenheit der Gesamtbezüge von Gesellschafter-Geschäftsführern stets **nach den Umständen des Einzelfalls** beurteilt. Feste Höchstbeträge, von denen die Finanzverwaltung gerne in der Praxis ausgehen will und auch im Streitfall ausgegangen ist, gebe es jedenfalls nicht.

Wo im konkreten Einzelfall die Grenze zwischen (gerade noch) angemessenen und (schon) unangemessenen Gesamtbezügen hinsichtlich ihrer absoluten Höhe und der Struktur – Vergütungs-Mix aus festen und variablen Bezügen – verläuft, kann laut BFH nur geschätzt werden (vgl. auch BFH vom 4.6.2003, Az. I R 38/02). Im Rahmen eines **externen Fremdvergleichs** können hier Vergleichszahlen aus Gehaltsstrukturuntersuchungen berücksichtigt werden.

Eine Frage der Einzelfall-Beurteilung sei es im Übrigen auch, ob eine **Gewinntantieme**, die mehr als 25% der Gesamtbezüge ausmacht, steuerlich angemessen ist. Besteht die Vergütung eines Gesellschafter-Geschäftsführers **teilweise aus variablen Bezügen**, könne deren Angemessenheit in der Praxis oftmals **nicht isoliert von der Gesamtvergütung** beurteilt werden.

Im Streitfall war der **Tantiemesatz von 30%**, auf den S Anspruch hatte, noch angemessen. Eine solche Tantiemevereinbarung sei selbst bei Unternehmen mit **nur durchschnittlicher Ertragslage** noch üblich, wie die vom BFH ausgewerteten Gehaltsstrukturuntersuchungen zeigten. Da der wirtschaftliche Erfolg der GmbHs nicht absehbar war, habe im Zusagezeitpunkt **keine Pflicht zur Tantiemebegrenzung** bestanden. Auch sei den GmbHs an Gewinnen vor Steuern noch genügend – nämlich 65% bzw. 60% – verblieben (zur Regel-Obergrenze von 50% s. BFH vom 4.6.2003, Az. I R 24/02, s. Stichwort „Gewinntantieme, 50% Grenze"). Damit sei die Gewinntantiemeregelung für S nicht zu beanstanden.

Wären S und T nicht bei mehreren GmbHs beschäftigt gewesen, hätte der BFH ihre „Gesamtvergütung pro GmbH" ohne Probleme für angemessen gehalten. So aber hatte er Bedenken, ob wegen der Mehrfachbeschäftigung beider Gesellschafter-Geschäftsführer nicht eine Gehaltskürzung angebracht war – zumal der S laut seinem Anstellungsvertrag bei der X-GmbH verpflichtet war, dieser seine gesamte Arbeitskraft zur Verfügung zu stellen. Als er also später sein zweites Amt bei der Z-GmbH antrat, konnte er diese Verpflichtung nicht mehr voll erfüllen, sodass eine Kürzung seines Gehalts bei der X-GmbH nahe liegt.

Konsequenzen:

In seiner Entscheidung vom 27.2.2003 bestätigt der BFH seine bisherige neuere Rechtsprechung, nach der die 25%-Obergrenze für Gewinntantieme nicht absolut gilt. Gibt es z.B. Anhaltspunkte aus Gehaltsstrukturuntersuchungen über **höhere „übliche" Tantiemesätze** (im Streitfall 30%), darf das Finanzamt die Angemessenheit nicht infrage stellen.

Ob ein Gesellschafter bei mehreren oder nur bei einer GmbH beschäftigt ist, muss kein Grund für eine steuerliche Gehaltskürzung sein. Schlechte Karten hat aber jedenfalls derjenige Geschäftsführer, der zunächst **nur für eine GmbH tätig** ist, der er sich laut Vertrag voll widmen muss, und wenn er später eine weitere (Geschäftsführer-)Tätigkeit aufnimmt, welche ihn zeitlich stärker beansprucht. Hier droht eine Beanstandung wegen unangemessen hohen Gehalts bei der Erst-GmbH, wenn das Gehalt aus der Erst-Tätigkeit nicht gekürzt wird.

BFH, Urteil vom 27.2.2003, Az. I R 80 und 81/01

47 Gesellschafter-Geschäftsführer-Vergütung – steuerliche Angemessenheit (2)

Betriebsinterner und betriebsexterner Gehaltsvergleich zur Beurteilung der steuerlichen Angemessenheit von Gesellschafter-Geschäftsführerbezügen

Aus pragmatischen Gründen – meist wegen fehlender Mitarbeitergehälter als Maßstab – hat sich in Rechtsprechung und Verwaltungspraxis der sog. **betriebsexterne Gehaltsvergleich** durchgesetzt, wenn es um die steuerliche Beurteilung der Angemessenheit der Vergütung eines Gesellschafter-Geschäftsführers geht.

Rechtlich beachtet ist ein solcher Gehaltsvergleich aber „zweite Wahl". Ist ein **betriebsinterner** Gehaltsvergleich **möglich**, so etwa mit einem Mit-(Gesellschafter-)Geschäftsführer, hat dieser Vergleich Vorrang. Absoluten Vorrang hat ein **Gehaltsgutachten**, das aus Kostengründen aber oft beide Seiten – GmbH/Gesellschafter und Finanzamt – scheuen.

– Bei dem **außerbetrieblichen** Vergleich geht es um die Frage, wie viel ein angestellter Geschäftsführer in einer Firma der gleichen Branche mit vergleichbarem Geschäftsvolumen (Umsatz/Gewinn) erhält.

Zunächst werden Sie auf Informationsprobleme stoßen. Konkrete Zahlen für diesen Vergleich sind aber durchaus zu erhalten. Wollen Sie hierbei auf einer relativ sicheren Seite sein, besorgen Sie sich am besten die Daten aus einer **aussagekräftigen Gehaltsuntersuchung** (z.B. BBE Köln, Kienbaum, Grätz etc.). Für Ihre Recherche eignet sich besonders die im VSRW-Verlag erhältliche BBE-Studie „Welche Vergütungen GmbH-Geschäftsführer erhalten", in der aktuelle Daten aus rund 70 Branchen aufgelistet sind. Einen Überblick über wichtige Ergebnisse der BBE-Gehälterstudie für das Jahr 2012 finden Sie im Beitrag Nr. 42.

Beachten müssen Sie die **unterschiedliche Behandlung des Geschäftsführergehalts in der Sozialversicherung**: Sind Sie z.B. Inhaber von 51% der Kapitalanteile der GmbH, zahlt Ihre Firma für Sie keinen Arbeitgeberanteil zur Sozialversicherung, wie ihn die Vergleichsfirma für den angestellten Geschäftsführer aufbringen muss. Dieser Vergütungsbestandteil dürfte ein höheres Gehalt im Vergleich zu Fremdgeschäftsführern in anderen Gesellschaften um mindestens 10% rechtfertigen.

Selbst bei einem hohen Jahresgehalt wird von der Rechtsprechung eine allgemeine **Toleranzgrenze** in Form eines Zuschlags von 10-20% auf die obere Angemessenheitsgrenze akzeptiert (vgl. BFH vom 28.6.1989, BStBl II 1989, S. 854).

– Bei dem sog. **betriebsinternen Gehaltsvergleich** – eine beliebte Praktiker-Methode – wird das Gehalt eines Mitarbeiters Ihres Unternehmens als Ausgangsbasis für den Angemessenheitsvergleich gemacht. Dies sollte in aller Regel ein leitender oder qualifiziert tätiger Angestellter sein.

☞ **Faustregel nach dem sog. innerbetrieblichen Vergleich:** Wenn Sie als Gesellschafter-Geschäftsführer nicht mehr als das **2,5-fache** des Gehalts verdienen, das der nächst bestbezahlte Angestellte in Ihrer GmbH bekommt, dürfte im Regelfall Ihr Gehalt steuerlich angemessen sein (GmbH-Stpr. 2003, S. 375).

Fazit: Wenn Sie die Höhe Ihres Gehalts mit aussagekräftigen Daten aus **Gehaltsuntersuchungen** (betriebsexterner Gehaltsvergleich) stützen können, sind Sie im Allgemeinen steuerlich auf der sicheren Seite.

– Mit der steueroptimalen Gehaltsfestsetzung für sich als Gesellschafter-Geschäftsführer sparen Sie Steuern und vermeiden die Feststellung einer **vGA** (Gesellschaftereinkünfte und bei der GmbH nichtabsetzbare Betriebsausgabe).

– Auch bei der **Gewerbesteuer** spart Ihre GmbH beträchtlich. Letztlich ist die **Gesamtsteuerbelastung** bei einer steuerlich unangemessenen Gehaltsgestaltung im Vergleich zu einer angemessenen Vergütungsgestaltung viel zu hoch. Dies zeigen modellhafte Steuervergleichs-Rechnungen mit aller Deutlichkeit auf.

48 Gewinntantieme – Angemessenheit

Tantieme-Anteil von mehr als 25% der Gesamtbezüge bei hohem Arbeitseinsatz des Gesellschafter-Geschäftsführers gerechtfertigt

Der Fall und das Urteil:

Eine im Großhandel tätige GmbH hatte mit ihrem alleinigen Gesellschafter-Geschäftsführer eine Gewinntantiemevereinbarung mit folgenden Staffelsätzen getroffen: Bei einem Jahresüberschuss von 10.001 bis 20.000 DM betrug die Tantieme 15%, bei Beträgen zwischen 20.001 bis 30.000 DM 20%, darüber hinaus 25%. Tantieme-Bemessungsgrundlage war der Jahresüberschuss laut Steuerbilanz nach Abzug eines Verlustvortrags, aber vor Tantieme und Betriebssteuern.

Der Gesellschafter-Geschäftsführer kam wegen der durchweg guten Ertragslage auf einen Tantiemebetrag, der fast 50% seiner Gesamtvergütung ausmachte. Das Finanzamt wollte unter Hinweis auf die frühere BFH-Rechtsprechung maximal 25% der Gesamtvergütung als angemessene Gewinntantieme anerkennen. Rund 130.000 DM sah es daher als unangemessenen Tantiemebetrag und somit verdeckte Gewinnausschüttung an.

Vor dem Finanzgericht bekamen GmbH und Gesellschafter im vollen Umfang Recht. Unter Heranziehung der Kienbaum-Geschäftsführergehälter-Studie kamen die Richter zunächst zu dem Ergebnis, dass das **Gesamtgehalt angemessen** war. Dabei nahm das Finanzamt wegen der Ertragsstärke der GmbH einen Sicherheitszuschlag von 20% auf das „Vergleichsgehalt" aus der Studie vor.

Auch die **Gewinntantieme** sei der Höhe nach **angemessen**. Zum einen ging das FG davon aus, dass dafür die Einhaltung der Regel-Obergrenze von 25% nicht entscheidend ist. Höhere gewinnabhängige Vergütungen hätten, wie Gehaltsstrukturuntersuchungen zeigen, in den letzten Jahren **auch bei Fremdgeschäftsführern** eine immer größere Bedeutung bekommen. Sei die gute Ertragslage der GmbH auf das besondere Engagement des Geschäftsführers zurückzuführen, sei es nicht mehr als recht und billig, diesen auch in entsprechender Höhe am Unternehmenserfolg zu beteiligen.

Davon sei im Streitfall auszugehen. Nach der Überzeugung des Finanzgerichts war die außerordentlich gute Ertragslage der GmbH maßgeblich auf den persönlichen Arbeitseinsatz ihres Gesellschafter-Geschäftsführers zurückzuführen. In einer solchen Situation sei es wirtschaftlich sinnvoll, diesen durch eine attraktive Tantieme zu belohnen.

Widersinnig sei es dagegen, einem erfolgreichen Gesellschafter-Geschäftsführer ständig des Festgehalt zu erhöhen, nur damit die 75:25-Relation zwischen festem und variablem Gehalt gewahrt wird. Eine solche Vorgehensweise sei sogar wirtschaftlich (und steuerlich) unzweckmäßig, wenn in den Folgejahren weniger Gewinn erzielt werde. Hier bleibe die GmbH quasi auf dem hohen Festgehalt sitzen und müsse sich eventuell noch den Vorwurf verdeckter Gewinnausschüttungen gefallen lassen, weil sie in einem „schlechten Jahr" das Gehalt nicht sofort nach unten angepasst hat.

Konsequenzen:

Die FG-Entscheidung liegt in punkto Gewinntantieme voll auf der Linie der Rechtsprechung des BFH (u.a. vom 4.6.2003 und vom 27.2.2003, GmbH-Stpr.

2004, S. 21 bis 24 – siehe Stichwort „Angemessenheit des Gehalts, Allgemeines"): Danach darf eine Gewinntantieme durchaus über 25% der Gesamtbezüge liegen, ohne allein deshalb steuerlich beanstandet werden zu können.

☞ Diese neue Rechtsprechung dürfte vor allem Gesellschafter-Geschäftsführern kleinerer und mittlerer GmbHs **größere Tantiemegestaltungs-Spielräume** eröffnen. Denn in solchen Betrieben, in denen der Chef häufiger auch der einzige „qualifizierte" Mitarbeiter ist, wird der Unternehmenserfolg in aller Regel ganz entscheidend vom Gesellschafter-Geschäftsführer beeinflusst und rechtfertigt also – auch steuerlich – eine hohe Gewinntantieme, eventuell sogar weit jenseits der o.g. 25%-Grenze.

FG Düsseldorf, Urteil vom 19.8.2003, Az. 6 K 3071/01 K,F; vgl. auch Beitrag Nr. 84

49 Gewinntantieme – Bemessungsgrundlage (1)

„Vorläufiges Ergebnis" bzw. „vorläufiger Gewinn" keine hinreichend klare Bemessungsgrundlage für Gewinntantieme – Zur Berücksichtigung von Verlustvorträgen

Der Fall:

Sowohl der mit 70% beteiligte beherrschende Gesellschafter-Geschäftsführer einer GmbH als auch dessen mit 30% beteiligter, zunächst als Prokurist, später als Geschäftsführer tätiger Sohn erhielten eine Gewinntantieme nach gleich lautenden Vereinbarungen. Bemessungsgrundlage für die Tantieme sollte der „vorläufige Gewinn zuzüglich der Körperschaft- und Gewerbesteuer sowie der nicht abziehbaren Betriebsausgaben" bzw. nach einer Änderung der Vereinbarung das „vorläufige Ergebnis vor Berücksichtigung von Gewerbe-, Körperschaftsteuer sowie Solidaritätszuschlag" sein.

In den Jahren 1992 bis 1995 erzielte die GmbH geringe Gewinne, in 1996 und 1997 erhebliche Verluste und im Streitjahr 1998 erneut einen Gewinn. Weil die Bemessungsgrundlage für die Gewinntantiemen die Verlustvorträge nicht berücksichtigte und somit einem Fremdvergleich nicht Stand hielt, erkannte das Finanzamt die für 1998 gezahlten Tantiemen nicht an, sondern qualifizierte sie als verdeckte Gewinnausschüttungen (vGA). Während das Finanzgericht den Klagen der beiden Geschäftsführer stattgab, folgte der BFH im Ergebnis dem Finanzamt.

Das Urteil:

Nach Auffassung des BFH genügte die vertragliche Definition für die Bemessungsgrundlage einer Gewinntantieme nicht dem **Klarheitsgebot**, weil der Tantiemebetrag (von einem Dritten) nicht allein durch einen Rechengang ermittelt werden konnte.

Die gewählten Begriffe **„vorläufiges Ergebnis"** bzw. **„vorläufiger Gewinn"** seien weder durch den allgemeinen noch durch den kaufmännischen Sprachgebrauch dahingehend festgelegt, dass darunter das Jahresergebnis ohne Berücksichtigung eines Verlustvortrags verstanden werden könne.

Im Streitfall sagten aber die Vereinbarungen über die Berücksichtigung von Verlustvorträgen nichts aus. Angesichts dessen unterstellt der BFH zulasten der beiden Geschäftsführer, dass unter dem „vorläufigen Ergebnis" ein um Verlustvorträge geminderter Wert zu verstehen ist. Da die GmbH nach Abzug der Verlustvorträge allerdings über keinen Gewinn verfügte, der den Tantiemen hätte als Bemessungsgrundlage dienen können, stellten die Zahlungen vGA dar.

Das insbesondere für beherrschende Gesellschafter-Geschäftsführer geltende Klarheitsgebot wendet der BFH auch auf den Sohn (Minderheitsgesellschafter) an, da im vorliegenden Fall gleichgerichtete Interessen verfolgt wurden.

Konsequenzen:

Mittlerweile ist höchstrichterlich geklärt, dass **Verlustvorträge** der GmbH in die Bemessungsgrundlage für die Gewinntantieme einzubeziehen sind.

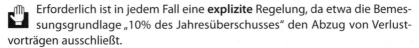 Die Kürzung der Tantiemebemessungsgrundlage um **Verlustvorträge** ist im Hinblick auf die BFH-Entscheidungen vom 17.12.2003 (Az. I R 22/03) und vom 4.5.2011 (Az. I B 93/10) in solchen Fällen **dringend anzuraten**, in denen die Verluste (die vorgetragen werden) vom Gesellschafter-Geschäftsführer „erwirtschaftet" wurden.

Erforderlich ist in jedem Fall eine **explizite** Regelung, da etwa die Bemessungsgrundlage „10% des Jahresüberschusses" den Abzug von Verlustvorträgen ausschließt.

BFH, Urteil vom 1.4.2003, Az. I R 78, 79/02

50   Gewinntantieme –
Bemessungsgrundlage (2)

Anerkennung einer festen Gewinntantieme trotz nicht eindeutiger Bemessungsgrundlage

Der Fall und das Urteil:

Ein zunächst als Fremdgeschäftsführer, nach Erwerb sämtlicher Anteile dann als alleiniger Gesellschafter-Geschäftsführer tätiger Inhaber eines Reisebüros hatte 1995 Anspruch auf ein Festgehalt von 54.000 DM sowie auf eine Gewinntantieme bis zur Maximalhöhe von weiteren 81.000 DM. Die Tantieme bestimmte sich nach dem Jahresüberschuss laut Handelsbilanz vor Abzug von Tantiemen, vor Verrechnung mit Verlustvorträgen sowie vor Abzug von Körperschaft- und Gewerbesteuer. Sollte dieser Jahresüberschuss kleiner als 62.000 DM sein, bestand der Anspruch auf Tantieme nur in einem Teilbetrag der 81.000 DM nach folgender Formel: Jahresüberschuss ./. 8.000 DM = maximale Tantieme.

Für 1995 zahlte die GmbH eine Tantieme von 40.000 DM; ihr blieb ein Jahresüberschuss von 12.293 DM. Mangels Eindeutigkeit der Bemessungsgrundlage behandelte das Finanzamt die gesamte Tantieme als verdeckte Gewinnausschüttung (vGA). Mit der dagegen gerichteten Klage hatte die GmbH vor dem FG und vor dem BFH Erfolg.

Der BFH ging davon aus, dass Verträge zwischen der GmbH und dem beherrschenden Gesellschafter auszulegen sind und erst dann von einer vGA auszugehen ist, wenn der Vertragsinhalt auch **nach der Auslegung noch unklar** bleibt. Zwar war die vorliegende Festtantieme missverständlich definiert, weil der GmbH bei einem Gewinn von weniger als 62.000 DM ein Mindestgewinn von 8.000 DM blieb, bei einem Gewinn ab 62.000 DM aber eine Tantieme von 81.000 DM zu zahlen gewesen wäre. Dieses Ergebnis – so der BFH – könne aber nicht gewollt gewesen sein; der GmbH sollte vielmehr ein Mindestgewinn gesichert werden.

An der Anerkennung der Tantieme **dem Grunde** nach änderte auch der Umstand nichts, dass der Geschäftsführer statt seines rechnerisch sich ergebenden Anspruchs von 44.293 DM lediglich 40.000 DM erhalten hatte. Der BFH sah darin keinen Verstoß gegen die tatsächliche Durchführung der Vereinbarung, sondern folgte der Feststellung des FG, dass der Geschäftsführer auf die Differenz wegen der schlechten wirtschaftlichen Lage der GmbH verzichtet hatte.

Auch die **Höhe der Tantieme** war nicht zu beanstanden, weil die Vereinbarung – von den Beträgen abgesehen – für den Fremd- und Gesellschafter-

Geschäftsführer identisch formuliert worden war, somit einem Fremdvergleich standhielt. Selbst unter dem Aspekt, dass Tantiemen von mehr als 50% des Jahresüberschusses nach ständiger Rechtsprechung ein starkes Indiz für eine vGA sind, akzeptierte der BFH die Vereinbarung.

Konsequenzen:

Das für den betroffenen Geschäftsführer günstige Ergebnis dürfte wesentlich von dem Umstand getragen sein, dass er zunächst **als Fremd-** später als Gesellschafter-Geschäftsführer über nahezu identische Tantiemevereinbarungen verfügte und somit auf eine fremdübliche Vereinbarung geschlossen werden konnte. Dennoch überraschen insbesondere die Ausführungen des BFH zur Höhe der Tantieme, denn diese machte im Streitjahr mit 40.000 DM rund **42,5% der Gesamtbezüge** von 94.000 DM aus und schöpfte rund **76,5% des Jahresüberschusses** der GmbH von 52.293 DM ab. Für eine Kappung der Tantieme sah der BFH keinen Raum, weil sich diese Tantieme auch für den Fremdgeschäftsführer ergeben hätte.

✋ Im Falle eines typischen Gesellschafter-Geschäftsführers, der „seine" GmbH selbst gegründet hat, wäre die Entscheidung wahrscheinlich anders ausgefallen. Daher sollte von mit dem Sachverhalt vergleichbaren Vereinbarungen im Zweifel lieber Abstand genommen werden.

BFH, Urteil vom 9.7.2003, Az. I R 36/02

51   Gewinntantieme – 50%-Grenze (1)

Obergrenze von 50% für Tantiemen an Gesellschafter-Geschäftsführer gilt im Normalfall – zuverlässige Gewinnprognose wichtig

Der Fall:

Im Streitfall ging es um die Angemessenheit der Tantiemezusage an einen Geschäftsführer, der Ehemann der Allein-Gesellschafterin der GmbH war. Die GmbH erzielte Umsatzerlöse in Höhe von 17 Mio. DM mit 40 Beschäftigten. Ihr Bilanzgewinn betrug rund 110.000 DM. Laut Tantiemezusage hatte der Geschäftsführer Anspruch auf 40% des Jahresgewinns laut Steuerbilanz. Maßgeblich sollte der Gewinn vor Steuern und Tantieme sein.

Die Gesamtausstattung des Geschäftsführers betrug im Streitjahr 300.000 DM, davon 200.000 DM Festgehalt und 100.000 DM Tantieme. Finanzamt und Finanzgericht hielten die Tantiemezahlung für überhöht und erkannten nur einen Betrag bis 25% der Gesamtbezüge an.

Das Urteil:

Der BFH gab der GmbH Recht und missbilligte die vorgenommene „Gehalts-kürzung". Er verwies die Sache zur abschließenden Klärung der angemessenen Gesamtbezüge an das FG zurück.

Zunächst ging der BFH darauf ein, wie bei der steuerlichen Angemessenheits-prüfung von Gesamtbezügen und Gewinntantiemen vorzugehen ist. Er ver-wies hier auf seine bisherige Rechtsprechung (vgl. Beiträge Nr. 46, 48).

Danach gilt u.a.: 1. Es gibt keine festen Angemessenheitsgrenzen für das Ge-samtgehalt, sondern es muss stets eine Schätzung im Einzelfall innerhalb be-stimmter Bandbreiten stattfinden. 2. Auch wenn die Geschäftsführervergütung zu mehr als 25% der Gesamtbezüge aus variablen Vergütungsbestandteilen (Gewinntantieme) besteht, ergibt sich daraus nicht automatisch eine verdeckte Gewinnausschüttung (vGA). 3. Entscheidend ist in erster Linie, ob das Gesamt-gehalt im steuerlich angemessenen Rahmen liegt.

Der BFH stellte in diesem Zusammenhang noch einmal klar: Gesamtvergütung und Gewinntantieme sind nicht isoliert voneinander auf ihre Angemessenheit zu beurteilen. Den Ausschlag gebe letztlich, welches Gesamtgehalt ein ordent-licher Geschäftsleiter seinem Geschäftsführer im Zeitpunkt der Vereinbarung zu zahlen bereit gewesen wäre.

Mit Blick auf eine zusätzlich vereinbarte Gewinntantieme heißt das:

- Lässt sich im Zusagezeitpunkt eine **zuverlässige Gewinnprognose** für die GmbH anstellen, darf dem Geschäftsführer nur eine Gewinntantieme zugesagt werden, welche **zusammen mit dem übrigen Gehalt** zu einer angemessenen Gesamtausstattung führt. Mit anderen Worten: Tantieme-Prozentsatz/-Betrag und Rest der Vergütung sind entsprechend zu kalku-lieren.

- Ist eine Gewinnprognose zum Zusagezeitpunkt schwierig, eher spekulativ oder nach Jahren nicht mehr rekonstruierbar, genügt es nach Ansicht des BFH, dass der **Tantiemesatz einem Fremdvergleich standhält**. Angesichts dessen auch einen Tantiemehöchstbetrag festzulegen, hält der BFH nicht in jedem Fall für erforderlich.

Im Streitfall hatte das FG allein das Überschreiten der 25%-Grenze zum Anlass für eine Beanstandung der Gewinntantiemeregelung genommen, ohne zu-gleich die entscheidende Frage der Angemessenheit der Gesamtvergütung zu prüfen. Gerade deshalb wurde die Entscheidung dann vom BFH aufgehoben.

Außerdem gab der BFH dem FG noch Folgendes für die abschließende Beurtei-lung des Falls mit auf den Weg:

- Die Zahlung einer Gewinntantieme an einen Gesellschafter-Geschäftsführer ist insoweit, als sie **mehr als 50% des Jahresgewinns** der GmbH ausmacht, **in der Regel eine vGA.**

- Bemessungsgrundlage für diese Regelvermutung ist der steuerliche Gewinn vor **Abzug der Steuern und Tantieme.**

Dies ergebe sich aus dem Grundgedanken, dass sich GmbH und Geschäftsführer höchstens den Gewinn teilen. Für eine über 50% hinausgehende Gewinnbeteiligung des Gesellschafter-Geschäftsführers gelte also die Vermutung, dass sie durch die Gesellschafterstellung veranlasst ist, also insofern eine vGA vorliegt.

Konsequenzen:

Der BFH bestätigt mit dieser Entscheidung die Auffassung der Finanzverwaltung zur 50%-Grenze, wie sie unter anderem im BMF-Erlass vom 1.2.2002 zum Ausdruck gekommen ist (BStBl I 2002, S.219): Danach bezieht sich die Regelvermutung auf den **handelsrechtlichen Jahresüberschuss** vor Abzug der ertragsabhängigen Steuern und der Tantieme.

☞ Die **50%-Grenze** ist also als Obergrenze für Gewinntantiemen nach wie vor sehr ernst zu nehmen. Sie sollte sicherheitshalber in neuen Tantiemevereinbarungen **von vornherein mit eingebaut** sein. Die oben genannte **25%-Obergrenze** wird dagegen in den meisten Fällen – weil steuerlich unnötig – in der Praxis entbehrlich sein. Sie braucht also in Tantiemevereinbarungen nicht mehr unbedingt enthalten sein.

✋ Der Fall zeigt außerdem, dass auch Geschäftsführer, die **nicht an der GmbH beteiligt** sind, mit ihrem Gehalt wie Gesellschafter-Geschäftsführer einer besonderen steuerlichen Angemessenheitskontrolle unterliegen, wenn deren Angehörige alleinige oder beherrschende Gesellschafter der GmbH sind.

BFH, Urteil vom 4.6.2003, Az. I R 24/02

52 Gewinntantieme – 50%-Grenze (2)

Gewinntantieme auch von mehr als 50% des Jahresüberschusses in der Gründungsphase zulässig

Der Fall und das Urteil:

Eine neu gegründete GmbH erwarb ein Bauunternehmen, in dem der eine ihrer beiden Gesellschafter-Geschäftsführer zuvor als leitender Angestellter, der andere als Mitarbeiter tätig war. Die GmbH räumte jedem der zu je 50% beteiligten Geschäftsführer einen auf fünf Jahre befristeten Anspruch auf eine Gewinntantieme in Höhe von 40% des Jahresüberschusses, maximal aber 150% des Festgehalts von 135.000 DM ein. Das Finanzamt stufte die Gewinntantiemen insoweit als verdeckte Gewinnausschüttungen (vGA) ein, als sie insgesamt 50% des Jahresüberschusses überstiegen. Klage und Revision hatten keinen Erfolg.

Der BFH geht von seiner ständigen Rechtsprechung aus, wonach Gewinntantiemen regelmäßig – d.h. unter normalen Verhältnissen – insoweit zu einer vGA führen, wenn sie insgesamt 50% des Jahresüberschusses übersteigen.

 Die dahinter stehende **Vermutung** der Gewinnabsaugung kann allerdings im Einzelfall widerlegt werden, indem die GmbH wirtschaftliche Gründe für eine **höhere, zeitlich begrenzte Tantieme** nachweist, etwa die Anlaufphase einer neu gegründeten GmbH.

Dieses Argument griff im Urteilsfall aber nicht, weil die GmbH sofort auf die Organisation und Geschäftsbeziehungen des übernommenen Einzelunternehmens zurückgreifen konnte und angesichts der langjährigen leitenden Tätigkeit eines ihrer Geschäftsführer keinen besonderen Reibungsverlusten bei der Geschäftsübernahme ausgesetzt war. Die **typischen Anlaufprobleme** neu gegründeter Unternehmen **lagen** somit gerade **nicht vor.**

Die hohen Tantiemen ließen sich nach Ansicht des BFH auch nicht mit unangemessen **niedrigen Festgehältern** der Gesellschafter-Geschäftsführer rechtfertigen. Der BFH räumt zwar ein, dass ein am unteren Rand des Angemessenen liegendes Festgehalt mit einer an der oberen Grenze des Angemessenen liegenden Tantieme kombiniert werden kann. Eine eindeutig einem Fremdvergleich nicht standhaltende Vereinbarung lasse sich jedoch nicht durch eine saldierende Betrachtung rechtfertigen. Gerade die hier gewählte Kombination niedriger Festgehälter und hoher Tantiemen spreche für eine **gesellschaftliche Veranlassung.** Dass im Streitfall eine derartige Vereinbarung in den ersten Jahren für die GmbH günstiger war, ändert daran nichts.

Ebenfalls keinen Einfluss auf die Entscheidung des BFH hatte die **Befristung** der Tantiemen; dieser Umstand hätte nur dann eine Rolle gespielt, wenn eine typische Anlaufphase vorgelegen hätte. Auch **die der GmbH** trotz der Tantiemen **verbliebenen hohen Gewinne** änderten an der Qualifikation der verdeckten Gewinnausschüttung nichts.

Konsequenzen:

 Aus der Entscheidung wird deutlich, dass 50% des Jahresüberschusses überschreitende Prozentsätze für Gewinntantiemen – ebenso wie generell Umsatztantiemen – nur bei **echten** Neugründungen" eine Chance auf steuerliche Anerkennung haben.

Liegt kein Neugründungsfall vor und gibt es auch keine die Tantiemegestaltung rechfertigenden **wirtschaftliche Gründe**, nutzt auch eine zeitliche und betragsmäßige Begrenzung der Tantieme nichts.

BFH, Urteil vom 17.12.2003, Az. I R 16/02

53 Gewinntantieme – Zufluss

Fälligkeit des Tantiemeanspruchs grundsätzlich mit Feststellung des Jahresabschlusses

Der Fall:

G ist Geschäftsführer und alleiniger Gesellschafter der X-GmbH. Er sollte neben einem Festgehalt eine Gewinnbeteiligung in Höhe von 50% des Jahresüberschusses laut Steuerbilanz der X-GmbH erhalten. Die Gewinnbeteiligung war innerhalb von drei Monaten nach Bilanzerstellung auszuzahlen.

Der Jahresabschluss der X-GmbH zum 31.12.2003 wurde am **12.8.2004**, der Jahresabschluss zum 31.12.2004 am 30.6.2005 genehmigt.

Am 16.9.2004 schlossen G und die X-GmbH eine **„Vereinbarung über Gehaltsverzicht im Zusammenhang mit der Erteilung einer Pensionszusage"**. Hierin erklärte G einen Verzicht auf seinen Tantiemeanspruch für 2003 in Höhe von 59.000 € zum 1.11.2004 gegen eine Pensionszusage. In gleicher Weise verzichtete G auf seinen Tantiemeanspruch für 2004 in Höhe von 40.000 € zum 1.11.2005.

Die X-GmbH behandelte die Verzichtserklärungen und die entsprechende Pensionszusage als **Gehaltsumwandlung** in eine wertgleiche Anwartschaft auf Versorgungsleistungen nach dem BetrAVG und führte **keine Lohnsteuer** ab.

Nach einer Lohnsteuer-Außenprüfung nahm das Finanzamt die X-GmbH für nicht abgeführte Lohnsteuer auf die Tantiemen des G für die Jahre 2003 und 2004 in Haftung. Einspruch und Klage hatten keinen Erfolg.

Das Urteil:

Der BFH hob das erstinstanzliche Urteil auf und verwies die Sache an das FG zurück. Denn die tatsächlichen Feststellungen des FG ermöglichten keine abschließende Beurteilung, ob die Tantiemen zugeflossen sind und deshalb Lohnsteuer einzubehalten und abzuführen war.

Grundsätzlich entsteht Lohnsteuer für Tantiemen mit deren Zufluss beim Arbeitnehmer. Zufluss tritt mit der **Erlangung der wirtschaftlichen Verfügungsmacht** ein (vgl. BFH, Urteil vom 1.2.2007, Az. VI R 73/04, BFH/NV 2007, S. 896). In der Regel fließen Geldbeträge dadurch zu, dass sie dem Empfänger bar ausbezahlt oder einem Konto des Empfängers bei einem Kreditinstitut gutgeschrieben werden.

Allerdings kann **bei einem beherrschenden Gesellschafter-Geschäftsführer** ein Einnahmezufluss auch ohne Zahlung oder Gutschrift schon früher vorliegen. So fließt dem beherrschenden Gesellschafter eine eindeutige und unbestrittene Forderung gegen „seine" GmbH bereits mit deren Fälligkeit zu. Denn ein beherrschender Gesellschafter hat es in der Hand, sich geschuldete Beträge auszahlen zu lassen, wenn der Anspruch eindeutig, unbestritten und fällig ist (BFH, Urteil vom 8.5.2007, Az. VIII R 13/06, BFH/NV 2007, S. 2249).

Der Tantiemeanspruch wird aber erst fällig mit Feststellung des Jahresabschlusses, es sei denn, es wurde wirksam und fremdüblich eine andere Fälligkeit vereinbart (OLG Köln, Urteil vom 27.11.1992, Az. 19 U 89/92, GmbHR 1993, S. 157).

Danach ist das FG unzutreffend von einer Fälligkeit der Tantieme zum Zeitpunkt des Beschlusses über den Jahresabschluss ausgegangen. Denn die Tantiemeforderungen waren erst drei Monate nach dessen Feststellung fällig.

Zudem war die **Fälligkeitsvereinbarung** bzgl. der Tantieme **fremdüblich**. Denn auch ein Fremdgeschäftsführer hätte sich bei sonst gleichen Umständen auf diese Vereinbarung eingelassen. Denn üblicherweise benötigt eine Gesellschaft bei höheren Tantiemen Zeit, die Liquidität für die Auszahlung herzustellen. Drei Monate sind dafür keine unangemessene Zeitspanne.

Konsequenzen:

Ein Zufluss wäre im Streitfall anzunehmen, wenn sich die Tantiemeverpflichtungen in den Bilanzen der X-GmbH Gewinn mindernd ausgewirkt hätten. Das wäre beispielsweise der Fall, wenn entsprechende Rückstellungen gebildet worden wären. Erst mit Gewinnminderung bei der X-GmbH hätte die Zuflussfiktion für den beherrschenden Gesellschafter-Geschäftsführer angewendet werden können.

BFH, Urteil vom 3.2.2011, Az. VI R 66/09

54 GmbH-Gründungsphase

Bei ungewisser Umsatzprognose der GmbH zunächst nur niedriges Grundgehalt steuerlich angemessen

Der Fall:

Gesellschafter der H-GmbH sind die Eheleute M und F (zusammen 51%) und Herr D (49%). Frau F und Herr D sind zugleich Geschäftsführer der GmbH. Der Streit ging um die Angemessenheit der Geschäftsführergehälter. Das Finanzamt meinte, dass die in den Anfangsjahren der GmbH-Gründung an sie ausgezahlten Gesamtvergütungen angesichts des niedrigen GmbH-Umsatzes (300.000 bis 1,1 Mio. DM) zu hoch waren. Indizien für verdeckte Gewinnausschüttungen (vGA) seien auch, dass:

- beide Geschäftsführer schon wenige Monate nach der GmbH-Gründung wegen zu erwartender Anlaufverluste auf zunächst vereinbarte Sonderzahlungen verzichteten und am Ende des Gründungsjahrs ihr Bruttogehalt um 50% reduzierten,

- der hohe Personalkostenaufwand durch die Geschäftsführergehälter schon im Gründungsjahr fast den gesamten Gewinn der GmbH absaugte.

Das Finanzamt meinte, dass von Anfang an – also schon im Gründungsjahr – nur ein Gehalt pro Geschäftsführer in Höhe von 50% der vereinbarten Vergütung angemessen gewesen wäre. Dem hielten die Geschäftsführer entgegen, dass sie seinerzeit mit einem erheblich höheren Gewinn und Umsatz gerechnet hätten, das hohe Gehalt durch ihren hohen Einsatz im Gründungsjahr gerechtfertigt war und sich ihr Gehalt außerdem im Bereich verwaltungsinterner Nichtaufgriffsgrenzen bewegt hätte.

Das Urteil:

Das FG bestätigte die Entscheidung des Finanzamts, dass vGA vorliegen. Ein ordentlicher Geschäftsleiter hätte im Gründungsjahr einem Fremdgeschäftsführer kaum ein so hohes Gehalt zugesagt. Die Umsatzplanung für das Erstjahr sei mehr als „blauäugig" gewesen, wie die weitere Entwicklung gezeigt habe (Umsatzeinbruch pro Jahr von mehr als 400.000 DM).

Angesichts **ungewisser Gewinnerwartungen** der GmbH in der Anfangsphase wäre es vernünftig gewesen, zunächst ein niedrigeres Grundgehalt und für den Erfolgsfall eine Gewinntantieme zu vereinbaren und erst im Jahr nach der Gründung – bei Erfüllung der Umsatzprognosen – die Fix-Gehälter maßvoll zu steigern. Dass die Gesellschafter-Geschäftsführer von ihrer Umsatzprognose von Beginn an nicht überzeugt waren, zeige die schnelle Aussetzung der Sonderzahlungen.

Viel in der Gründungsphase zu arbeiten, sei für jeden Existenzgründer völlig normal und rechtfertige daher niemals eine überdurchschnittliche Geschäftsführer-Dotierung. Wegen der geringen Umsatz- und Ertragskraft der GmbH hätte man sich bei einem externen Gehaltsvergleich (im Streitfall: Zahlen der BBE-Studie über die Gehälter in Dienstleistungs-GmbHs) eigentlich noch nicht einmal an den Durchschnittswerten orientieren dürfen, sondern hätte **noch erhebliche Gehaltsabschläge** von diesen Werten machen müssen.

Bestimmte Nichtaufgriffsgrenzen der Finanzverwaltung (die es im Übrigen nur in der Vergangenheit gab) interessierten bei einer **gerichtlichen Angemessenheitsprüfung** nicht.

Konsequenzen:

Das FG-Urteil wirft ein interessantes Schlaglicht darauf, welche massiven steuerlichen Anerkennungsprobleme gerade Gesellschafter-Geschäftsführer (anfangs noch) kleinerer GmbHs bekommen können. Hier wird bei der steuerlichen Angemessenheitsprüfung eventuell nicht nur der schlechtere, sprich **niedrigste Durchschnittswert** aus Gehaltsuntersuchungen zugrunde gelegt. Obendrein kann es dann noch zu weiterer ggf. hohen **Gehaltsabschlägen** wegen der geringen Ertrags- und Umsatzkraft der GmbH kommen.

☞ Die Entscheidung zeigt außerdem, dass im **Existenzgründungs-Stadium** ein sehr hohes Anfangs-Fixgehalt zu einer bösen Steuerfalle werden kann. Allerdings zeigt diese Entscheidung auch, wie dieser Gefahr durch die richtige Gehaltsgestaltung aus dem Weg gegangen werden kann. Aufgrund der neueren BFH-Rechtsprechung dürfte nun eine im Vergleich zum Gesamtgehalt **relativ hohe (Gewinn-)Tantieme** steuerlich kein größeres Problem mehr sein. Auch eine zeitlich **befristete Umsatztantieme** dürfte ein steuerlich angemessenes Vergütungsgestaltungsinstrument sein.

FG Saarland, Urteil vom 3.12.2003, Az. 1 K 204/02

55 Krankenversicherungs-Zuschuss

Ist der Zuschuss der GmbH lohnsteuerfrei oder -pflichtig?

In der Praxis ergibt sich häufig folgendes Problem: Eine GmbH leistet zu den Krankenversicherungsbeiträgen ihres Gesellschafter-Geschäftsführers Zuschüsse. Sind sie als Arbeitslohn zu versteuern oder handelt es sich um lohnsteuerfreie Arbeitgeberzuschüsse?

Die Steuerfreiheit der Arbeitgeberzuschüsse zur Krankenversicherung des Geschäftsführers richtet sich nach **§ 3 Nr. 62 EStG**. Hiernach besteht **Lohnsteuerfreiheit**, wenn der Arbeitgeber nach sozialversicherungsrechtlichen Vorschriften zur Zahlung verpflichtet ist. Anderenfalls stellen die Zuschüsse steuerpflichtigen Arbeitslohn dar.

1. Zunächst ist anhand des für die Sozialversicherung – vom BSG – entwickelten Indizienkatalogs zu prüfen, ob der Geschäftsführer abhängig beschäftigt im Sinne der Sozialversicherung ist.

2. Ergibt die Prüfung ein **abhängiges Beschäftigungsverhältnis** und liegt das Geschäftsführergehalt unter der Jahresarbeitsentgeltgrenze, ist der Arbeitgeberbeitrag wie bei jedem anderen Arbeitnehmer steuerfrei.

3. Überschreitet das Gehalt die Jahresarbeitsentgeltgrenze und ist der Geschäftsführer deshalb nicht versicherungspflichtig, hat er nach **§ 257 SGB V** einen **Anspruch auf einen Zuschuss**, und zwar in Höhe des Beitrags, der für einen versicherungspflichtigen Beschäftigten zu zahlen wäre (ohne Arbeitnehmer-Zusatzbeitrag), maximal in Höhe der Hälfte des tatsächlichen Beitrags.

☞ Hierbei spielt es keine Rolle, ob der Geschäftsführer in der gesetzlichen Krankenversicherung freiwillig oder privat versichert ist. Der Arbeitgeberzuschuss ist in diesen Fällen **steuerfrei**.

Ergibt die sozialversicherungsrechtliche Prüfung aber, dass **kein abhängiges Beschäftigungsverhältnis** vorliegt, z.B. bei einer Beteiligung von mehr als 50%, besteht keine Versicherungspflicht in der gesetzlichen Krankenversicherung (ausgenommen Land- und Forstwirte sowie Künstler und Publizisten). In diesen Fällen existiert auch kein gesetzlicher Anspruch auf einen Zuschuss nach § 257 SGB V, da diese Vorschrift ein abhängiges Beschäftigungsverhältnis voraussetzt. Der Zuschuss ist **steuerpflichtiger Arbeitslohn**.

✋ Zu beachten ist, dass die Zuschüsse von vornherein klar und eindeutig vereinbart werden sollten, da ansonsten noch die Gefahr einer **verdeckten Gewinnausschüttung** bestehen kann.

56 Mehrfach-Geschäftsführertätigkeit – angemessenes Gehalt

Zur Angemessenheit der Bezüge eines für zwei GmbHs tätigen Gesellschafter-Geschäftsführers

Der BFH hat sich in zwei Entscheidungen vom 26.5.2004 damit befasst, welche Bezüge angemessen sind, wenn ein geschäftsführender Gesellschafter für zwei GmbHs tätig ist.

Die Fälle:

Fall 1 (BFH-Az. I R 101/03): An der X-GmbH waren Sohn S und seine Mutter M zu 75% bzw. 25% beteiligt und als Geschäftsführer tätig. S war zugleich Gesellschafter-Geschäftsführer der Z-GmbH, obwohl sein Anstellungsvertrag mit der X-GmbH ihm jede nebenberufliche Tätigkeit untersagte. Beide erhielten in den Streitjahren folgende Bezüge (in DM):

Jahre	X-GmbH		Z-GmbH
	S	M	S
1993	253.112	166.799	210.000
1994	238.291	158.070	168.000

Das Finanzamt sah bei der X-GmbH 300.000 DM insgesamt als für beide Geschäftsführer angemessen an und behandelte die darüber hinausgehenden Bezüge als verdeckte Gewinnausschüttung (vGA). Die dagegen gerichtete Klage blieb erfolglos.

Fall 2 (BFH-Az. I R 92/03): B und C, zwei der drei geschäftsführenden Gesellschafter der A-GmbH, waren zugleich Gesellschafter-Geschäftsführer der B- bzw. C-GmbH. Die A-GmbH hatte sie vom Wettbewerbsverbot befreit. Allen GmbHs hatten B und C nach den Anstellungsverträgen ihre ganze Arbeitskraft zur Verfügung zu stellen. Sie erhielten in den Streitjahren folgende Bezüge (in DM):

Jahre	A-GmbH		B-GmbH	C-GmbH
	B	C	B	C
1991	274.000	274.000	75.400	23.200
1992	315.000	315.000	75.400	79.810

Das Finanzamt behandelte die von der A-GmbH an B und C gezahlten Gehälter insoweit als vGA, als die Geschäftsführer Gehälter von den anderen GmbHs bezogen hatten. B und C hätten durch die Zusatztätigkeiten gegen ihre Dienstpflichten bei der A-GmbH verstoßen. Bei einem Fremdgeschäftsführer wäre das Gehalt entsprechend angepasst worden. Das FG bestätigte das Finanzamt weitgehend, machte die Angemessenheitsprüfung aber an dem einem Fremdgeschäftsführer der A-GmbH gezahlten Gehalt von 174.000 DM fest. Dieser musste eingestellt werden, um den Arbeitsausfall von B und C zu kompensieren.

Die Urteile:

Der BFH hat die Entscheidungen beider Finanzgerichte aufgehoben und die Verfahren zurückverwiesen.

Im Fall 1 war dafür ausschlaggebend, dass das FG nicht berücksichtigt hatte, dass die Tätigkeit des S für die Z-GmbH sich auch ertragsteigernd auf die X-GmbH ausgewirkt hatte. Das FG hatte aufgrund externer Daten Gehälter der X-GmbH für S in Höhe von 246.000 DM bzw. 258.000 DM als angemessen angesehen. Diese seien jedoch wegen der Mehrfachtätigkeit zu halbieren.

Sollten die Vorteile aus der Nebentätigkeit des S für die X-GmbH so groß gewesen sein, dass sie den fehlenden Arbeitseinsatz für das Unternehmen ausgeglichen haben, könnte das gezahlte Gehalt trotz der Doppeltätigkeit angemessen sein. Entsprechendes hat die GmbH jedoch noch nachzuweisen.

Im Fall 2 beurteilte das FG die Gehälter bei isolierter Betrachtung jeweils als angemessen, nahm jedoch wegen der Doppeltätigkeit eine vGA in Höhe von zwei Dritteln des Gehalts eines Fremdgeschäftsführers an.

Allerdings hat sich das FG nicht mit dem Argument auseinandergesetzt, dass die Tätigkeit von B und C in den weiteren GmbHs möglicherweise zu Vorteilen für die A-GmbH geführt habe, sodass der Fall letztlich aus dem gleichen Grund wie im Fall 1 zurückverwiesen wurde. Außerdem hat das FG zu prüfen, ob der von B und C ausgesprochene Verzicht auf Tantiemen bereits eine Gehaltsreduzierung darstellte.

Konsequenzen:

Aus den Urteilen lassen sich folgende **Grundsätze für die Angemessenheit der Gehälter von Mehrfach-Geschäftsführern** mit Gesellschafterstatus ableiten:

– Wird ein GmbH-Geschäftsführer zum Geschäftsführer einer weiteren GmbH bestellt, sind seine von der ersten GmbH gezahlten Bezüge zu reduzieren, sofern dadurch das Verhältnis zwischen Leistung und Gegenleistung nicht mehr stimmt. Solange das Gehalt angesichts reduzierter Tätigkeit nach dem Maßstab des Fremdvergleichs angemessen ist, erübrigt sich eine Reduzierung.

- Eine Gehaltsminderung erübrigt sich auch dann, wenn der Einsatz des Geschäftsführers für eine weitere GmbH bewirkt, dass die Nachteile infolge des fehlenden zeitlichen Engagements anderweitig ausgeglichen werden.

- Eine unterlassene Reduzierung stellt eine „stille" Gehaltserhöhung dar, die allerdings im Rahmen der Bandbreitenbetrachtung noch als angemessen anerkannt werden kann.

- Die Aufnahme der weiteren Geschäftsführertätigkeit erfordert eine Anpassung der Anstellungsverträge hinsichtlich der Erlaubnis von Nebentätigkeiten und des Ausmaßes der dem Erst-Arbeitgeber geschuldeten Arbeitskraft sowie einer Befreiung vom Wettbewerbsverbot. Dies gilt auch für Tätigkeiten innerhalb einer Unternehmensgruppe.

BFH, Urteile vom 26.5.2004, Az. I R 92/03, I R 101/03

57 Mehrfach-Geschäftsführertätigkeit – Sozialversicherungspflicht

Zur Vergütung und Sozialversicherungspflicht bei Tätigkeit eines Gesellschafter-Geschäftsführers für mehrere GmbHs

Der Fall:

Die A-GmbH wird von zwei Gesellschafter-Geschäftsführern (mit jeweils 25% an der GmbH beteiligt) geleitet. Beide unterliegen nicht der gesetzlichen Sozialversicherung.

Einer der Geschäftsführer soll nun die Funktion eines zweiten Geschäftsführers in der B-GmbH übernehmen und wird als solcher auch im Handelsregister eingetragen. Er ist an der B-GmbH nicht beteiligt. Kann der Geschäftsführer der A-GmbH im Rahmen eines Beratervertrags, der zwischen der A-GmbH und der B-GmbH geschlossen wird, seine Tätigkeit abrechnen, oder wird er, da er an der B-GmbH nicht beteiligt ist, Angestellter der B-GmbH und somit auch sozialversicherungspflichtig?

Rechtliche Beurteilung:

Es ist **gesellschaftsrechtlich nicht** ausgeschlossen, dass ein und dieselbe Person in mehreren GmbHs zum Geschäftsführer bestellt wird (vgl. GmbH-Stpr. 2009,

S. 10 ff). Zu beachten ist unter Umständen ein Wettbewerbsverbot. Hiervon können die betroffenen Gesellschafter-Geschäftsführer aber befreit werden.

Das Entgelt, das der Geschäftsführer für seine Tätigkeit von der GmbH erhält, unterliegt im Regelfall der Lohnsteuer. Die Sozialversicherungspflicht hängt davon ab, ob ein abhängiges Beschäftigungsverhältnis vorliegt oder nicht. Dies wird von der Rechtsprechung anhand verschiedener Kriterien wie z.b. Beteiligungshöhe, feste Arbeitszeiten, Branchenkenntnisse, Unternehmerrisiko etc. beurteilt.

In Einzelfällen hat die Rechtsprechung auch eine selbstständige Tätigkeit im Rahmen eines Beratervertrags angenommen. In diesen Fällen ist das Entgelt umsatzsteuerpflichtig (vgl. GmbH-Stpr. 2007, S. 69).

Insbesondere in **Konzernkonstellationen** kommt es häufig vor, dass der Geschäftsführer einer Gesellschaft zugleich auch Geschäftsführer in einer anderen Konzerngesellschaft ist. Sofern seine Tätigkeit dort nicht separat vergütet wird, empfiehlt sich eine Kostenerstattung an diejenige Gesellschaft, die den Geschäftsführer „ausleiht". Anderenfalls könnten sich Probleme einer vGA ergeben.

58 Mehrfachverdiener – Gesellschafter-Geschäftsführer

vGA-Gefahren bei gleichzeitigem Bezug von Pensionszahlungen und Geschäftsführergehalt oder Beraterhonorar

Der Fall:

Der an der AB-GmbH zu 50% neben seinem Mitgesellschafter A beteiligte Geschäftsführer B (geboren 1927) bekam im Jahr 1980 eine Pension zugesagt. Die Vereinbarung wurde jedoch in der Folgezeit mehrfach geändert: Die Änderungen ergeben sich aus der nachstehenden Übersicht. Mit Erreichen des 70. Lebensjahrs (1997) schied der Gesellschafter-Geschäftsführer B allerdings nicht aus den Diensten der GmbH aus. Neben seinen Versorgungsbezügen in Höhe von monatlich 7.000 DM erhielt er ein laufendes Geschäftsführergehalt in Höhe von ca. 29.000 DM monatlich. Für die restlichen Versorgungsansprüche (10.000 DM ./. 7.000 DM = 3.000 DM) erhielt B eine Abfindung in Höhe des versicherungsmathematischen Barwerts.

Am 31.12.2002 schied der 76-jährige B aus den Diensten der GmbH aus. Kurze Zeit vorher hatte er mit der GmbH einen Beratervertrag abgeschlossen. Der wesentliche Inhalt des Vertrags:

1. Die Unterstützung der Geschäftsführung, ohne dass nähere Modalitäten geregelt waren,

2. die völlige Weisungsfreiheit des B als Berater sowie

3. seine Freiheit in der Bestimmung des Leistungsorts und des Zeitrahmens.

Anstellungsvertrag vom 1.1.1980	Pension ab dem 65. Lebensjahr in Höhe von 75% der letzten Aktivbezüge
Änderung vom 11.12.1984	Altersrente erst bei Ausscheiden als Geschäftsführer nach dem 68. Lebensjahr in Höhe von 3.000 DM/mtl. Wahlrecht auf Kapitalabfindung in Höhe des Barwerts der Rentenverpflichtung – zusätzliche Invaliditätsrente und Witwenversorgung
Änderung vom 16.1.1991	Pensionsanspruch erst beim Ausscheiden mit dem 70. Lebensjahr in Höhe von 10.000 DM/mtl. Dynamisierungsklausel – Wahlrecht auf Kapitalabfindung für den Teilrentenbetrag von 3.000 DM
Beschluss vom 17.3.1997	„Klarstellender" Beschluss der Gesellschafterversammlung, dass ein arbeitsrechtlicher Anspruch auf Altersrente nur vom Erreichen des Lebensalters abhängt (und nicht auch noch vom Ausscheiden)

Das Beraterhonorar war monatlich auf 10.000 € netto festgelegt. Außerdem war vereinbart, dass der Vertrag erst nach sechs Jahren, zum 31.12.2008, kündbar war. Das Finanzamt setzte die seit 1998 gezahlten Versorgungsbezüge als verdeckte Gewinnausschüttungen (vGA) an.

Das Urteil:

Das Finanzgericht entschied, dass die an B in den Jahren 1998 bis 2002 gezahlten **Versorgungsleistungen als vGA** zu beurteilen sind. Gleiches gilt für die ab dem Jahr 2003 aufgrund des Beratervertrags gezahlten Honorare. Ein ordentlicher und gewissenhafter Geschäftsleiter – so das Leitbild nach der höchstrichterlichen Rechtsprechung (vgl. dazu die „Doppelverdiener"-Problematik: im BFH-Urteil vom 5.3.2008, Az. I R 12/07; BFH/NV 2008, S. 1273; GmbH-Stpr. 2008, S. 204) – hätte von einem Nichtgesellschafter verlangt, dass das Einkommen aus der fortbestehenden Geschäftsführertätigkeit **auf die Versorgungsleistungen angerechnet** wird. Die Altersrente ist zwar Teil des Entgelts für (bereits) geleistete Arbeit. Sie soll aber in erster Linie zur Deckung des Versorgungsbedarfs nach Wegfall der Dienstbezüge beitragen, also erst nach dem Ausscheiden aus dem aktiven Dienst gezahlt werden.

Im Streitfall wurden die Geschäftsführerbezüge weder auf die ausgezahlte Kapitalabfindung noch auf die laufenden Pensionsleistungen angerechnet. Ob der Gesellschafter-Geschäftsführer – wie in dem vom BFH mit Urteil vom 5.3.2008 (siehe oben) entschiedenen Fall – eine volle Kapitalabfindung erhält oder wie hier auch laufende Rentenzahlungen erhält, macht nach Ansicht des Finanzgerichts keinen Unterschied. Die **Pensionsleistungen** an B bis einschließlich des Jahres 2002 sind **in voller Höhe als vGA** anzusehen.

Das ab 2003 gezahlte **Beraterhonorar** – und nicht die nebenher gezahlte Pension – ist **ebenfalls** als **vGA** zu beurteilen. Die Ausgestaltung des Beratervertrags ist unüblich. Ein fremder Geschäftsführer hätte mit einem 76-Jährigen keinen auf sechs Jahre fest abgeschlossenen Beratervertrag vereinbart und die GmbH für einen so langen Zeitraum mit jährlichen Honorarverpflichtungen in Höhe von 120.000 € belastet.

Konsequenzen:

Mit der ab 2003 gewählten Gestaltung eines Beratervertrags hatte der Gesellschafter-Geschäftsführer zwar einen steuerlich gangbaren Weg eingeschlagen. Doch stand der Beratervertrag nicht nur wegen der Honorarhöhe „auf wackligen Beinen". Weiterhin sprachen folgende Indizien für eine vGA:

– eine mit sechs Jahren **überlange Unterstützungsphase** der Geschäftsführung durch einen ehemaligen Senior-Chef als Berater,

– keine im Detail geregelten Modalitäten, sondern eine **völlig offene Regelung** über den Umfang der zu erbringenden Leistungen.

☞ Ein neben laufenden Pensionsleistungen an den Ex-Gesellschafter-Geschäftsführer geleistetes Beraterhonorar hat grundsätzlich gute Chancen, steuerlich anerkannt zu werden. Immer vorausgesetzt, dass es einem Fremdvergleich standhält. Besonders wichtig ist in diesem Zusammenhang, keine allzu langen Kündigungsfristen zu vereinbaren (maximal 12 Monate) und außerdem ein angemessenes Honorar, das erheblich unter der früheren Geschäftsführervergütung liegen sollte.

✋ Schon eine längere Laufzeit des Beratervertrags kann im Einzelfall steuerlich gefährlich werden, nämlich dann, wenn es – trotz Ausscheiden aus dem aktiven Dienst und Beratervertrag – gewichtige Indizien für ein nach wie vor bestehendes **verdecktes Geschäftsführerverhältnis** gibt. Auch die Höhe der „Beratervergütung" kann Anlass dafür geben, dass in Wahrheit immer noch eine (fortgesetzte) Geschäftsführertätigkeit vorliegt.

FG München, rechtskräftiges Urteil vom 19.7.2010, Az. 7 K 2384/07

59 Minijob

Vergütung des Geschäftsführers auch auf 400-€-Basis?

Der Fall:

Die Alleingesellschafterin einer GmbH will ihren Ehemann mit dessen Zustimmung als Geschäftsführer im Rahmen eines „Minijobs" anstellen. Ist dies möglich?

Rechtliche Beurteilung:

Beim GmbH-Geschäftsführer ist grundsätzlich zwischen der Bestellung und der Anstellung zu unterscheiden. Die **Bestellung** ist die Berufung als Organ der Gesellschaft. Sie erfolgt nach den Bestimmungen des GmbH-Gesetzes entweder im Gesellschaftsvertrag oder durch einen Gesellschafterbeschluss. Sofern im Gesellschaftsvertrag vorgesehen, kann die Bestellung auch durch ein sonstiges Organ der Gesellschaft, z.B. einen Aufsichtsrat, erfolgen. Die Bestellung betrifft also die gesellschaftsrechtliche Ebene.

Davon zu unterscheiden ist die **arbeitsrechtliche Seite.** Sie wird normalerweise im **Anstellungsvertrag** geregelt. Zuständig für den Abschluss des Anstellungsvertrags ist auf Seiten der GmbH dasselbe Organ, das auch für die Bestellung zuständig ist, also normalerweise die Gesellschafterversammlung. Dies gilt auch beim Vorhandensein mehrerer Geschäftsführer bzw. dem Abschluss eines Anstellungsvertrags mit einem weiteren Geschäftsführer.

Für Form, Inhalt und **Vergütungsabrede der Höhe nach** mit einem Geschäftsführer gibt es keine Vorschriften. Die Bedingungen, zu denen der Geschäftsführer tätig wird, sind frei verhandelbar. Es gibt auch keine **Mindestvergütung** für einen Geschäftsführer. Es kommt durchaus vor, dass ein Geschäftsführer **ohne jegliche** Vergütung tätig wird, wenngleich im Regelfall aus steuerlichen Gründen eine Tätigkeitsvergütung vereinbart wird.

Da es somit für die Höhe der Tätigkeitsvergütung keine Vorschriften gibt, kann ein Geschäftsführer **auch auf der sog. 400-€-Basis** tätig werden. Eine geringfügig entlohnte Beschäftigung liegt dann vor, wenn das regelmäßige monatliche Entgelt 400 € (ab 2013: 450 €) nicht überschreitet. Aufgrund welcher Tätigkeit diese Beschäftigung erfolgt, ist für die Beurteilung unerheblich.

60 Nebentätigkeit

Wann dem Geschäftsführer die Übernahme einer Nebentätigkeit erlaubt ist und wann sie genehmigt werden sollte

Der Fall:

Geschäftsführer einer GmbH, an der sie auch als Minderheitsgesellschafter (20%) beteiligt sind, werden mitunter aus dem Kreis des Vorstands eines örtlichen Branchenverbands gefragt, ob sie bereit sind, einen demnächst frei werdenden Vorstandsposten zu übernehmen. Außer einer geringen Aufwandsentschädigung erfolgt keine Vergütung. Kann diese Nebentätigkeit übernommen werden, auch wenn im Anstellungsvertrag nichts über Nebentätigkeiten geregelt ist?

Rechtliche Beurteilung:

Der Geschäftsführer einer GmbH hat seine **ganze Arbeitskraft** der Gesellschaft zur Verfügung zu stellen. Dies schließt grundsätzlich jede Nebentätigkeit aus. Ausnahmen können durch den Anstellungsvertrag gestattet werden.

Diese Verpflichtung ist Ausdruck der Treuepflicht, welcher der Geschäftsführer unterliegt. Die Treuepflicht wird in der Rechtsprechung und der Lehre konkretisiert. Hiernach ist es dem Geschäftsführer verboten, die Organstellung zu seinen eigenen Gunsten auf Kosten der Gesellschaft auszunutzen. Er hat bei sich bietenden Geschäftschancen nur das Wohl der Gesellschaft im Auge zu haben.

Insbesondere **private Geschäfte**, die zum Unternehmensgegenstand der Gesellschaft gehören, sind dem Geschäftsführer untersagt. Bei so genannten **neutralen Geschäften** (zum Beispiel einem Grundstückserwerb) hängt die Entscheidung vom Einzelfall ab. Die Veröffentlichung von Beiträgen in Fach- oder sonstigen Zeitschriften oder eine ehrenamtliche Tätigkeit, etwa im karitativen Bereich, ist dem Geschäftsführer hingegen gestattet, sofern sie seine Zeit nicht übermäßig in Anspruch nimmt.

Die Übernahme eines Vorstandsamts in einem Fachverband dürfte ebenfalls rechtlich zulässig sein, wenn sich der Zeitaufwand hierfür in Grenzen hält. Die Zulässigkeit folgt auch daraus, dass durch die Nebentätigkeit die Interessen der Gesellschaft gefördert werden.

Im Zweifel empfiehlt sich eine ausdrückliche Genehmigung durch die Gesellschafterversammlung, wenn der Anstellungsvertrag nicht bereits eine entsprechende Nebentätigkeit zulässt.

61   Nur-Gewinntantieme

Vereinbarung einer Nur-Gewinntantieme für den Geschäftsführer in der GmbH-Aufbauphase sachgerecht – betragsmäßige Begrenzung nicht zwingend

Der Fall:

Laut Anstellungsvertrag sollten die beiden zu je 40% beteiligten Gesellschafter-Geschäftsführer einer in 1999 gegründeten GmbH bis zum 30.6.2001 als alleinige Vergütung für ihre Tätigkeit jährlich jeweils eine Tantieme in Höhe von 24% des Jahresüberschusses vor Abzug von Ertragsteuern sowie Tantieme erhalten. Ab 1.7.2001 sollte zusätzlich ein festes monatliches Grundgehalt von je 2.500 DM gezahlt werden.

Die für 1999 gebildete Tantiemerückstellung von 57.954 DM erkannte das Finanzamt nicht an, sondern sah darin eine vGA. Im Verfahren des vorläufigen Rechtsschutzes wurde der GmbH Aussetzung der Vollziehung der darauf festgesetzten Körperschaft- und Gewerbesteuer vom FG und letztlich auch vom BFH gewährt.

Die Entscheidung:

Der BFH geht davon aus, dass eine Nur-Tantieme grundsätzlich auf eine gesellschaftsrechtliche Veranlassung und damit auf eine vGA hindeuten kann. Etwas anderes gelte nur dann, wenn die Nur-Tantieme wirtschaftlich sachgerecht sei und auch von einem Fremdgeschäftsführer akzeptiert worden wäre.

Im Entscheidungsfall könne die Nur-Tantieme möglicherweise anerkannt werden, weil

– sie wirtschaftlich sachgerecht sei, insbesondere die Fixkosten der GmbH in der Anlaufphase mindere,

– sie den Geschäftsführern Anreiz biete, bereits in der Anlaufphase einen Gewinn zu erzielen,

– die fehlende betragsmäßige Begrenzung der Nur-Tantieme angesichts nicht zu erwartender hoher Erträge nicht zwingend geboten war,

– eine zeitliche Begrenzung auf 2,5 Jahre vorlag,

– ein Fremdgeschäftsführer die Nur-Tantieme angesichts des geringen Risikos – wöchentliche Arbeitszeit von 10 Stunden und Möglichkeit der anderweitigen Sicherung des Lebensunterhalts – ebenfalls akzeptiert hätte.

Konsequenzen:

Aus der Sicht des BFH sprechen im vorliegenden Fall mehr Gründe für als gegen die Anerkennung der Nur-Tantieme. Deshalb hat er im Rahmen einer summarischen Prüfung die vom Finanzgericht gewährte Aussetzung der Vollziehung bestätigt. Die endgültige Entscheidung bleibt dem Hauptsacheverfahren vorbehalten.

Der vorliegende Beschluss liegt auf der Linie des BFH-Urteils vom 27.3.2001 (Az. I R 27/99, BStBl II 2002, S. 111), das Auslöser des die Nur-Tantieme grundsätzlich anerkennenden BMF-Schreibens vom 1.2.2002 (Az. IV A 2 – S 2742 – 4/02, BStBl I 2002, S. 219, GmbH-Stpr. 2002, S. 77) war.

✋ Erstmals war im vorliegenden Fall ein **konkreter Zeitraum** – 2,5 Jahre – Gegenstand einer Entscheidung, der nun als typisierender Maßstab für die zeitliche Begrenzung einer Nur-Tantieme in der Aufbauphase herangezogen werden kann.

Großzügig zeigt sich der BFH in Sachen fehlender betragsmäßiger Begrenzung der Nur-Tantieme, die er hier angesichts der – in der Entscheidung nicht genannten – Branche der GmbH für entbehrlich hält. Zugleich wird damit aber klargestellt, dass die **betragsmäßige Begrenzung** bei **neu gegründeten GmbHs** mit starken Ertragsschwankungen ebenso unverzichtbar ist wie bei in stark risikobehafteten Geschäftszweigen tätigen GmbHs, denen das BMF ebenfalls die Möglichkeit der Vereinbarung einer Gewinntantieme zugesteht.

Soweit der BFH auf die Reduzierung der Fixkosten und den Gewinnanreiz für die Geschäftsführer abstellt, führt er Allgemeinplätze ins Feld, die für jede Neugründung einer – insbesondere von Gesellschafter-Geschäftsführern geleiteten – GmbH gelten dürften.

✋ Knackpunkt für die Anerkennung der Nur-Tantieme wird damit der Fremdvergleich. Offen bleibt nämlich, ob die Nur-Tantieme für einen Gesellschafter-Geschäftsführer auch dann anzuerkennen ist, wenn die Geschäftsführung nicht als **Teilzeitjob** erledigt werden kann.

BFH, Beschluss vom 18.3.2002, Az. I B 156/01

62   Nur-Pension

„Entlohnung" des beherrschenden Gesellschafter-Geschäftsführers ausschließlich mit Pensionszusage als vGA?

Der Fall:

S war beherrschender Gesellschafter-Geschäftsführer einer GmbH. Er verzichtete auf seine vertraglich zugesicherten monatlichen Barbezüge zu Gunsten einer ausschließlichen Pensionszahlung (sog. Nur-Pension). Diese sollte der 41jährige S bei Dienstunfähigkeit oder bei Ausscheiden nach Vollendung des 65. Lebensjahrs erhalten. Die Pensionsanwartschaft wurde nicht durch den Abschluss einer Rückdeckungsversicherung abgesichert.

Das Urteil:

Der BFH entschied, dass die gebildete Pensionsrückstellung **in voller Höhe vGA** war.

Die betriebliche oder gesellschaftliche Veranlassung eines Aufwands zu Gunsten eines Gesellschafters ist aus dem Wortlaut der zugrunde liegenden Vereinbarung oft nicht zu erkennen. Es bedarf **objektiver Prüfungskriterien**, um zu erkennen, ob das Gesellschaftsverhältnis die Vereinbarung veranlasste. Dies lässt sich hinreichend sicher **nur an Hand eines Fremdvergleichs** entscheiden.

Zur Konkretisierung dieses Fremdvergleichs hat die höchstrichterliche Rechtsprechung bisher im Regelfall auf die Sorgfaltspflicht eines ordentlichen und gewissenhaften Geschäftsführers abgestellt.

Dieser Maßstab ist jedoch nicht für alle Fälle als Beurteilungskriterium geeignet, da der hierbei vorgenommene Fremdvergleich nur aus der Sicht der GmbH gesehen wird. Der Fremdvergleich erfordert jedoch **auch die Einbeziehung des Vertragspartners**. Auch für den Fall, dass ein Dritter einer aus der Sicht der GmbH vorteilhaften Vereinbarung nicht zugestimmt hätte, kann deren Veranlassung im Gesellschaftsverhältnis liegen.

Ein fremder Angestellter lässt sich – so der BFH – in der Regel nicht auf eine Entlohnung mit einer reinen Versorgungszusage ein. Das gilt jedenfalls dann, wenn die Pensionsanwartschaft nicht durch den Abschluss einer Rückdeckungsversicherung abgesichert ist. **Er würde nicht das Risiko einer Verschlechterung der Bonität der GmbH tragen** wollen. Er würde auch nicht das Risiko eingehen, für eine unter Umständen jahrzehntelange Tätigkeit keinerlei Vergütung zu erhalten.

Unter Hinweis auf den Fremdvergleich hat der BFH auch in einem weiteren Urteil eine Nur-Pension zu Gunsten **der Ehefrau des Gesellschafters** einer GmbH & Co. KG abgelehnt (BFH vom 25.7.1995 Az. VIII R 38/93, GmbH-Stpr. 1996, S. 25). Zum gleichen Ergebnis kommt das BFH-Urteil vom 28.4.2010, Az. I R 78/08 (GmbH-Stpr. 2010, S. 310).

Konsequenzen:

Der BFH hat Pensionsrückstellungen zu Gunsten fremder Arbeitnehmer nur anerkannt, soweit die Pensionszusage dazu diente, eine nach der Rente aus der gesetzlichen Rentenversicherung verbleibende Versorgungslücke **von 20 bis 30% der letzten Aktivbezüge** zu schließen. Für Ehegatten-Arbeitsverhältnisse hat er eine betriebliche Veranlassung der Versorgungszusage insoweit verneint, als sie zu einer Überversorgung führt. Die Obergrenze einer angemessenen Altersversorgung liegt danach **bei 75% der letzten Aktivbezüge**. Von einer Prüfung einer eventuellen Überversorgung kann abgesehen werden, wenn die laufenden Aufwendungen für die Altersvorsorge **30% des steuerpflichtigen Arbeitslohns nicht übersteigen**.

Bei beherrschenden Gesellschaftern meinte der BFH früher, dass es nicht darauf ankomme, ob einem fremden Arbeitnehmer eine Nur-Pensionszusage zugesagt worden wäre, da die Position eines Gesellschafter-Geschäftsführers von der eines fremden Arbeitnehmers verschieden sei (BFH-Urteil vom 21.2.1974, BStBl II 1974, S. 363).

Von dieser Rechtsprechung rückte der BFH dann mit dem vorliegenden Urteil ab. Er meint, dass eine Vereinbarung – selbst wenn sie für die Gesellschaft von Vorteil ist – durch das Gesellschaftsverhältnis veranlasst ist und damit eine vGA auslöst, wenn sie **wegen Unüblichkeit** einem Fremdvergleich nicht standhält. Dies bedeutet, dass der BFH die aus der Sicht der GmbH betrachtete Denkfigur des ordentlichen und gewissenhaften Geschäftsleiters nur als untergeordneten Teilaspekt des Fremdvergleichs sieht.

Als Konsequenz daraus lässt sich Folgendes feststellen:

– Nur-Pensionen scheint der BFH **im Allgemeinen** nicht mehr anerkennen zu wollen.

– Ob es bei diesem prinzipiellen „Nein" bleibt, ist aber fraglich (vgl. Prühs, GmbH-Stpr. 2005, S. 133). Denn es gibt Konstellationen, in denen es gute betriebliche Gründe für eine „Entlohnung" nur in Form einer Pensionszusage gibt.

Beispiel:

Aufgrund von vorübergehenden Liquiditätsproblemen seiner GmbH verzichtet ein Gesellschafter für 1 Jahr auf jegliche Gehaltszahlung, denn er hat noch andere Ein-

kunftsquellen. *Auf seine ungeschmälerte Pension – er ist 60 Jahre alt – will er aber nicht verzichten. Für deren Aufrechterhaltung arbeitet er (ansonsten) unentgeltlich weiter.*

Anmerkungen:

Aus einer BFH-Entscheidung vom 9.11.2005 ergibt sich eine Modifizierung der bisherigen Rechtsprechung: Zwar bleibt der BFH bei Nur-Pensionszusagen bei seinem grundsätzlichen „Nein", wenn dies **von Anfang an** vereinbart wurde. Eine spätere **Umwandlung von Barlohn** in (Nur-)Pensionsansprüche beurteilt er aber nicht prinzipiell negativ (vgl. Zimmers, GmbH-Stpr. 2006, S. 36 ff.)

BFH-Urteil vom 17.5.1995, Az. I R 147/93; BFH-Urteil vom 9.11.2005, Az. I R 89/04

63 Nur-Umsatztantieme

Zur Anerkennung von ausschließlich umsatzorientierten Vergütungen an Gesellschafter-Geschäftsführer

Der Fall und das Urteil:

Steuerlich sehr weit wagten sich die beiden Gesellschafter-Geschäftsführer eines jungen Unternehmens aus der Medienbranche vor: Vier Jahre nach GmbH-Gründung genehmigten sie sich als Geschäftsführergehalt eine Erfolgsvergütung in Höhe von 40 bzw. 20% der den Kunden berechneten und bezahlten Beträge. Daneben bekamen sie als Festvergütung nur eine monatliche Aufwandspauschale von 400 DM. Die Obergrenze für die Erfolgsvergütung sollte bei 20.000 DM bzw. 10.000 DM pro Monat liegen. Ein zeitliches Limit war nicht vereinbart. In den Streitjahren stieg der GmbH-Umsatz zwar stetig von rund 380.000 DM auf 1,2 Mio. DM. Doch geriet die Firma vor allem durch stark ansteigende Personalkosten – u.a. auch durch die Geschäftsführer-Jahresvergütungen von zuletzt insgesamt 360.000 DM – immer mehr in die Verlustzone.

Für das Finanzamt und auch das Finanzgericht war vor diesem Hintergrund klar: Die fast ausschließlich umsatzorientierten Geschäftsführervergütungen haben **Gewinn absaugenden Charakter** und waren damit nicht anzuerkennen. Die weiteren Kritikpunkte der Finanzrichter:

–   Angesichts der weiterhin „roten" GmbH-Zahlen, die auch auf die (zu üppigen) Geschäftsführervergütungen zurückzuführen waren, konnte das Vergütungssystem im vierten Jahr nach Gründung nicht so festgelegt bzw. nicht länger aufrechterhalten werden.

- Allenfalls in der **Gründungsphase** hätte man die getroffene Vergütungsregelung tolerieren können. Doch über diese Phase war die GmbH im Streitfall schon längst hinaus. Vier Jahre nach Gründung wäre eine differenziertere Regelung bei den Chefgehältern angebracht gewesen mit dem Ziel, die GmbH endlich in die Gewinnzone zu führen.

- Umsatztantiemen müssen außerdem **stets zeitlich begrenzt** sein, woran es hier ebenfalls fehlte.

Konsequenzen:

☞ In der Gründungsphase, wo meist keine Gewinne anfallen, muss das Finanzamt auch umsatzorientierte Vergütungen akzeptieren (ggf. sogar Vergütungen nur über eine Umsatztantieme). Vorausgesetzt: Die Regelung ist **zeitlich auf eine kurze Phase** begrenzt, enthält eine Obergrenze, die eine Gewinnabsaugung bei der GmbH wirkungsvoll verhindert, und wird bei Bedarf ggf. schnell angepasst.

✋ Auch um später keinen Ärger mit dem Finanzamt über die Gehaltshöhe zu bekommen, sollte man sich als GmbH-Gründer vorher in etwa durchgerechnet haben, was realistisch betrachtet bei der geplanten umsatzorientierten Vergütungsregelung herauskommen kann. Schließlich muss jede Gesellschafter-Geschäftsführervergütung – ob Festgehalt und/oder Gewinn- bzw. Umsatztantieme – auch **insgesamt steuerlich angemessen** sein.

Hier hatten die Gesellschafter im Streitfall ebenfalls keine gute Hand. Angesichts der erzielten Umsätze und der Tatsache, dass in der GmbH **sonst ausschließlich Aushilfskräfte tätig** waren, zählte das FG das Unternehmen nur zu den „Kleinen" seiner Branche. Nach den einschlägigen Gehaltsstrukturuntersuchungen (BBE, Kienbaum, Grätz) waren seinerzeit also höchstens Chefgehälter von 70.000 bis 120.000 DM p.a. steuerlich angemessen.

Bei **mehreren** Geschäftsführern und einer **ertragsschwachen** GmbH – wie vorliegend – sind von diesen Orientierungsgrößen jedoch noch **erhebliche Abschläge** zu machen. Alles in allem betrachtet bedeutete das: Mit den gezahlten Geschäftsführergehältern von 240.000 DM und 120.000 DM (insgesamt 360.000 DM) war das **Maß des Angemessenen** weit überschritten.

FG Saarland, Urteil vom 29.8.2001, Az. 1 K 266/98

64 Pauschaler Auslagenersatz

Pauschaler „Auslagenersatz" der GmbH an ihren (beherrschenden) Gesellschafter-Geschäftsführer bzw. an dessen Einzelfirma als verdeckte Gewinnausschüttung

Der Fall und die Entscheidung:

X ist „Inhaber" zweier Unternehmen: Der Z-GmbH, deren alleiniger Gesellschafter und Geschäftsführer er ist, und eines auf seinen Namen lautenden Einzelunternehmens (X-Einzelfirma). Zwischen diesen beiden Betrieben kam es zu Pauschalzahlungen, die das Finanzamt als verdeckte Gewinnausschüttungen (vGA) der Z-GmbH an X ansah.

Die X-GmbH war in einer Betriebsprüfung damit aufgefallen, dass auf dem Sonder-Konto „sonstige betriebliche Aufwendungen" ein Betrag von rund 30.000 DM verbucht war. Als der Prüfer nachhakte, bekam er folgende Antwort: Es handele sich dabei um Zahlungen an die Einzelfirma X. Diese seien für Fahrzeugnutzungs- und Büropersonalkosten (Schreibbüro-Kapazitäten und Telefondienste) entstanden, welche die Einzelfirma für die Z-GmbH getragen habe.

Die Z-GmbH legte eine zwischen ihr und der X-Einzelfirma getroffene **schriftliche Abrede** vor, die X als Geschäftsführer der GmbH unterschrieben hatte. Vereinbart war hier die Erstattungspflicht der GmbH bezüglich der o.g. Dienste bzw. Nutzungen. Der Einfachheit halber war außerdem verabredet, dass die Aufwendungen **auf der Basis einer Kostenschätzung** durch X zu erstatten waren. Diese Schätzung belief sich im Streitjahr auf 12 **Monatspauschalen** à 2.500 DM. Die „Abrechnung" durch die X-Einzelfirma über die Einzelbeträge war allerdings nicht unterschrieben. Auch eine Datumsangabe fehlte.

Für das Finanzamt lag ein **Fall von vGA** vor, schon allein deshalb, weil keine ordentlichen Abrechnungen vorlagen und **X quasi als Alleinherrscher** beider Unternehmen willkürlich die Höhe der Pauschalzahlung bestimmen konnte. Negativ ins Gewicht fiel dabei der **fehlende Interessengegensatz** zwischen der von X beherrschten GmbH und seiner Einzelfirma. Das FG beurteilte dies genauso.

Auch der BFH kam zu dem Ergebnis, dass an der Einstufung der Pauschalzahlungen als vGA nichts auszusetzen war. Angesichts des „vereinfachten" Berechnungsmodus wären die Zahlungen der Z-GmbH nur dann als Betriebsausgaben anzuerkennen, wenn ein **Interessengegensatz** zwischen ihr und ihrem beherrschenden Gesellschafter X glaubhaft gemacht worden wäre, mit anderen Worten, wenn es eine **andere unabhängige Kontrollinstanz** zur Prüfung der Abrechnungen gegeben hätte.

✋ Die obersten Finanzrichter argumentieren also auf derselben Linie wie bei der Zahlung von Überstundenvergütungen an einen Gesellschafter-Geschäftsführer. Deren Anerkennung wird nämlich u.a. deshalb verweigert, weil der Gesellschafter-Geschäftsführer seine Aufzeichnungen letztlich allein und damit „in eigener Willkür" überprüft.

Festzuhalten bleibt damit: Ein Interessengegensatz zwischen einem beherrschenden Gesellschafter und seiner GmbH besteht bei vom Gesellschafter-Geschäftsführer selbst pauschal festgesetzten GmbH-Zahlungspflichten normalerweise nicht. Dies – so der BFH – ergibt sich aus der langjährigen höchstrichterlichen Rechtsprechung (u.a. Urteil vom 27.3.2001, Az. I R 40/00, BStBl II 2001,S. 655).

Ausnahme: Es gibt im kaufmännischen Bereich bei der Rechnungsüberprüfung eine andere – keinen Weisungen des Gesellschafter-Geschäftsführers – unterliegende Instanz wie etwa einen gleichberechtigten **Mitgeschäftsführer, der nicht an der GmbH beteiligt ist** und der auch nicht Angehöriger des Gesellschafter-Geschäftsführers ist.

Konsequenzen:

Dies heißt aber noch lange nicht, dass ein (beherrschender) Gesellschafter nicht steuerlich wirksam einen Vertrag mit seiner GmbH über die Nutzung der von ihm persönlich – oder z.b. über eine ihm gehörende andere Firma – zur Verfügung gestellte Sach- und Fremdpersonalmittel abschließen könnte.

Beispiele:

1. *Der Geschäftsführer vermietet sein Heimbüro an die GmbH.*

2. *Er überlässt der GmbH einen PKW zur betrieblichen Nutzung als Fahrzeugvermieter und Halter.*

✋ Nur darf er nicht – wie hier geschehen – bei der Festsetzung der Vergütungshöhe (auch hinsichtlich des Zahlungszeitpunkts!) die alleinige Entscheidungsgewalt haben und das Nutzungsentgelt muss angemessen hoch sein.

Für die Praxis lässt sich aus der BFH-Entscheidung zweierlei ableiten:

– Nutzungsüberlassungsverträge zwischen GmbH und Gesellschafter der o.g. und ähnlicher Art sollten stets **feste (Pauschal-)Beträge** und einen **klaren Abrechnungs-Modus zu festen Terminen** vorsehen.

- Die Zahlung von pauschalem „Auslagenersatz" durch die GmbH an die **Gesellschafter**, funktioniert steuerlich dagegen nicht. Bei beherrschenden Gesellschafter-Geschäftsführern greift hier dazu noch das **Nachzahlungsverbot**.

Pauschaler Auslagenersatz ist auch bei Arbeitnehmeraufwendungen für den Arbeitgeber nach geltendem Lohnsteuerrecht verpönt und führt bei Fremdgeschäftsführern zu **steuerpflichtigem Arbeitslohn**.

Im GmbH-Bereich – also bei pauschalem Auslagenersatz der GmbH **an den Gesellschafter-Geschäftsführer** selbst – droht allerdings die besondere Steuerfalle der **vGA**. Vereinbart werden kann selbstverständlich stattdessen, dass die GmbH die in Rechnung gestellten „Auslagen" ihres Gesellschafters bzw. einer anderen ihm gehörenden Firma in voller Höhe trägt.

☞ Dann muss im Vertrag die Kostenerstattung aber von der vorherigen **Vorlage von Nachweisen und überprüfbaren Belegen abhängig gemacht** sein. Und bei der Kostenerstattung sollte man sich strikt an den vereinbarten Abrechnungs- und Belegmodus halten.

BFH, Beschluss vom 16.7.2003, Az. I B 215/02

65 Pensionsanspruch – Verzicht bei Anteilsverkauf (1)

Ermäßigte Besteuerung bei Zwangslage – BFH-Grundsatzentscheidungen

Der ermäßigten Besteuerung einer Abfindung von Pensionsansprüchen steht die Finanzverwaltung insbesondere dann kritisch gegenüber, wenn die Ansprüche in Zusammenhang mit **dem Verkauf der GmbH-Anteile** abgefunden werden. Eine steuerbegünstigte Entschädigung (§ 24 Nr. 1 EStG und § 34 EStG) setzt nämlich u.a. voraus, dass sich der Pensionsberechtigte in einer Zwangslage befunden hat (vgl. GmbH-Stpr. 2003, S. 122 f.).

In seinem Urteil vom 12.12.2001 (Az. XI R 38/00, GmbH-Stpr. 2002, S. 276) hatte der BFH zwar entschieden, dass ein Gesellschafter-Geschäftsführer, der sich aus Altersgründen zur Veräußerung seiner GmbH-Anteile entschließt, nicht unbedingt damit rechnen muss, dass dies nur bei gleichzeitigem Verzicht auf seine Pensionsansprüche möglich ist.

In der Praxis sind aber potenzielle GmbH-Anteilskäufer häufig darauf bedacht, eine „altlastenfreie" Gesellschaft zu erwerben und drängen daher im Vorfeld auf die Auflösung der Pensionsrückstellungen. Wird die Pensionszusage also auf **Druck des Käufers** abgelöst, dem sich der Steuerpflichtige unter den gegebenen Umständen nicht entziehen kann, spricht dies für eine **Zwangslage** und somit für die ermäßigte Besteuerung der Pensionsabfindung seitens der Gesellschaft.

Mit weiterem **Urteil vom 11.12.2002** hat der BFH klargestellt, dass nichts anderes gelten kann, wenn Gesellschaftsanteile **aus Krankheitsgründen** veräußert werden. Grundsätzlich dürfen die Anteilsveräußerer erwarten, dass die GmbH auch mit einem neuen Gesellschafter ihre Pensionsverpflichtungen vertragsgemäß erfüllen wird. Sofern diese Erwartung in der Praxis enttäuscht wird und die vorherige Ablösung der Pensionsverpflichtung zwingende Voraussetzung für den späteren Anteilsverkauf ist, ist darin eine Zwangslage zu sehen.

Ob eine zu einer ermäßigten Besteuerung führende Zwangslage tatsächlich vorgelegen hat, ist eine subjektive Tatsache, die, wie so oft im Steuerrecht, anhand **objektiver Kriterien** belegt werden muss.

Im Streitfall der o.g. BFH-Entscheidung hatten die Kläger (Anteilsverkäufer) und der potenzielle Erwerber im Vorfeld der Anteilsverkaufsverhandlungen festgelegt, dass der Käufer nicht bereit sei, mit Rückstellungen beschwerte Anteile zu übernehmen. Es wurde anheimgestellt, zum Zweck des Zustandekommens des Kaufvertrags die Rückstellungen (insbesondere die Pensionsrückstellungen) aufzulösen.

Diesen Vereinbarungen sei, so der BFH, eindeutig zu entnehmen, dass der potenzielle Käufer nicht bereit war, die Pensionsrückstellungen und damit die Verpflichtung zur laufenden Pensionszahlung an die Kläger zu übernehmen. Dem Nachweis der Zwangslage sei somit Genüge getan.

Nach dieser BFH-Entscheidung steht fest, dass der **richtigen Beweisvorsorge** in der Praxis **entscheidende Bedeutung** zukommt. Daher sollte sich aus schriftlichen Vereinbarungen (in der Regel mit dem Anteilskäufer) zweifelsfrei ergeben, dass der Anteilsverkäufer bei der Ablösung seiner Pensionsansprüche unter rechtlichem, wirtschaftlichem oder tatsächlichem Druck gestanden hat.

BFH, Urteil vom 11.12.2002, Az. XI R 41/01

66 Pensionsanspruch –Verzicht bei Anteilsverkauf (2)

Steuerbegünstigte Abfindung bei „Druck" des Erwerbers auf Anteilsverkäufer – Weiterbeschäftigung in anderer Funktion ist unschädlich

Der Fall:

Der Kläger war Gesellschafter-Geschäftsführer (99%-Beteiligung) einer GmbH und im Streitjahr 1998 61 Jahre alt. Ihm war von der GmbH eine Pension mit Vollendung des 65. Lebensjahrs zugesichert worden. Er war berechtigt, bei Eintritt des Versorgungsfalls anstelle der Rente eine einmalige Kapitalabfindung in Höhe des Barwerts der Rentenverpflichtungen zu verlangen.

Im Jahr 1998 verhandelte er mit Interessenten über den Verkauf seiner Geschäftsanteile an der GmbH. Die künftigen Erwerber machten den Verkauf davon abhängig, dass die Altersregelung vorher abgewickelt werden würde. Im notariellen Vertrag wurde sodann ausdrücklich geregelt, dass die Erwerber die Pensionsverpflichtung nicht übernehmen.

Der Kläger verzichtete daraufhin gegenüber der GmbH auf seine Pensionsansprüche und erhielt als Gegenleistung die Auszahlungsbeträge der gekündigten Rückdeckungsversicherung in Höhe von rund 500.000 €. Das Finanzamt versagte nach einer Außenprüfung die Ermäßigung des Steuersatzes § 34 EStG).

Das Urteil:

Der BFH gab dem Gesellschafter-Geschäftsführer Recht.

Nach ständiger BFH-Rechtsprechung setzt die **ermäßigte Besteuerung** einer Entschädigung voraus, dass der Steuerpflichtige (Anteilsverkäufer) unter **rechtlichem, wirtschaftlichem** oder **tatsächlichem Druck** gestanden hat.

Demzufolge kann – so der BFH – bei einem **zunächst freiwilligen Entschluss** zum Anteilsverkauf eine Zwangslage zum Verzicht auf Versorgungsansprüche **später dadurch entstehen,** dass der Erwerber nicht bereit ist, die Versorgungsverpflichtungen zu übernehmen.

Vor diesem Hintergrund sei im Streitfall davon auszugehen, dass der Kläger unter Zwang handelte, als er der Ablösung der Altersversorgung zustimmte. Denn erst **im Laufe der Vertragsverhandlungen** hatten die Käufer der GmbH-

Anteile den Erwerb des Unternehmens von der Nichtübernahme der Altersversorgungsregelung abhängig gemacht – was ausreiche.

Der Steuerbegünstigung stehe auch nicht entgegen, dass der ehemalige Gesellschafter-Geschäftsführer im Anschluss an das Arbeitsverhältnis (als Geschäftsführer) für **ein Jahr als beratender Ingenieur eingestellt** worden ist. Eine steuerermäßigte Entschädigung verlange lediglich, dass das zugrunde liegende **Rechtsverhältnis beendet** wird. Dies sei hier eindeutig der Fall gewesen, da die anschließende Beratertätigkeit nicht als Fortsetzung des ursprünglichen Arbeitsverhältnisses angesehen werden könne. Schließlich unterscheide sich die Tätigkeit als beratender Ingenieur maßgeblich von den Aufgaben und der Stellung des Geschäftsführers.

Konsequenzen:

Nach ständiger gefestigter BFH-Rechtsprechung ist klar: Selbst bei einem freiwillig gefassten Veräußerungsentschluss liegt eine **Zwangslage** immer dann vor, wenn der potenzielle Erwerber den Kauf von der Auflösung der Pensionsverbindlichkeiten unter Zahlung einer Abfindung abhängig macht (vgl. Lehr, GmbH-Stpr. 2003, S. 122 und 187).

☞ Dass die anschließende Beratungstätigkeit der Steuerermäßigung nicht entgegensteht (weil das ursprüngliche Rechtsverhältnis unter Umständen nicht tatsächlich beendet worden ist), hat der BFH im Streitfall ausdrücklich betont. Ein **Beratervertrag** nach Beendigung des Geschäftsführeramts wirkte sich daher nicht nachteilig auf die Steuerermäßigung für die Abfindung aus. Etwas anderes wird nur dann gelten, wenn das bisherige Arbeitsverhältnis (als Geschäftsführer) unter dem **Deckmantel eines Beratervertrags** nahezu unverändert fortgeführt wird.

BFH-Urteil vom 10.4.2003, Az. XI R 4/02

67 Pensionsanspruch – Verzicht bei Unverfallbarkeit

Abfindung unverfallbarer Pensionsansprüche bei Anteilsveräußerung auf Veranlassung des Erwerbers keine verdeckte Gewinnausschüttung

Der Fall:

Die X-GmbH hatte ihren mit je 50% beteiligten Gesellschafter-Geschäftsführern A und B in den Jahren 1987 und 1989 Pensionszusagen erteilt. Diese wurden durch den Abschluss von Rückdeckungsversicherungen abgesichert.

Mit Kaufvertrag vom 17.11.1997 veräußerten A und B ihre Geschäftsanteile an C. Nach dem Inhalt des Kaufvertrags sollten sie ihr Geschäftsführeramt zum 2.1.1998 niederlegen und zum gleichen Zeitpunkt ihre Anstellungsverträge als Geschäftsführer beenden. Beide verzichteten mit Wirkung zum 30.11.1997 auf alle Pensionsansprüche gegenüber der X-GmbH.

In 1997 zahlte die X-GmbH insgesamt rund 1 Mio. DM an A und B. Dies entsprach den Rückkaufswerten für die Rückdeckungsversicherungen. Zu Beginn des Jahres 1998 vereinnahmte sie einen Betrag in gleicher Höhe von der Versicherungsgesellschaft. Die X-GmbH löste die zum 31.12.1997 ermittelten Pensionsrückstellungen in Höhe von insgesamt 2,2 Mio. DM für beide Geschäftsführer Gewinn erhöhend auf und behandelte den Unterschiedsbetrag von knapp 1,2 Mio. DM zu den an A und B entrichteten Zahlungen (rund 1 Mio. DM) Gewinn mindernd als verdeckte Einlage.

Das Finanzamt erhöhte den Gewinn der X-GmbH um die 1,2 Mio DM mit dem Argument, die Ansprüche aus den Pensionszusagen und aus den Rückdeckungsversicherungen hätten sich gleichwertig gegenübergestanden, sodass eine verdeckte Einlage ausscheide. Außerdem führe die Übertragung der Ansprüche aus den Rückdeckungsversicherungen zu einer vGA. Dagegen klagte die X-GmbH.

Das Urteil:

Das FG Münster gab der X-GmbH Recht. Insbesondere habe die X-GmbH durch die Zahlung des Betrags von rd. 1 Mio. DM an A und B deshalb keine vGA geleistet, da diese Vermögensminderung **nicht durch das Gesellschaftsverhältnis veranlasst** sei. Denn es habe eine im Voraus abgeschlossene, klare und zivilrechtlich wirksame Vereinbarung vorgelegen.

Des Weiteren habe kein Abfindungsverbot bestanden und die abgefundenen Pensionsansprüche seien bei Abschluss der Abfindungsvereinbarungen am 17.11.1997 **auch bereits unverfallbar** gewesen.

Außerdem seien die Abfindungen **nicht überhöht** gewesen. Denn den an A und B ausgekehrten Ansprüchen aus den Rückdeckungsversicherungen von 1 Mio. DM hätten unverfallbare Ansprüche von A und B mit einem Teilwert von 2,1 Mio. DM gegenübergestanden.

Letztlich könne eine Veranlassung der Vereinbarung vom 17.11.1997 durch das Gesellschaftsverhältnis auch nicht daraus hergeleitet werden, dass sie im Zusammenhang mit dem Anteilsverkauf abgeschlossen worden sei. Denn der Anteilserwerber sei nicht gewillt gewesen, die Anteile ohne Befreiung von Pensionslasten zu übernehmen. In einem derartigen Fall sei der **Abschluss der Abfindungsvereinbarung betrieblich und nicht gesellschaftlich veranlasst.**

Konsequenzen:

Bislang ist nicht in allen Details eindeutig höchstrichterlich geklärt, ob und wann bei der Abfindung von Pensionszusagen vGA vorliegen. Höchstrichterlich geklärt ist aber, dass die Abfindung einer Pensionszusage dann zur vGA führt, wenn der **Versorgungsanspruch noch nicht unverfallbar** ist (BFH, Beschluss vom 9.2.2006, Az. X B 147/04, BFH/NV 2005, S. 1052, vgl. auch Beitrag Nr. 68).

Weiterhin hat der BFH dann eine vGA angenommen, wenn eine Abfindung **entweder einzelvertraglich** oder durch Bezugnahme auf § 3 Abs. 1 Betr. AVG **ausdrücklich ausgeschlossen** ist (BFH, Urteil vom 14.3.2006, Az. I R 38/05, BFH/NV 2006, S. 1515).

Ungeklärt waren bislang Gestaltungen, in denen ein Abfindungsverbot nicht existierte. Hier hat nunmehr das Besprechungsurteil Abhilfe geschaffen. Danach liegt dann keine vGA vor, wenn

– die Abfindung auf Veranlassung des Erwerbers vereinbart wurde, und

– der Abfindungsbetrag den Teilwert der erdienten unverfallbaren Ansprüche nicht übersteigt.

✋ Die Vereinbarung von Abfindungsklauseln in Pensionszusagen ist problematisch. Denn diese müssen zur Vermeidung eines schädlichen Widerrufvorbehalts im Sinne von § 6a Abs. 1 Nr. 2 EStG die **Abfindung zum Anwartschaftsbarwert** vorsehen (BFH-Urteil vom 10.11.1998, Az. I R 499/97, BStBl II 2005, S. 261) und eine Abfindung zu einem solchen Wert führt bei vorzeitigem Ausscheiden eines Gesellschafter-Geschäftsführers wegen Abgeltung noch nicht erdienter Ansprüche zu **einer vGA**.

FG Münster, rechtskräftiges Urteil vom 23.3.2009, Az. 9 K 319/02, K,G,F

68   Pensionsanspruch – Verzicht (1)

Abfindung einer noch verfallbaren Zusage als vGA

Der Fall:

Dem A war als Gesellschafter-Geschäftsführer der B-GmbH 1992 eine Pensionszusage erteilt worden. Im Juni 2002 schied A sowohl als Geschäftsführer als auch als Gesellschafter bei der GmbH aus, ohne schon zu diesem Zeitpunkt das 65. Lebensjahr vollendet zu haben. Es wurde vereinbart, dass seine (noch verfallbaren) Pensionsansprüche durch eine Abtretung der Rückdeckungsversicherung abgefunden werden sollten. A führte den Rückdeckungsversicherungsvertrag in der Folgezeit als Selbstzahler fort. Die Differenz zwischen dem Wert der Rückdeckungsversicherung und der zum 31.12.2001 passivierten Pensionsrückstellung in Höhe von 42.598 € (Pensionsrückstellung 53.911 € ./. Rückdeckungsversicherung 96.509 €) buchte die GmbH als Aufwand. Das Finanzamt sah hierin eine vGA.

Das Urteil:

Die Klage wurde als unbegründet zurückgewiesen. Die dem A gewährte Abfindung in Gestalt der Abtretung der Anwartschaft aus der Rückdeckungsversicherung führte in Höhe von 42.598 € zu einer vGA. Auf der Grundlage der BFH-Rechtsprechung stellt die Abfindung einer noch verfallbaren Anwartschaft auf eine Pensionszusage eine vGA dar, weil sich ein ordentlicher und gewissenhafter Geschäftsführer hierzu nicht bereit erklären würde (vgl. BFH Urteil vom 14.3.2006, Az. I R 38/05). Eine Vermögensminderung auf Seiten der GmbH sei eingetreten, da diese ihren Aktivposten bezüglich der Rückdeckungsversicherung gewinn mindernd auflösen musste. Diese Vermögensminderung wurde nur teilweise (in Höhe von 53.911 €) durch eine Gewinnerhöhung kompensiert.

Die Vermögensminderung sei auch **gesellschaftlich** veranlasst, weil ein ordentlicher und gewissenhafter Geschäftsleiter einen noch nicht unverfallbaren Pensionsanspruch eines Angestellten nicht durch die Abtretung von **höheren** Rückdeckungsversicherungsansprüchen abgefunden hätte.

Konsequenzen:

Die Abfindung einer **noch verfallbaren Pensions-Anwartschaft** ist generell gesellschaftlich veranlasst, also grundsätzlich **vGA**, so die eindeutige BFH-Rechtsprechung (vgl. Urteil vom 14.3.2006, Az. I R 38/05). Allerdings wird es auch vom BFH grundsätzlich nicht beanstandet, wenn die Parteien anstelle der Altersrente eine bei Eintritt des Versorgungsfalls fällige **einmalige Ka-**

pitalabfindung in Höhe des Barwerts der Rentenverpflichtung vereinbaren (vgl. Urteil vom 5.3.2008, Az. I R 12/07). Die **Unverfallbarkeit** dieser Pensionszusage ist bei einem beherrschenden Gesellschafter-Geschäftsführer jedoch ausdrücklich **in der Versorgungszusage** zu regeln (vgl. BFH-Urteil vom 30.1.2002, Az. I R 56/01).

Zwar haben einzelne Finanzgerichte die Auffassung vertreten, dass bei der Abfindung eines beherrschenden Gesellschafter-Geschäftsführers nicht bereits deshalb eine vGA anzunehmen ist, weil das Abfindungsversprechen nicht in der ursprünglichen Fassung der Pensionszusage enthalten ist. Eine abschließende Entscheidung des BFH hierzu steht jedoch noch aus. Zudem werden aus „Kreisen des BFH" ernsthafte Zweifel an dieser Auffassung geäußert (vgl. Gosch, BFH-PR 2006, 276).

✋ Der BFH will derzeit aber bei verfallbaren Pensionsansprüchen ohne vertragliche Abfindungsregelung ganz offenbar den **gesamten Wert der Rückdeckungsversicherung** zugrunde legen (vgl. Urteil vom 14.3.2006, Az. I R 38/05). Für den Abgefundenen besteht daher das **Risiko**, dass er lohnsteuerpflichtige Einkünfte in Höhe des Teilwerts des Pensionsanspruchs **(verdeckte Einlage)** erzielt und **zusätzlich** die **Abfindung als vGA versteuern** muss. Die vGA unterliegt dann entweder der Abgeltungsteuer oder dem Teileinkünfteverfahren. Dass in Höhe des als fiktiven Arbeitslohn versteuerten Teilwerts der verdeckten Einlage nachträgliche Anschaffungskosten im Sinne des § 17 EStG entstehen, führt erst bei Anteilsveräußerung (oder Liquidation) zu einer steuerlichen Entlastung.

☞ Im vorliegenden Streitfall bleibt das FG zwar weniger hart und beurteilt nur den **Unterschiedsbetrag** als vGA. Darauf sollte man sich aber lieber nicht verlassen, sondern einen etwaigen Kapitalabfindungsanspruch beizeiten vertraglich regeln.

FG Berlin Brandenburg, Urteil vom 16.6.2009, Az. 6 K 9136/07

69 Pensionsanspruch – Verzicht (2)

Keine Steuerermäßigung bei Verzicht auf eine Pensionsanwartschaft ohne Zwangslage

Der Fall:

A bezog im Streitjahr ein Gehalt als Geschäftsführer der infolge Insolvenz nicht mehr bestehenden B-GmbH, an der er auch als Gesellschafter beteiligt war. Im

Zusammenhang mit der Beendigung seiner Geschäftsführertätigkeit bei der GmbH nahm er ein ihm von der GmbH erteiltes Angebot an, gegen Zahlung eines Ablösebetrags auf seine Pensionszusage zu verzichten, die ihm 14 Jahre zuvor von der B-GmbH erteilt worden war.

Er beantragte die **Steuerermäßigung nach § 34 Abs.** 1 EStG auf die Ablösesumme, weil er zu seiner Verzichtserklärung durch dringende Sanierungs- und Umstrukturierungsmaßnahmen der GmbH gezwungen gewesen sei. Die Gesellschaft habe damals einen Investor gesucht, letztlich aber nicht gefunden, was schließlich zwei Jahre später zur Insolvenz geführt habe. Die Abfindung sei in einer Zeit vereinbart worden, zu der die nicht rückversicherten Pensionsansprüche noch nicht gefährdet gewesen seien, aber wegen der Entwicklung der wirtschaftlichen Lage in den darauf folgenden Jahren gefährdet hätten sein können. Das Finanzamt versagte die Steuerermäßigung.

Das Urteil:

Die Klage wurde als unbegründet zurückgewiesen. Eine ermäßigte Besteuerung kommt nur für Entschädigungen im Sinne § 34 Abs. 2 Nr. 2 EStG in Betracht. Unter Entschädigungen in diesem Sinne sind unter anderem solche zu verstehen, die als **Ersatz für entgangene oder entgehende Einnahmen** gewährt werden. Der Ausfall der Einnahmen muss entweder von dritter Seite veranlasst worden sein oder, wenn der Steuerpflichtige bei dem zum Einnahmeausfall führenden Ereignis selbst mitgewirkt hat, **durch** rechtlichen, wirtschaftlichen oder tatsächlichen **Druck** herbeigeführt worden sein – es muss also eine so genannte **Zwangslage** bestanden haben.

In Anbetracht der wirtschaftlich angespannten Lage der GmbH und der dann später tatsächlich eingetreten Insolvenz stellt sich die Abfindungsvereinbarung zwischen der GmbH und dem A als **keinesfalls aufgezwungene Entschädigung** dar, sondern eher als aus der Sicht des Klägers **kaufmännisch geschickte Entscheidung.** Dies wird vor allem dadurch deutlich, dass die Pensionszusage nicht durch eine Rückdeckung abgesichert war, sondern dem damals bestehenden wirtschaftlichen Risiko der Zahlungsunfähigkeit der GmbH voll ausgeliefert gewesen ist. Die Gesamtumstände der Abfindungsvereinbarung sprechen eher dafür, dass A durch die rechtzeitige freiwillige Vereinbarung dem Insolvenzrisiko (seiner Ansprüche) erfolgreich entrinnen wollte. Mithin handelte es sich nicht um eine Entschädigung für entgangene oder entgehende Einnahmen, weil der Kläger seinerzeit bei realistischer Einschätzung davon ausgehen musste, dass er die Einnahmen aus seiner Pension möglicherweise gar nicht mehr erhalten würde. Diese Sachlage erfüllte nicht den Tatbestand des § 24 Nr. 1a EStG.

Konsequenzen:

Grundsätzlich ist die Steuerbegünstigung nach § 34 Abs. 1 EStG (so genannte Fünftel-Regelung) auch für eine Abfindung von Pensionsansprüchen möglich.

In seiner neueren Rechtsprechung (vgl. Beiträge Nr. 65 ff.) hat der BFH das Vorliegen einer **Zwangslage** bei Abfindungen an Gesellschafter-Geschäftsführer in Zusammenhang mit dem Verkauf der Anteile bzw. der Liquidation der GmbH **regelmäßig** bejaht.

Im hier vorliegenden Streitfall wurde der Gesellschafter-Geschäftsführer allerdings ganz offensichtlich nicht aus seinen Pensionsansprüchen hinausgedrängt, sondern er konnte diese noch zu seinen Gunsten vorab realisieren, obwohl der **Verlust des Anspruchs** aufgrund der **fehlenden Besicherung** eigentlich **unmittelbar bevorgestanden** hat. Dass in einem so gelagerten Fall die erforderliche Zwangslage nicht gegeben ist, erscheint sachgerecht.

FG München, Urteil vom 21.8.2008, Az. 15 K 2291/05

70   Pensionszusage – Allgemeines

Zur steuerlichen Anerkennung unverfallbarer Zusagen und zur Frage der Länge des Erdienungszeitraums

Steuerliche Problematik

Pensionszusagen an Gesellschafter-Geschäftsführer werden nur bei Einhaltung besonderer Modalitäten steuerlich anerkannt. Zu Diskussionen in Betriebsprüfungen führen seit jeher vor allem folgende Fragen: Steht einer steuerlichen Anerkennung im Wege,

1. wenn dem Gesellschafter-Geschäftsführer die **sofortige Unverfallbarkeit** der Versorgungsansprüche zugesagt wird, oder muss eine bestimmte **Wartezeit** z.B. von 3 oder 5 Jahren eingehalten werden?

2. wenn dem Gesellschafter-Geschäftsführer die Pensionszusage **erst im fortgeschrittenen Alter** – z.B. nach dem 55. für das 65. Lebensjahr – erteilt wird, sodass dieser (wegen nicht eingehaltener 10-Jahresfrist) die Pensionsansprüche nicht mehr „richtig erdienen" kann bzw. die GmbH hier ein höheres Risiko als bei einem jüngeren Geschäftsführer eingeht?

Auf beide Fragen schien es aufgrund gefestigter Verwaltungspraxis und BFH-Rechtsprechung immer nur dieselben Antworten zu geben. Als **angemessene Wartezeit** galt laut BFH ein Zeitraum von ungefähr **5 Jahren** (vgl. GmbH-Stpr.

1999, S. 222), als **üblicher Erdienungszeitraum** – je nach Gesellschafterstatus – eine Zeitspanne von **3 bzw. 10 Jahren** (vgl. GmbH-Stpr. 1999, S. 222, 223).

☞ Doch hat der BFH in letzter Zeit seine Rechtsprechung zu den Anerkennungsvoraussetzungen von Pensionszusagen modifiziert. Selbst jahrelang als unverrückbar geltende Positionen – wie etwa den 10-jährigen Erdienungszeitraum (vgl. u.a. noch FG Brandenburg vom 30.8.2000, GmbH-Stpr. 2002, S. 251) – haben die obersten Finanzrichter mittlerweile aufgegeben (Entscheidungen vom 24.4.2002 und vom 22.1.2002).

Pensionszusage-Rechtsprechung zur Unverfallbarkeit und Erdienbarkeit

1. Unverfallbarkeitsfrist: a) Sagt eine GmbH ihrem Gesellschafter-Geschäftsführer eine Pensionsanwartschaft binnen kürzerer Zeit zu, als bei normalen Arbeitnehmern gesetzlich vorgesehen ist (gemeint ist das BetrAVG und die frühere 10-Jahresfrist), kann laut BFH vom 22.1.2002 eine steuerliche Anerkennung durchaus in Betracht kommen. Selbst eine sofort unverfallbare Zusage kann im Einzelfall anzuerkennen sein (BFH, Beschluss vom 22.1.2002, Az. I B 75/01, GmbH-Stpr. 2002, S. 389).

b) Schon die Vorinstanz – das FG Köln – hatte die sofort unverfallbare Pensionszusage wegen besonderen Versorgungsbedarfs des Gesellschafter-Geschäftsführers akzeptiert. Im Streitfall war für die steuerliche Anerkennung auch wichtig, dass es einen betrieblichen Anlass für diese Zusage gab und eine Risikoabsicherung für den Fall des vorzeitigen Ausscheidens erfolgt war (FG Köln, Urteil vom 17.5.2001, Az. 13 K 1792/00, EFG 2001, 1235, GmbH-Stpr. 2002, S. 29),

2. Erdienungsdauer: Das Einhalten der 10-Jahresfrist ist laut BFH-Entscheidung vom 24.4.2002 nicht mehr unabdingbare Voraussetzung für die steuerliche Anerkennung einer Pensionszusage an einen beherrschenden Gesellschafter-Geschäftsführer. Vielmehr ist diese Frist nur eine von mehreren Voraussetzungen, auf die es ankommen kann, aber nicht muss (Az. I R 43/01, DStR 2002, S. 1854; GmbH-Stpr. 2002, S. 419).

Kritische Anmerkungen zum BMF-Pensionszusage-Erlass

Für die wenig zufriedenstellende Stellungnahme des Bundesfinanzministeriums (Erlass vom 9.12.2002, Az. IV A2-S. 2742 - 68/02, DStR 2002, S. 2172) gibt es wohl gleich mehrere Gründe:

– **Eindeutige Finanzrechtsprechung:** Sowohl die Frage der Unverfallbarkeit als auch des Erdienungszeitraums dürften mittlerweile vom BFH eindeutig beantwortet worden sein (s. oben). Nur scheint dies das BMF (noch) nicht zur Kenntnis nehmen zu wollen. Stattdessen hält man lieber weiter an überkommenen Verwaltungs-Traditionen fest, so etwa bei den Erdienungsfristen an der Regelung im BMF-Erlass vom 7.3.1997. Danach soll z.b. bei beherrschenden Gesellschafter-Geschäftsführern grundsätzlich eine 10-jährige Erdienungsdauer erforderlich sein (GmbH-Stpr. 1997, S. 198, s. auch GmbH-Stpr. 1998, S. 223)

–   **Änderung des gesetzlichen Umfelds:** Außerdem hat sich – wie das BMF selbst einräumt – das Gesetz zur betrieblichen Altersversorgung (BetrAVG), auf die sich u.a. die althergebrachte „Fristenregelung" zur Pensionszusage stützt (vgl. zur 10-Jahresfrist: GmbH-Stpr. 1999, S. 223), zwischenzeitlich maßgeblich geändert. So gibt es u.a. eine neue Unverfallbarkeitsfrist und Sonderregelungen für Entgeltumwandlungen in Pensionsanwartschaften.

✋ Durch das Altersvermögensgesetz ist beispielsweise die **frühere Unverfallbarkeitsfrist von 10 Jahren auf 5 Jahre verkürzt** worden (§ 1 b Abs. 1 BetrAVG). Zudem ist bei Arbeitnehmern im Fall der **Umwandlung** von Gehaltsbestandteilen in Rente die **sofortige Unverfallbarkeit** nun gesetzlich vorgeschrieben (§ 1b Abs. 5 BetrAVG).

–   **Übertragung des gesetzlichen Leitbildes auf Gesellschafter-Geschäftsführer:** Letztendlich fragt es sich generell, ob Leitbilder eines eher typischen Arbeitnehmergesetzes wie des BetrAVG überhaupt unverändert auf Gesellschafter-Geschäftsführer angewendet werden können.

✋ Schließlich ist der **Versorgungs- und Absicherungsbedarf** von Gesellschafter-Geschäftsführern **ein ganz anderer** als der eines „normalen Arbeitnehmers". Hier soll nur daran erinnert werden, dass z.B. beherrschende Gesellschafter-Geschäftsführer **nicht als Arbeitnehmer** ihres eigenen Betriebs, sondern als Unternehmer eingestuft werden. Weil ihnen aber die Arbeitnehmereigenschaft (§ 17 Abs. 1 BetrAVG) fehlt, genießen sie keinen Schutz für den Fall der Insolvenz (vgl. dazu: Ahrend/Förster/Rühmann, Kommentar zum BetrAVG, § 17 Rz. 3, § 7 Rz. 18).

☞ In dieselbe Richtung, dass nämlich Gesellschafter-Geschäftsführer und ihr Versorgungsbedarf nicht mit dem normaler Arbeitnehmer vergleichbar sind, geht übrigens auch das FG Köln mit Urteil vom 17.5.2001 (Az. 13 K 1792/00, GmbH-Stpr. 2002, S. 29). Dort wurde eine sofort unverfallbare Zusage an einen Gesellschafter-Geschäftsführer anerkannt, der damit **erstmals eine gesicherte Anwartschaft** auf Altersversorgung erhielt. Außerdem war es für die GmbH betriebswichtig, so ihren erprobten Geschäftsführer auf Dauer zu binden. Sein vorzeitiges Ausscheiden war durch eine Pensionskürzungsklausel sanktioniert.

Der wesentliche Inhalt des BMF-Pensionszusage-Erlasses

1. Verwaltungsgrundsätze zur Unverfallbarkeit: Die Vereinbarung einer sofort unverfallbaren Pensionszusage soll „grundsätzlich für sich genommen nur dann nicht als durch das Gesellschaftsverhältnis veranlasst" anzusehen sein, wenn „es sich um eine **sofortige ratierliche** Unverfallbarkeit handelt".

Bei einem Anspruch auf betriebliche Altersversorgung **durch Entgeltumwandlung** sollen die Finanzbehörden laut BMF nicht beanstanden, wenn sich die Unverfallbarkeit nach § 2 Abs. 5a BetrAVG richtet, also eine unverfallbare **Anwartschaft auf Leistungen aus den bis dahin umgewandelten Entgeltbestandteilen** eingeräumt wird.

🤚 Für den Fall der Beanstandung der Pensionszusage „als durch das Gesellschaftsverhältnis veranlasst" liegt nach Ansicht des BMF bei einem **vorzeitigen Ausscheiden des Pensionsberechtigten** aus dem Beschäftigungsverhältnis auf der Ebene der GmbH eine **verdeckte Gewinnausschüttung** (vGA) vor, und zwar insoweit, als die ausgewiesene Pensionsrückstellung (§ 6a EStG) den Betrag übersteigt, der sich bei einer sofortigen ratierlichen Unverfallbarkeit ergeben würde.

Bei Zusagen an **beherrschende** Gesellschafter-Geschäftsführer soll zur Ermittlung des Betrags, der sich bei einer sofortigen ratierlichen Unverfallbarkeit ergeben würde, nicht der Beginn der Betriebszugehörigkeit, sondern der **Zeitpunkt der Zusage** maßgebend sein.

2. Verwaltungsgrundsätze zum Erdienungszeitraum: Das BMF weist hier darauf hin, dass

– nach den einschlägigen BMF-Schreiben (vom 1.8.1996, BStBl I 1996, S. 1138; vom 7.3.1997, BStBl I 1997, S. 637) die Zeiträume, in denen sich der Gesellschafter-Geschäftsführer seine Ansprüche aus einer betrieblichen Altersversorgungszusage erdienen muss, sich an die Unverfallbarkeitsfristen des seinerzeit geltenden BetrAVG anlehnen, und

– diese Fristen durch das Altersvermögensgesetz vom 26.6.2001 verkürzt worden sind.

Trotzdem seien die laut den o.g. BMF-Schreiben gültigen Fristen **weiterhin maßgeblich** für die Erdienungsdauer. Ein Unterschreiten dieser Fristen (vgl. GmbH-Stpr. 1998, S. 222, 223) sei als „Indiz" dafür zu sehen, dass die Zusage **ihre Ursache im Gesellschaftsverhältnis** hat.

🤚 Mit anderen Worten: Das BMF will der GmbH bzw. ihrem Gesellschafter-Geschäftsführer bei Abweichung von diesen „Altfristen" die **Beweislast dafür auferlegen**, dass **keine vGA** vorliegen. Hier macht es sich nach unserer

Meinung die Finanzverwaltung zu einfach, wenn man die neuere BFH-Rechtsprechung zu den Erdienungszeiten (vom 24.4.2002, s.o.) und zur Beweislastverteilung bei vGA (Beschluss vom 4.4.2002, GmbH-Stpr. 1/2003, S. 19; vgl. auch Schwarz, GmbH-Stpr. 2003, S. 9) berücksichtigt.

Fazit und Praxishinweise:

Wenn der Betriebsprüfer Pensionszusagen wegen angeblich fehlender Finanzierbarkeit oder wegen nicht eingehaltener Fristen beanstandet, sollte man sich davon auf keinen Fall beeindrucken lassen.

–   Hier sollten Sie hart bleiben und auf einer Einzelfall-Prüfung und Beurteilung nach neuester Finanzrechtsprechung bestehen, wobei das **Finanzamt grundsätzlich die Beweislast** für eine vGA trifft.

–   Vor allem bei Unterschreitung von „Altfristen" wie etwa der 10-Jahresfrist sollte man keine Beweislastumkehr zum Vorteil des Finanzamts akzeptieren. Dazu dürfte es hier z.b. genügen, den Steuerprüfer auf den Leitsatz des BFH-Beschlusses vom 22.1.2002 zum Erdienungszeitraum (s. Übersicht) aufmerksam zu machen.

Dieser Leitsatz ist eindeutig und zeigt klar, dass es dem BFH nicht um eine Entscheidung in einem besonderen Einzelfall, sondern um ein Grundsatzurteil ging. Er lautet nämlich:

„Verspricht eine GmbH ihrem 56jährigen beherrschenden Gesellschafter-Geschäftsführer eine Pension für die Zeit nach Vollendung des 65. Lebensjahres, so führt dies nicht notwendig zur Annahme einer verdeckten Gewinnausschüttung. Dies gilt insbesondere dann, wenn die Zusage **auch deshalb erteilt** wird, weil der Geschäftsführer **nicht anderweitig eine angemessene Altersversorgung aufbauen konnte**".

Im Übrigen verweist der BFH in den Gründen auf ein früheres Urteil, in dem er bereits ein Abweichen von „normalen" Erdienungszeiten für möglich gehalten hat (BStBl II 1995, S. 419, 422).

Eine ausführliche Bestandsaufnahme der Rechtsprechung zur steuerlichen Anerkennung von Pensionszusagen an Gesellschafter-Geschäftsführer findet sich in GmbH-Stpr. 2012, S. 37ff.

BMF-Schreiben vom 9.12.2002, Az. IV A 2 – S 2742 – 68/02

BFH-Beschluss vom 22.1.2002, Az. I B 75/01

71 Pensionszusage – Bewertung

Höhere Mindest-Pensionsaltersgrenzen haben niedrigere Zuführungen zu den Pensionsrückstellungen zur Folge

Frage: Ist es richtig, dass sich die Konditionen zur Bildung von Pensionszusagen für beherrschende Gesellschafter-Geschäftsführer verschlechtert haben?

Antwort: Richtig ist, dass sich die steuerlichen Bewertungsvorgaben durch die Einkommensteuer-Änderungsrichtlinien (R 6a Abs. 8 EStÄR 2008) geändert haben. Während bisher ein Mindest-Pensionsalter von 65 Jahren zugrunde gelegt wurde, sehen die neuen Richtlinien eine **Staffelung des Pensionsalters** nach den Geburtsjahrgängen vor:

- Jahrgang bis 1952 / Pensionsalter 65 Jahre

- Jahrgang 1953 bis 1961 / Pensionsalter 66 Jahre

- Jahrgang ab 1962 / Pensionsalter 67 Jahre

In Fällen von schwerbehinderten Geschäftsführern gelten niedrigere Grenzen.

Durch die höheren Mindest-Pensionsaltersgrenzen werden die Zuführungen zu Pensionsrückstellungen künftig niedriger ausfallen. Je nach Einzelfall kann es sogar zu einer einmaligen Teilauflösung von Pensionsrückstellungen kommen.

✋ Die Konsequenz ist, dass die **Wertansätze** in der Steuerbilanz von denen der Handelsbilanz noch **stärker als bisher abweichen**. Da eine Übergangsfrist nicht vorgesehen ist, können bereits bei versicherungsmathematischen Gutachten zu den Stichtagen Ende 2008, die nach den Bewertungsvorgaben der EStR 2005 erstellt wurden, Änderungen notwendig werden.

Betroffen sind sowohl **bestehende** als auch **neue Versorgungszusagen** an beherrschende GmbH-Gesellschafter-Geschäftsführer, die **1953 oder später geboren** sind. Die Erhöhung des Pensions-Mindestalters führt dazu, dass der Finanzierungsaufwand aus der Pensionszusage auf einen bis zu zwei Jahre längeren Zeitraum zu verteilen ist, sodass die steuerlichen **Wertansätze geringer** ausfallen. Eine Erhöhung des steuerlichen Gewinns kann die Folge sein.

72 Pensionszusage – Erdienbarkeit (1)

10-Jahreszeitraum für beherrschende Gesellschafter-Geschäftsführer kein starres Anerkennungskriterium

Die Gestaltungsspielräume von Gesellschafter-Geschäftsführern in puncto Altersversorgung hat der BFH in den letzten Jahren stark ausgeweitet. Grundlegend für diese Entwicklung ist die BFH-Entscheidung vom 24.4.2002, die als „Meilenstein" für die kritische Frage des Erdienungszeitraums gelten kann.

Der Fall und das Urteil:

Beherrschender Gesellschafter-Geschäftsführer einer GmbH in den neuen Bundesländern war G. Die Firma war im Januar 1991 gegründet worden, hatte aber schon Jahrzehnte vorher als Einzelunternehmen des G bestanden. Im November 1991 machte die GmbH dem im September 1935 geborenen Geschäftsführer G folgende Zusagen:

1. Eine mit 4% dynamisierte Altersrente nach Vollendung des 65. Lebensjahrs, deren Anspruch unverfallbar sein sollte, und zwar bei 10-jähriger Tätigkeit für die GmbH bzw. bei 3-jähriger Betriebszugehörigkeit nach Erteilung der Zusage und bei insgesamt 12-jähriger Tätigkeit für das Unternehmen.

2. Eine dienstzeitunabhängige Invalidenrente sowie zu Gunsten der Ehefrau eine Hinterbliebenenrente in Höhe von 60% der Altersrente.

Zugleich erhielt auch die Ehefrau des G eine Pensionszusage für eine monatliche Rente von 1.000 DM, die nach Vollendung des 60. Lebensjahrs ausgezahlt werden sollte. Andere Mitarbeiter der GmbH bekamen keine Versorgungszusage.

Der Invaliditätsfall trat bei G bereits fünf Jahre später ein. Die GmbH zahlte aber keine Versorgungsleistungen.

Das Finanzamt lehnte die Anerkennung der Pensionszusagen an den Geschäftsführer und seine Ehefrau ab und begründete dies folgendermaßen:

–   Bei G mache die verbleibende aktive Zeit nach der Pensionszusage weniger als die erforderlichen zehn Jahre aus, bei seiner Frau sogar noch weniger als fünf Jahre.

–   Im Zusagejahr habe die GmbH einen Verlust erwirtschaftet. Somit sei sie außer Stande gewesen, die nicht rückgedeckten Versorgungsrisiken – vor allem bei Invalidität – abzudecken.

Vor dem Finanzgericht bekam die GmbH Recht. Der BFH hielt die vom Finanzamt vorgebrachten Gründe ebenfalls nicht für überzeugend.

An der Erdienbarkeit einer Pensionszusage könne es bei einem beherrschenden Gesellschafter-Geschäftsführer zwar dann fehlen, wenn der Zeitraum zwischen Zusage und Eintritt in den Ruhestand weniger als zehn Jahre beträgt. Und diese Frist sei im Streitfall nicht eingehalten gewesen (acht Jahre und zehn Monate). Doch sei die **10-Jahresfrist keineswegs eine starre Regelung.** Vielmehr könne der maßgebliche Erdienungszeitraum im Einzelfall auch niedriger liegen. Hinzu kommt, dass die 10-Jahresfrist aus dem BetrAVG nur „entlehnt" ist und ihr von daher bei nicht „normalen" Arbeitnehmern wie Gesellschafter-Geschäftsführern **keine absolute Bindungswirkung** zukommen kann.

Der BFH verweist in diesem Zusammenhang auf seine frühere Rechtsprechung. Dort hatte er bereits erkennen lassen, dass die 10-Jahresfrist kein Dogma sei und im Einzelfall unterschritten werden könne (BFH vom 4.5.1998, GmbH-Stpr, 1999, S. 57; BFH vom 30.1.2002, Az. I R 56/01, DStRE 2002, S. 895).

Ob der Gesellschafter-Geschäftsführer die Pensionszusage dann doch anerkannt bekommt, hängt laut BFH noch von zwei Punkten ab: 1. Es muss **betriebliche Gründe für das Nichtzahlen** der Invaliditätsrente geben oder etwa einen vereinbarten **Verzicht** auf diese Rente. Sonst würde alles auf eine **nicht ernsthafte Pensionszusage hindeuten.** 2. Auch wenn im Zeitpunkt der Pensionszusage (1991) sich die wenige Jahre später (1996) ausgebrochene Erkrankung bereits ankündigte, die dann zur Invalidität führte, hätte ein fremder Geschäftsleiter keine Pensionszusage mehr erteilt.

Konsequenzen:

In der Finanzverwaltung wurde das BFH-Urteil teilweise als **Sonderfall-Entscheidung** in Sachen „neue Bundesländer" abgetan. Doch sprechen der klare Leitsatz dieser Entscheidung (s. auch Kommentierung des BMF-Pensionszusage-Erlasses in der GmbH-Stpr. 2003, S. 56, 58) und die deutlichen Hinweise des I. Senats auf seine frühere, bereits positive Rechtsprechung dafür, dass **allgemein gültige Aussagen zur Erdienbarkeit** gemacht worden sind.

Hinzu kommt, dass der BFH in der Urteilsbegründung wortwörtlich formuliert: „... *die im Streitfall gegebene Situation derjenigen ähnelt, in der es um die Schließung einer Lücke in der Altersversorgung des Geschäftsführers geht; für einen solchen Fall hat der Senat schon in der Vergangenheit ein Abweichen von dem normalen Erdienungszeitraum für möglich erachtet (BFHE 176, 413; BStBl II 1995, S. 419, 421)."*

Bis heute scheint man in der Finanzverwaltung nicht bereit zu sein, auf die 10-Jahresfrist und andere aus dem BetrAVG entlehnten Pensionszusage-Fristen zu verzichten (BMF, GmbH-Stpr. 2003, S. 56, 58). Doch angesichts ganz eindeutiger BFH-Rechtsprechung sollte man sich dadurch nicht beirren lassen und stets auf einer Einzelfallprüfung jenseits starrer Fristen bestehen.

BFH, Urteil vom 24.4.2002, Az. I R 43/01

73 Pensionszusage – Erdienbarkeit (2)

„Regel"-Erdienungszeiträume bei Pensionszusage an nicht beherrschenden Gesellschafter-Geschäftsführer

Bei einem nicht beherrschenden Gesellschafter-Geschäftsführer ist die Regel-Altersgrenze von 60 Jahren bei Erteilung einer Pensionszusage ebenfalls zu beachten. Erst mit 60 erteilte Pensionszusagen stellen nach ständiger BFH-Rechtsprechung im Normalfall eine vGA dar, da „im Hinblick auf das mit dem Alter steigende Risiko einer kurzfristigen Inanspruchnahme der Pension die Erdienbarkeit zu verneinen ist" (u.a. BFH, Urteil vom 24.1.1996, Az. I R 41/95, GmbH-Stpr. 1998, S. 187 ff.).

Es sollte auch bei nicht beherrschenden Gesellschafter-Geschäftsführern regelmäßig der **zehnjährige Erdienungszeitraum** beachtet werden.

Bei der vorgenannten Personengruppe gilt jedoch das steuerliche Rückwirkungsverbot nicht. Aus diesem Grund akzeptiert der BFH in Anlehnung an den früheren § 1 Abs. 1 des Gesetzes zur Verbesserung der Betrieblichen Altersvorsorge (BetrAVG) die zur Unverfallbarkeit einer betrieblichen Altersvorsorge maßgeblichen Zeitvorstellungen.

☞ Danach wird eine **betriebliche Altersvorsorge unverfallbar**, wenn der Betreffende dem Betrieb zwölf Jahre angehörte und die **Pensionszusage für mindestens drei Jahre** bestand.

Bei einem nicht beherrschenden Gesellschafter-Geschäftsführer ist eine Pensionszusage auf das 65. Lebensjahr somit auch dann erdient bzw. erdienbar, wenn sie kurz vor Vollendung des 60. Lebensjahrs zugesagt wird, der Geschäftsführer mehr als zwölf Jahre im Betrieb tätig gewesen ist und zudem sichergestellt ist, dass ihm im Betrieb eine aktive Tätigkeit von mindestens drei Jahren verbleibt.

✋ In jedem Fall erforderlich: Die Erteilung der Pensionszusage bzw. der Änderung/Erhöhung vor dem 60. Lebensjahr des Gesellschafter-Geschäftsführers.

BFH vom 24.1.1996 , Az. I R 41/95

74   Pensionszusage – Finanzierbarkeit

Beurteilung der Finanzierbarkeit einer Pensionszusage gegenüber dem Gesellschafter-Geschäftsführer auch nach dem niedrigeren Teilwert möglich

Der Fall:

Die A-GmbH hatte im November 2001 durch Gesellschafterbeschluss ihrem alleinigen Gesellschafter-Geschäftsführer A eine Pensionszusage erteilt, die außer der Altersversorgung auch eine Hinterbliebenenversorgung für die Ehefrau und die Kinder umfasste. Für die Pensionszusage wurde eine Rückdeckungsversicherung in Form einer Risikoversicherung abgeschlossen.

Die GmbH bildete zum 31.12.2001 eine Pensionsrückstellung gemäß § 6a Abs. 3 Satz 2 Nr. 1 EStG, der ein versicherungsmathematisches Gutachten zugrunde lag. Das Finanzamt setzte die Körperschaft- und Gewerbesteuer unter dem Vorbehalt der Nachprüfung fest.

Nach einer Außenprüfung vertrat das Finanzamt dann aber die Ansicht, dass die Pensionszusage im Zeitpunkt ihrer Erteilung für die GmbH nicht finanzierbar gewesen sei. Maßgebend sei der Anwartschaftsbarwerts nach § 6a Abs. 3 Satz 2 Nr. 2 EStG. Berücksichtige man diesen Wert, ergebe sich im Streitjahr 2001 aufgrund der Pensionsverpflichtung bei der GmbH eine Überschuldung. Durch die Rückdeckungsversicherung sei die zugesagte Pension nur zu zwei Dritteln abgesichert. Damit sei die Pensionsrückstellung zu einem Drittel „durch das Gesellschaftsverhältnis veranlasst" und insoweit als verdeckte Gewinnausschüttung (vGA) einzustufen.

Die GmbH wehrte sich gegen die geänderten Steuerbescheide. Bei Ansatz des ihrer Ansicht nach **maßgebenden Teilwerts** im Sinne des § 6a Abs. 3 Nr. 1 EStG ergebe sich keine Überschuldung im insolvenzrechtlichen Sinne. Das Finanzamt habe zu Unrecht den **Anwartschaftsbarwert** zugrunde gelegt. Bei der hier vorliegenden positiven Fortführungsprognose seien die steuerlichen Teilwerte maßgebend.

🖐 Überschuldung im Sinne des § 19 InsO liegt vor, wenn das Vermögen des Schuldners die bestehenden Verbindlichkeiten nicht mehr deckt. Bei der Bewertung des Vermögens des Schuldners ist laut Gesetz jedoch die Fortführung des Unternehmens zugrunde zu legen, wenn die Fortführung nach den Umständen überwiegend wahrscheinlich ist.

Das Urteil:

Das Finanzgericht entschied, dass das Finanzamt zu Unrecht von einer vGA ausgegangen war.

Ob eine Pensionszusage finanzierbar und damit anzuerkennen ist, hänge grundsätzlich davon ab, ob der passivierte **Anwartschaftsbarwert** der Pensionsverpflichtung (vgl. § 6a Abs. 3 Satz 2 Nr. 2 EStG) im Zusagezeitpunkt zu der Überschuldung der GmbH im insolvenzrechtlichen Sinne führen würde. Dabei sei eine (teilkongruente) Rückdeckungsversicherung zu berücksichtigen.

Für die Beurteilung der Finanzierbarkeit kann nach Ansicht der Finanzrichter aber statt des Anwartschaftsbarwerts auch der **niedrigere Teilwert** gemäß § 6a Abs. 3 Satz 2 Nr. 1 EStG herangezogen werden, wenn die GmbH diesen Wert nachweist. Das FG verweist in diesem Zusammenhang auf die BFH-Entscheidung vom 4.9.2002 (Az. I R 7/01, BStBl II 2005, S. 662; GmbH-Stpr. 2003, S. 134), die auch die Finanzverwaltung akzeptiert hat (BMF-Schreiben vom 6.9.2005, Az. IV B 7 – S 2742 – 69/05, BStBl I 2005, S. 875). Daraus ergebe sich: **Nur** der vom Gesellschafter-Geschäftsführer **bereits erdiente Teil der Pensionszusage**, nicht aber der künftig zu erdienende Teil, sei maßgebend. Im Streitfall minderten sich dadurch die Unternehmens-Passiva. Statt einer Überschuldung kam am Ende ein positiver (Unternehmens-)Wert heraus.

Außerdem stellte das Finanzgericht klar: Wenn die Pensionszusage – wie im Streitfall – mehrere Komponenten, z.B. die Alters-, Invaliden- und Hinterbliebenenversorgung, umfasst, erfolgt für **jede der Komponenten eine gesonderte Finanzierbarkeits-Prüfung**.

Konsequenzen:

Eine vGA ist nach höchstrichterlicher Rechtsprechung insoweit anzunehmen, als die GmbH ihrem Gesellschafter-Geschäftsführer eine nicht finanzierbare Pensionszusage erteilt (u.a. BFH, Urteil vom 8.11.2000, Az. I R 70/99, GmbH-Stpr. 2001, S. 280). Dabei fällt aber eine (teilkongruente) Rückdeckungsversicherung positiv ins Gewicht. Mit der vorliegenden Entscheidung stellt das FG klar, dass es für die Frage der Finanzierbarkeit entscheidend auf die **insolvenzrechtliche (Nicht-)Überschuldung** ankommt und dass es **zwei Bewertungsalternativen** gibt, die in Betracht kommen (siehe dazu und zu den Praxisfolgen: GmbH-Stpr. 2003, S. 134).

FG Berlin-Brandenburg, rechtskräftiges Urteil vom 10.1.2010, Az. 6 K 11136/07

75 Pensionszusage, gehaltsgebunden

Zur Höhe der Rückstellung bei einem gehaltsgebundenen Vergütungsversprechen und einer vorübergehenden Vergütungsabsenkung

Der Fall:

Die A-GmbH wurde 1980 gegründet und betrieb bis zum Eintritt der Liquidation in 2009 ein Bauträgerunternehmen. Der Alleingesellschafter A erhielt 1986 eine Pensionszusage in Höhe von 2.600 DM. In der Versorgungsvereinbarung hieß es *„Der Altersrentenbetrag ändert sich während der Anwartschaftszeit im gleichen Verhältnis wie das laufende monatliche Festgehalt des Pensionsberechtigten."* Im Zeitpunkt des Vertragsabschlusses erhielt A ein Festgehalt in Höhe von 5.000 DM. Mitte 1989 wurde die Altersrente auf monatlich 4.000 DM erhöht unter Hinweis auf das erhöhte Festgehalt von 7.500 DM.

Aufgrund erheblicher Umsatzeinbußen zahlte die GmbH ab 1995 nurmehr ein Gehalt von 24.000 DM pro Jahr aus. Die Tätigkeit der GmbH bestand darin, Grundstücke anzukaufen, durch Fremdunternehmen zu bebauen und anschließend wieder zu verkaufen. Aufgrund der Marktgegebenheiten ruhte die Geschäftstätigkeit. Ab 1.1.1996 wurde dann lt. Gesellschafterbeschluss ein Gehaltsverzicht vereinbart „solange die Geschäftstätigkeit ruht". Die Gesellschafterversammlung beschloss aufgrund steigender Umsätze, ab Mai 1997 ein Monatsgehalt von 3.000 DM zu zahlen, ab 1.10.1999 sogar von 10.000 DM.

Die A-GmbH ging davon aus, dass die Pensionsansprüche des A von dem Gehaltsverzicht nicht berührt wurden. Der beauftragte Gutachter berechnete die Rückstellung in der irrigen Annahme, dass die Aktivbezüge 10.000 DM betrugen.

Das Finanzamt löste die zum 31.12.1996 gebildete Rückstellung vollständig auf, da A am Bilanzstichtag keinen Anspruch auf aktive Bezüge und dementsprechend auch keinen Anspruch auf eine Altersversorgung hatte. Die Rückstellungen für 1997 und 1998 wurden anteilig zum Festgehalt entsprechend gekürzt. Die Klage vor dem FG war erfolgreich.

Das Urteil:

Der BFH hob das Urteil des FG mit folgender Begründung wieder auf:

Die Rückstellung für A ist höchstens mit dem **Teilwert** anzusetzen (§ 6a Abs. 3 Satz 1 EStG 1990/97). **Spätere Veränderungen der Pensionsleistungen**, die hinsichtlich des Zeitpunkts oder ihres Umfangs ungewiss sind, sind erst zu berücksichtigen, wenn sie eingetreten sind.

Das **Schriftformerfordernis** (§ 6a Abs. 1 Nr. 3 EStG 1990/97) wurde nicht eingehalten, soweit die vom FG anerkannte Rücklagenhöhe auf einer Auslegung des schriftlichen Versorgungsversprechens bei (vorübergehender) Absenkung der laufenden Vergütung beruht.

Auf die Schriftform kann keineswegs verzichtet werden. Nach der Gesetzesbegründung sollte die Schriftform in erster Linie der Beweissicherung über den Umfang der Pensionszusage dienen. Dadurch soll vermieden werden, dass über den Inhalt der Pensionszusage (insbesondere über Zusagezeitpunkt, Leistungsvoraussetzungen, Art und Höhe der Leistungen, Widerrufsvorbehalte) Unklarheit oder ein späterer Streit entsteht (vgl. BFH, Urteil vom 22.10.2003, Az. I R 37/02, BStBl II 2004, S. 121).

Das FG ist von einer in seinem Kernbereich (Höhe der Versorgung) unklaren und daher auslegungsbedürftigen Vereinbarung ausgegangen.

Die Konsequenzen:

✋ Ergänzungen zu Pensionsvereinbarungen müssen **immer schriftlich** erfolgen. Eine Anpassungsklausel wie im Streitfall kann nicht so interpretiert werden, das sie nur auf eine „reguläre Gehaltsentwicklung mit einer auf unbestimmte Zeit gerichteten Anpassung der Bezüge" zu beziehen ist und die Versorgung bei einer Absenkung der Bezüge unverändert zu belassen ist.

✋ Vereinbarungen, Pensionsleistungen dem Festgehalt anzupassen, sind durchaus möglich. Um aber bei einer vorübergehenden Absenkung des Gehalts nicht die Altersversorgung zu verlieren, muss die Pensionszusage das Interesse des Gesellschafters an einer Mindestversorgung – unabhängig von der laufenden Vergütung – stärker gewichten. Die **Anpassungsklausel** sollte daher **ausdrücklich begrenzt** und eine Mindestversorgung vereinbart werden.

BFH, Urteil vom 12.10.2010, Az. I R 17/10 und Az. I R 18/10

76 Pensionszusage –
Management-Buy-Out

Beachtung einer Probezeit unverzichtbar

Der Fall:

Die B-GmbH (Klägerin) wurde mit Vertrag vom 28.5.1997 gegründet. Als Gesellschafter-Geschäftsführer waren A mit 75% und B mit 25% beteiligt. Beide hatten aufgrund ihrer früheren Tätigkeit für ein Konkurrenzunternehmen bereits jahrelange einschlägige Berufs- und Branchenerfahrung gesammelt. Die Klägerin erteilte mit Verträgen vom 26.6.1998 beiden Gesellschaftern eine Versorgungszusage in Form einer lebenslangen Altersrente (monatlich 8.100 DM nach vollendetem 65. Lebensjahr) bzw. eine Berufsunfähigkeitsrente (monatlich 8.000 DM), für die jeweils Rückdeckungsversicherungen abgeschlossen wurden. In den Streitjahren 1998 und 1999 wurden der Rückstellung für Pensionszusagen insgesamt rund 145.000 DM zugeführt.

Nach Auffassung des Finanzamts handelte es sich hierbei um vGA, weil die B-GmbH ca. ein Jahr nach ihrer Gründung und Einstellung der beiden Gesellschafter-Geschäftsführer weder ihre künftigen Ertragsaussichten noch die Leistungsfähigkeit der neuen Geschäftsführer sicher habe abschätzen können. Die Klage vor dem Finanzgericht blieb erfolglos.

Das Urteil:

Der BFH stellte zunächst nochmals klar, dass eine vGA grundsätzlich dann vorliegt, wenn die GmbH ihren Gesellschaftern Vermögensvorteile zuwendet, die sie bei Anwendung der Sorgfalt eines ordentlichen und gewissenhaften Geschäftsleiters einem Nichtgesellschafter verwehrt hätte (so genannter Fremdvergleich). Es müsse auch nach wie vor davon ausgegangen werden, dass eine GmbH ihrem Geschäftsführer eine Pension erst dann zusagen wird, wenn sie ihre **künftige wirtschaftliche Entwicklung**, sprich Leistungsfähigkeit, sicher abschätzen kann. Weiterhin ist davon auszugehen, dass vor Begründung entsprechender Verbindlichkeiten der Geschäftsführer seine Leistungsfähigkeit unter Beweis stellen muss. An der Rechtsprechung zur Probezeit ist daher grundsätzlich festzuhalten.

 Der Abschluss einer Rückdeckungsversicherung ist zwar ein Indiz für die Ernsthaftigkeit der Zusage, kann diese aber allein nicht rechtfertigen.

Dennoch betonte der BFH, dass er bereits mehrfach entschieden habe, dass auf eine **längere Probezeit** (5 Jahre) unter Umständen sogar verzichtet werden kann. Dies treffe insbesondere bei solchen Unternehmen zu, die aus eigener Erfahrung Kenntnisse über die Befähigung des Geschäftsleiters haben und die Ertragserwartung aufgrund ihrer bisherigen unternehmerischen Tätigkeit hinreichend deutlich abschätzen können.

☞ In Betracht kommen dabei insbesondere Unternehmen, die aus einer **Umwandlung** neu hervorgegangen sind. Gleiches müsse in Fällen des so genannten **Management-Buy-Out** gelten, wenn also bisherige leitende Angestellte eines Unternehmens dieses aufkaufen und entsprechend fortführen.

Unter Berücksichtigung dieser Grundsätze könne nicht ausgeschlossen werden, dass auch ein ordentlicher und gewissenhafter Geschäftsleiter bereits am 26.6.1998 einem gesellschaftsfremden Geschäftsführer eine entsprechende Versorgung zugesagt hätte. Schließlich sei im vorliegenden Fall zu beachten, dass die Klägerin bereits im ersten Geschäftsjahr nach „Abzug" der Pensionsrückstellung einen Gewinn von mehr als 200.000 DM erzielt hat.

Weiterhin habe sie vorgetragen, dass es den Gesellschafter-Geschäftsführern gelungen sei, nahezu die gesamten Aufträge der örtlichen Niederlassung ihres bisherigen Arbeitgebers sowie deren Kundenstamm und bestehende Rahmenvereinbarungen mit öffentlichen Auftraggebern zu übernehmen. Aus diesem Grunde konnte man im Zusagezeitpunkt die künftigen Ertragsaussichten hinreichend sicher abschätzen. Schließlich verwiesen die Richter auf die Tatsache, dass die beiden Gesellschafter-Geschäftsführer die B-GmbH nur gegründet haben, weil ein Management-Buy-Out mit ihrem früheren Arbeitgeber gescheitert war.

Konsequenzen:

☞ Der BFH hat ausdrücklich betont, dass bei Pensionszusagen die **Probezeit** nach wie vor zu beachten ist. Genauso unmissverständlich hat er (erfreulicherweise) klargestellt, dass das Kriterium „Probezeit" künftig **sehr stark von den Verhältnissen des Einzelfalls abhängig** ist. Dies kann dazu führen, dass eine Probezeit von einem Jahr (oder sogar weniger) durchaus genügt, um eine rein betriebliche Veranlassung von Pensionszusagen zu begründen.

✋ Gerade in Fällen des Management-Buy-Out dürfte die Probezeit zukünftig eine untergeordnete Rolle spielen bzw. vollends entfallen. Dies gilt selbst dann, wenn ein klassisches Management-Buy-Out scheitert, es dem „neu gegründeten Unternehmen" aber gelingt, von Anfang an entsprechende Aufträge und Kunden zu übernehmen. Sofern es in diesem Fall eine längerfristige Auslastung bzw. gute Auftragslage nachweisen kann, ist ebenfalls **keine längere Wartezeit** mehr von Nöten.

Die Probezeit wird daher nicht mehr länger als starre Größe zu verstehen sein, sondern ist immer im konkreten Einzelfall zu beurteilen.

✋ Sie dürfen jedoch keineswegs davon ausgehen, dass die Finanzverwaltung in vermeintlich klaren Fällen von sich aus auf die Probezeit verzichtet. Im Zweifel bleibt Ihnen nur der Rechtsweg.

BFH, Urteil vom 24.4.2002, Az. I R 18/01

77 Pensionszusage – nachträgliche Erhöhung

10-Jahres-Erdienungszeitraum gilt nicht nur bei Erstzusagen, sondern auch bei nachträglicher Erhöhung einer bereits erteilten Zusage

Der Fall:

Der am 13.10.1939 geborene H war alleiniger Geschäftsführer der HB-GmbH und seit 1987 zu 50% an ihr beteiligt. Als Testamentsvollstrecker seines verstorbenen Bruders B nahm H auch die Rechte von dessen Erben wahr, welche die andere Hälfte der Geschäftsanteile hielten. Zu den Gesellschaftsrechten gehörte auch das Stimmrecht. Nach dem Gesellschaftsvertrag stand H das Recht zur Geschäftsführung als Sonderrecht für die Dauer seiner Gesellschafterstellung zu. Die Höhe der Vergütung bestimmte die Gesellschafterversammlung.

Am 16.12.1980 hatte die GmbH dem seit 1966 als Geschäftsführer für sie tätigen H eine lebenslange Altersrente nach Vollendung des 65. Lebensjahrs in Höhe von 50% des letzten Bruttogehalts – ohne Gratifikationen, Provisionen und ähnliche Vergütungen – und eine Berufsunfähigkeitsrente sowie eine Hinterbliebenenversorgung zugesagt. Am 16.11.1990 wurde das Dienstverhältnis mit Wirkung zum 1.9.1990 neu geregelt. Danach hatte H einen Anspruch auf Ruhegehalt, wenn er aus den Diensten der GmbH wegen Vollendung des 65. Lebensjahrs oder wegen Berufsunfähigkeit ausschied – und zwar in Höhe von 50% des ruhegehaltsfähigen Einkommens. Zugesagt wurden außerdem ein Witwengeld in Höhe von 60% sowie ein Waisengeld in Höhe von 20% des Ruhegehalts. Am 17.11.1995 erhöhte die GmbH das monatliche Ruhegehalt im Versorgungsfall auf 66% des letzten Brutto-Monatsgehalts.

Schaubild:

Gesellschafter-Geschäftsführer	geboren am 13.10.1939
Geschäftsführer	ab 1966
„Erste" Pensionszusage	am 16.12.1980
Beteiligung in Höhe von 50% und Testamentsvollstrecker bezüglich der anderen 50%	ab 1987
Neu geregelte Pensionszusage (Erdienungszeitraum von mind. 10 Jahren gewahrt)	am 1.9.1990
Pensionszusage-Erhöhung (zu diesem Zeitpunkt Erdienungszeitraum nicht gewahrt, aktive Zeit bis Ruhestand nur noch 8 Jahre und 11 Monate)	am 17.11.1995

Das Finanzamt sah H wegen seiner eigenen und weiterer Stimmrechte als beherrschenden Gesellschafter an. Folglich sei bei der Pensionszusage-Erhöhung im November 1995 der Erdienungszeitraum von zehn Jahren einzuhalten gewesen. H habe zu diesem Zeitpunkt aber nur noch acht Jahre und elf Monate bis zum Pensionsalter von 65 Jahren ableisten müssen. Die Pensionszusage-Erhöhung sei damit eine verdeckte Gewinnausschüttung (vGA).

Gegen diese Einschätzung konnte sich die GmbH zunächst – vor dem Finanzgericht – mit Erfolg wehren. Das FG kam zu dem Ergebnis, dass der 10-Jahreszeitraum nicht uneingeschränkt gelte, wenn es sich nur um die Erhöhung einer bereits (rechtzeitig) erteilten Pensionszusage handelt. In solchen Fällen sei die Einhaltung des 10-jährigen Erdienungszeitraums nur ein Indiz, das zusammen mit anderen Indizien – so etwa mit der Relation zwischen der Pensionserhöhung und der Erstzusage sowie mit der Höhe der Aktivbezüge – zu würdigen sei. Dieser Argumentation ist der BFH aber nicht gefolgt.

Das Urteil:

Die obersten Finanzrichter stellten klar: **Erstzusagen** gegenüber Gesellschafter-Geschäftsführern auf eine Versorgungsanwartschaft **und nachträgliche** Zusagen (**Pensionszusage-Erhöhungen**) seien grundsätzlich auseinanderzuhalten und jeweils eigenständig auf ihre Erdienbarkeit hin zu prüfen.

Dabei seien **in beiden Fällen dieselben Maßstäbe** zugrunde zu legen. Bei einem aufgrund seiner Stimmrechte (ab 1987) beherrschenden Gesellschafter-Geschäftsführer müsse also

- im Zeitpunkt der (neuen) Pensionszusage (1990) der 10-Jahres-Erdienungs-zeitraum gewahrt sein, was im Streitfall der Fall war, und

- außerdem bei der späteren Pensionszusage-Erhöhung (1995), was im Streitfall nicht gegeben war.

Angesichts der erheblichen und weitreichenden finanziellen Folgen würde – so der BFH – ein ordentlicher und gewissenhafter Geschäftsleiter (die GmbH) die Frage der Erdienbarkeit der Pension auch bei einer späteren Pensionszusage-Erhöhung nicht anders, d.h. nicht weniger streng, beurteilen als bei der erstmaligen Erteilung der Versorgungszusage.

Daraus folgt: Ein solcher Geschäftsleiter würde gegenüber einem nicht beteiligten Geschäftsführer eine bereits zugesagte Versorgungsanwartschaft nur dann erhöhen, wenn dieser sich in der restlichen, aktiven Zeit die Pension noch erdienen kann.

✋ Bei einem **Geschäftsführer mit beherrschendem Gesellschafterstatus** – wie im Streitfall – verlangt die höchstrichterliche Rechtsprechung die Wahrung eines **„Regel-Erdienungszeitraums"** von zehn Jahren. Das heißt: Auch **bei einer Pensionszusage-Erhöhung** muss im Zeitpunkt der geänderten Zusage der Geschäftsführer **noch mindestens zehn Jahre für die GmbH tätig sein.** Ob er beherrschenden Status hat, richtet sich nach den Verhältnissen im Zeitpunkt der Pensionszusage-Erhöhung.

Danach ist laut BFH klar: Da H im Zeitpunkt der Pensionszusage-Erhöhung eindeutig beherrschender Gesellschafter-Geschäftsführer war, kam in seinem Fall der 10-jährige Regel-Erdienungszeitraum zum Zuge.

Konsequenzen:

Der BFH konnte im Streitfall nicht abschließend entscheiden. Er stellte für das Finanzgericht Münster, an das er die Sache zurückverwies, zunächst einmal klar, dass für spätere **Pensionszusage-Erhöhungen dieselben** (strengen) **Anerkennungsgrundsätze wie** bei **Erstzusagen** gelten, dass also „im Regelfall" auch bei Pensionszusage-Erhöhungen gegenüber beherrschenden Gesellschafter-Geschäftsführern die restliche, aktive Zeit mindestens zehn Jahre betragen muss.

✋ Die Einhaltung des **10-Jahreszeitraums** ist **kein Dogma,** wie sich aus der neueren Finanzrechtsprechung ergibt. So kann eine nur **geringfügige Unterschreitung tolerierbar sein,** oder es kann besondere, auch steuerlich anzuerkennende Gründe für eine kürzere restliche aktive Zeit geben.

Der BFH weist in seiner Entscheidung vorsorglich darauf hin, dass **Ausnahmefälle** für ein Abweichen vom 10-Jahres-Erdienungszeitraum stets einer **besonderen Begründung bedürfen** – unabhängig davon, ob es sich um die

Erstzusage an einen schon älteren Geschäftsführer oder um eine Pensionszusage-Erhöhung bei bereits fortgeschrittenem Geschäftsführer-Alter handelt. Als einen solchen Ausnahmefall bezeichnet der BFH, wenn dem Geschäftsführer ein Festbetrag als Pension zugesagt wurde, der sich aber infolge erheblicher Steigerung der Lebenshaltungskosten aktuell als unzureichend zur Alterssicherung erweist. Die obersten Finanzrichter verweisen in diesem Zusammenhang u.a. auf ihre großzügige Grundsatzentscheidung vom 24.4.2002 (Az. I R 43/01, BStBl II 2003, S. 416; GmbH-Stpr. 2003, S. 98), die von der Finanzverwaltung aber nur unter Vorbehalt akzeptiert wird.

☞ Eine Unterschreitung des 10-Jahreszeitraums dürfte sich unserer Auffassung nach auch damit rechtfertigen lassen, dass die GmbH auch bei einem (älteren) – z.B. besonders qualifizierten – Fremdgeschäftsführer nicht daran vorbeigekommen wäre, ihm in einem späteren Stadium eine bessere Pension zuzusagen.

BFH, Urteil vom 23.9.2008, Az. I R 62/07

78 Pensionszusage – vorzeitige Pension

Verdeckte Gewinnausschüttung bei vorzeitigen Pensionsleistungen an einen Gesellschafter-Geschäftsführer und bei nicht erdienbarer Erhöhung einer Pensionszusage

Der Fall:

Die JK-GmbH erteilte ihren zu jeweils 50% beteiligten Geschäftsführern J und K im August 1984 inhaltsgleiche Pensionszusagen. Danach war vorgesehen, dass eine einmalige Kapitalzahlung in Höhe von 750.000 DM zu leisten ist, wenn die Gesellschafter-Geschäftsführer nach vollendetem 60. Lebensjahr aus dem aktiven Dienst ausscheiden.

Mit Nachtrag vom 21.2.1996 wurde die Zusage auf 850.000 DM erhöht. Obwohl J auch weiterhin als Geschäftsführer tätig war, wurde ihm am 13.1.2006 die vereinbarte volle Pensionsleistung ausbezahlt.

Streitig ist die steuerliche Behandlung der vorzeitigen Pensionsleistung von 850.000 DM. Das Finanzamt erkannte die im Februar 2006 vereinbarte Erhöhung des Kapitalbetrags um 100.000 DM nicht an, weil J (Jahrgang 1945) diese nicht mehr habe „erdienen" können. J hatte im Zeitpunkt der Erhöhung das 50.

Lebensjahr bereits vollendet, und nach der Rechtsprechung gilt ein 10jähriger Erdienungszeitraum.

Im Übrigen verstößt die im Januar 2006 erfolgte Zahlung gegen den Wortlaut der Vereinbarung, nach der ein Pensionsanspruch grundsätzlich das Ausscheiden aus dem aktiven Dienst erfordert, was im Streitfall nicht geschehen ist. Die GmbH legte gegen die geänderten Steuerbescheide Einspruch ein.

Die Entscheidung:

Das Finanzgericht gab dem Antrag teilweise statt. Das Finanzgericht sah jedoch die vorzeitige Pensionsleistung nur insofern – wegen nicht gewahrter 10-Jahres-Frist – als vGA an, als es um die Erhöhung des Kapitalbetrags um 100.000 DM ging, da dieser Erhöhungsbetrag nicht mehr erdient werden konnte. Im Übrigen war nach Auffassung des FG – trotz fehlendem Ausscheiden des J aus dem aktiven Dienst – keine Einkommenserhöhung bei der GmbH gerechtfertigt.

J und sein Mitgesellschafter-Geschäftsführer verfolgten mit ihren Pensionsvereinbarungen gleichgerichtete Interessen. Daher ist J als **beherrschender** Gesellschafter-Geschäftsführer anzusehen. Damit sind an die steuerliche Anerkennung der Pensionszahlung und der Erhöhung im Jahr 2006 strengere Anforderungen zu stellen.

Die **vorzeitige Auszahlung des Pensionsbetrags** ist zwar gesellschaftlich veranlasst, weil diese Handhabung wohl nur durch die enge Verbundenheit des J mit der GmbH zu erklären sei. Doch führe der damit verbundene Verzicht auf die Pensionsansprüche nicht zu einer Einkommenserhöhung bei der GmbH. Der Gesellschafter-Geschäftsführer hätte durch sein Ausscheiden aus der GmbH jederzeit die Auszahlung des in der Pensionsvereinbarung zugesagten Betrags herbeiführen können. Da die Wiederbeschaffungskosten im Zeitpunkt mit annähernd 850.000 DM zu veranschlagen waren, gingen die Finanzrichter davon aus, dass der Verzicht auf die Pensionsansprüche keine Einkommenserhöhung bei der GmbH zur Folge hatte.

Die **vGA-Einstufung** des Finanzamts hinsichtlich des **Erhöhungsbetrags** (100.000 DM) wurde durch das Finanzgericht bestätigt. Zwischen der Erteilung einer Pensionszusage und dem vorgesehenen Eintritt in den Ruhestand müsse bei beherrschenden Gesellschafter-Geschäftsführern grundsätzlich eine aktive Zeit von mindestens 10 Jahren liegen (vgl. BFH, Urteil vom 30.1.2002, Az. I R 56/01, BFH/NV 2002, S. 1055). Dieser Erdienungszeitraum gilt nach höchstrichterlicher Rechtsprechung auch bei Pensionszusageerhöhungen (BFH, Urteil vom 23.9.2008, Az. I R 62/07, BFH/NV 2009, S. 297, vgl. auch Nr. 77).

Im Streitfall fehlt es schon laut vertraglicher Vereinbarung an einem mindestens 10jährigen Erdienungszeitraum. Für die Berechnung dieses Zeitraums ist auf den frühestmöglichen Pensionseintrittszeitpunkt abzustellen, hier also auf das vollendete 60. Lebensjahr. Auch eine nur geringe Unterschreitung des 10-Jahreszeitraums wie im Streitfall ist regelmäßig steuerlich schädlich. Deshalb habe das Finanzamt zu Recht den Erhöhungsbetrag als vGA beurteilt.

Konsequenzen:

Hat der begünstigte Gesellschafter beherrschenden Status, ist eine vGA auch dann anzunehmen, wenn die GmbH eine Leistung an ihn erbringt, für die es an einer klaren, im Voraus getroffenen, rechtlich und tatsächlich durchgeführten Vereinbarung fehlt (BFH, Urteil vom 14.3.2006, Az. I 38/05).

✋ Pensionszusagen oder deren Erhöhungen müssen aber insbesondere auch in Bezug auf die **Einhaltung der 10-Jahresfrist** eindeutig sein. Ist diese Frist – wie im Streitfall – nicht eingehalten und eine zu frühe Auszahlung vertraglich vorgesehen, hat das Finanzamt leichtes Spiel für eine spätere vGA-Beurteilung. Bevor der Vertrag also abgeschlossen wird und/oder die Pensionszusage erhöht wird, sollte genau gerechnet werden. Bereits eine Unterschreitung um wenige Monate ist steuerlich gefährlich.

FG Düsseldorf, Beschluss vom 3.8.2010, Az. 6 V 1868/10 A (K,G,AO)

79 Reisekosten – Auslagenersatz

Erstattung von Reisekosten des Gesellschafter-Geschäftsführers durch GmbH möglich

Zu den steuerlich abzugsfähigen Reisekosten zählen **Fahrtkosten, Verpflegungsmehraufwendungen, Übernachtungskosten und Nebenkosten.**

✋ In welcher Höhe die GmbH als Arbeitgeberin ihren Arbeitnehmern, also auch ihrem (Gesellschafter-)Geschäftsführer, Reisekosten **steuerfrei** erstatten darf, ist in § 3 Nr. 16 EStG geregelt. **Darüber hinausgehende Erstattungen** sind möglich, sollten aber schriftlich vereinbart sein, und führen insoweit zu steuerpflichtigem Arbeitslohn, bei fehlender vertraglicher Regelung sogar zu vGA.

Einem Gesellschafter-Geschäftsführer können die Reisekosten erstattet werden, die ein ordentlicher und gewissenhafter Geschäftsleiter jedem anderen Arbeitnehmer auch zahlen würde. Neben einem **Auslagenersatz in Höhe der steuerlichen Pauschbeträge** für Fahrtkosten, Verpflegung und Übernachtung kommt ggf. auch **eine Arbeitgebererstattung von Kosten aufgrund eines Einzelnachweises** in Betracht. Bei Bagatellaufwendungen (wie Telefon- oder Parkgebühren) reicht eine schriftliche Glaubhaftmachung der Aufwendungen aus.

✋ Entscheidend ist, dass Sie als Gesellschafter-Geschäftsführer die **betriebliche Veranlassung** der Reise und die jeweiligen Kosten nachweisen können. Ansonsten droht eine vGA. Als beherrschender Gesellschafter-Geschäftsführer sollten Sie die Erstattung von Reisekosten zur Abwendung einer vGA **im Voraus** in Ihren Anstellungsvertrag „dem Grunde nach" vereinbaren. Dies gilt sogar dann, wenn Ihr Erstattungsanspruch gesetzlich begründet ist.

Der BFH hat grundlegend bestätigt, dass **Reisekostenerstattungen** an den Gesellschafter-Geschäftsführer vom Grundsatz her bei der GmbH **als Betriebsausgabe abzugsfähig** sind. Insoweit dürfte es, soweit die betriebliche Veranlassung unstreitig ist und die formalen Notwendigkeiten beachtet wurden, keine Probleme mit der steuerlichen Anerkennung geben.

BFH, Urteil vom 19.2.1999, Az. I R 105 – 107/97

80   Sozialversicherungspflicht (1)

Zur Versicherungspflicht eines Fremdgeschäftsführers einer GmbH ohne Alleinvertretungsbefugnis

Der Fall und das Urteil:

Der Kläger war ursprünglich Gesellschafter und Geschäftsführer einer GmbH, deren Unternehmensgegenstand die Entwicklung, der Vertrieb und der Betrieb von Informations- und Telekommunikationslösungen ist. Im Dezember 2004 veräußerte er seine Beteiligung, blieb aber Geschäftsführer dieser Gesellschaft ohne Alleinvertretungsbefugnis.

Streitig ist, ob der Kläger ab 2005 als Fremdgeschäftsführer der Sozialversicherungspflicht unterliegt. Als alleiniger Softwareentwickler sei er das „Hirn" der Gesellschaft, und der Betrieb sei unverändert auf seine Person zugeschnitten. Von dritter Seite sei er in keiner relevanten Weise kontrollierbar und unterliege deshalb nicht der Sozialversicherungspflicht. Nach Auffassung der beklagten Deutschen Rentenversicherung Bund (DRV Bund) liegt keine Ausnahme von der vom Bundessozialgericht für Fremdgeschäftsführer ohne eigene Kapitalbeteiligung aufgestellten Regel vor. Das Landessozialgericht (LSG) hat die Klage abgewiesen und eine Sozialversicherungspflicht bejaht.

Konsequenzen:

Nach § 7a SGB IV in der ab 1.1.2006 geltenden Fassung kann bei der DRV Bund eine schriftliche Entscheidung – sog. **Status-Entscheidung** – beantragt werden, ob eine (sozialversicherungspflichtige) Beschäftigung vorliegt, es sei denn, die Einzugsstelle oder ein anderer Versicherungsträger hatte bereits im Zeitpunkt der Antragstellung ein Verfahren zur Feststellung einer Beschäftigung eingeleitet. Die Einzugsstelle hat einen solchen Antrag immer dann zu stellen, wenn sich aus der Meldung des Arbeitgebers ergibt, dass der Beschäftigte Angehöriger des Arbeitgebers oder geschäftsführender Gesellschafter einer GmbH ist.

Nach Auffassung des LSG hat die Deutsche Rentenversicherung Bund zu Recht festgestellt, dass der Kläger als Fremdgeschäftsführer einer GmbH eine in der gesetzlichen Rentenversicherung sowie eine nach dem Recht der Arbeitsförderung versicherungspflichtige (abhängige) Beschäftigung ausübt. Ein **nicht am Gesellschaftskapital beteiligter** Fremdgeschäftsführer einer GmbH, der nach dem Gesellschaftsvertrag und dem Geschäftsführerdienstvertrag **keine Alleinvertretungsbefugnis** hat, sondern nur eine Vertretungsbefugnis zusammen mit einem weiteren Geschäftsführer oder einem Prokuristen, übt eine sozialversicherungspflichtige Beschäftigung i.S.d. § 7a SGB IV aus. In einem solchen Fall nimmt der Fremdgeschäftsführer **nicht am Unternehmensrisiko** teil und es liegt auch **keine Dominanz** gegenüber den Gesellschaftern der GmbH vor.

LSG Rheinland-Pfalz, Urteil vom 31.3.2010, Az. LGR 3/09

81   Sozialversicherungspflicht (2)

Zur Sozialversicherungspflicht von Gesellschafter-Geschäftsführern

Bei Geschäftsführern mit Gesellschafterstatus ist in der Regel eine möglicherweise bestehende Sozialversicherungspflicht genauer zu prüfen. Eine abhängige Beschäftigung wird grundsätzlich nur anzunehmen sein, wenn der Gesellschafter-Geschäftsführer **funktionsgerecht dienend** am Arbeitsprozess der GmbH teilnimmt, für seine Beschäftigung ein **entsprechendes Arbeitsentgelt** erhält und **keinen maßgeblichen Einfluss** auf die Geschicke der Gesellschaft kraft seines Anteils am Stammkapital geltend machen kann (vgl. ausführlich Helms, KÖSDI 2010, S. 1706 ff).

 Sozialversicherungsrechtlich gilt ein Geschäftsführer **mit einer Beteiligung von mehr als 50%** als „Selbstständiger". Das Gleiche gilt bei **fak-**

tischer Beherrschung der GmbH. Dann muss der Geschäftsführer z.B. einer Familien-GmbH noch nicht einmal an der Gesellschaft beteiligt sein.

Im Rahmen eines besonderen Clearingverfahrens erfolgt im Allgemeinen eine sozialversicherungsrechtliche Status-Klärung.

- **Aufwendungen für Status-Feststellungen als Werbungskosten**

Nach aktueller BFH-Rechtsprechung (Urteil vom 6.5.2010, GmbH-Stpr. 2010, S. 273) kann der Geschäftsführer die Kosten für Beratungsleistungen zu der Frage, ob für seine Tätigkeit Sozialversicherungsbeiträge abgeführt werden müssen, als Werbungskosten geltend machen. Damit hat der BFH bestätigt, dass auch die mit der Beschäftigung einhergehenden öffentlich-rechtlichen Streitigkeiten den notwendigen Veranlassungszusammenhang mit den Einkünften aus nicht selbstständiger Arbeit aufweisen.

☞ Im Rahmen der verfahrensrechtlichen Möglichkeiten sollten entsprechende Anträge auf Berücksichtigung solcher Kosten für Alt-Jahre noch gestellt werden.

✋ Bezüglich der Fragen der **Mitgliedschaft im Pensionssicherungsverein aG** („Insolvenzschutz der Pensionszusage") gibt es grundsätzlich **keine Möglichkeit eines Status-Feststellungsverfahrens**. Das Risiko einer Fehleinschätzung bei Gesellschafter-Geschäftsführern kann aber auch hier durchaus hoch sein. Dem sollte im Zweifel zumindest mit einer formlosen Anfrage beim Pensionsversicherungsverein aG begegnet werden (vgl. ausführlich zur Problematik, KÖSDI 2010, S. 17013ff).

- **Vertretungsbefugnis für Steuerberater im sozialrechtlichen Status-Feststellungsverfahren?**

Steuerliche Berater müssen sich bewusst sein, dass momentan noch nicht abschließend geklärt ist, ob sie Mandanten **im Rahmen des Status-Feststellungsverfahren** nach § 7a SGB IV überhaupt **vertreten dürfen**. Während § 73 Abs. 2 Nr. 4 SGG eine Vertretungsbefugnis für Steuerberater in den Verfahren bei Arbeitgeberprüfungen nach § 28p SGB IV und der Einziehung des Gesamtsozialversicherungsbeitrags durch die Krankenkassen nach § 28h SGB IV ausdrücklich vorsieht, fehlt eine solche für das Status-Feststellungsverfahren gegenüber der Deutschen Rentenversicherung.

In einer Entscheidung vom 9.12.2009 (Az. S 12 Kr 27/09) hat das Sozialgericht Kassel die Vertretungsbefugnis für Steuerberater im Status-Feststellungsverfahren bejaht. Demgegenüber hatte beispielsweise das Sozialgericht Aachen vor einiger Zeit eine solche Vertretungsbefugnis ausdrücklich abgelehnt.

☞ Für Sie als Geschäftsführer heißt das: Lassen Sie im Zweifel Ihren steuerlichen Berater im Status-Feststellungsverfahren außen vor, bevor die Rechtslage nicht eindeutig geklärt ist. Etwas Anderes gilt, wenn Ihr Berater Anwalt oder auf das Sozialversicherungsrecht spezialisierter Berater ist.

- **Bindungswirkung der Bescheide der Sozialbehörden**

Nach Ansicht des BFH (Urteil vom 6.6.2002, GmbH-Stpr. 2003, S. 85) sind Entscheidungen des zuständigen Sozialversicherungsträgers über die Sozialversicherungspflicht von Beschäftigungsverhältnissen im Besteuerungsverfahren zu beachten. Dies gilt vor allem dann, wenn im amtlichen Clearingverfahren eine **sozialversicherungsrechtliche Bewertung** Ihrer Tätigkeit als abhängig beschäftigter Geschäftsführer stattgefunden hat. Solche Rechtsakte sind grundsätzlich immer dann zu respektieren, sofern sie nicht offensichtlich rechtswidrig sind. Die Finanzverwaltung hat diese Rechtsauffassung übernommen (vgl. u.a. OFD Hannover, Verfügung vom 14.2.2007, Az. S. 2333-93 – StO 211).

Mit Urteil vom 21.1.2010 (Az. VI R 52/08, GmbH-Stpr. 2010, S. 206) hat der BFH seine Rechtsauffassung im Urteil vom 6.6.2002 bestätigt.

82 Subunternehmertätigkeit – Gesellschafter-Geschäftsführer(1)

Zahlung einer marktüblichen Vergütung wegen Subunternehmertätigkeit für die GmbH

Der Fall und das Urteil:

Die P-GmbH entwickelte und vertrieb EDV-Systeme zur Datenerhebung sowie -verwaltung und war insoweit auch beratend tätig. Einziger Gesellschafter und Geschäftsführer war P. Dieser erbrachte für die GmbH Beratungs- und Entwicklungsleistungen, die er nach einer entsprechenden handschriftlichen Aktennotiz zu Tagessätzen zwischen 4.800 DM und 5.400 DM, bei langfristigen Tätigkeiten von 2.400 DM abrechnete; gegenüber fremden Auftraggebern konnte P Honorare von 5.200 DM erzielen. P bezog kein Gehalt von der GmbH.

Das Finanzamt erkannte die abgerechneten Honorare (1994: 224.000 DM; 1995: 455.000 DM; 1996: 348.000 DM) nicht als Betriebsausgaben an, sondern stufte sie mangels einer klaren, eindeutigen und im Voraus abgeschlossenen Vereinbarung als verdeckte Gewinnausschüttungen (vGA) ein. Es stützte sich dabei unter anderem darauf, dass die Rechnungen von P keine Angaben darüber enthielten, wie die Beträge zu Stande gekommen waren. Vor dem FG erzielte die GmbH insoweit einen Teilerfolg, als dieses die vGA reduzierte.

Der BFH verwies die Sache zur weiteren Sachaufklärung an das FG zurück. Das Urteil des BFH basiert auf der Geschäfts-Chancenlehre. Danach steht es einer GmbH grundsätzlich frei, eine Chance selbst wahrzunehmen oder mit der Durchführung eines Auftrags ihren Gesellschafter-Geschäftsführer als Subunternehmer zu beauftragen. Die Entscheidung hängt von den Kapazitäten der GmbH, dem mit dem Geschäft verbundenen Risiko und der Erwägung ab, ob es für sie günstiger ist, dem Gesellschafter-Geschäftsführer ein festes Gehalt oder ein leistungsabhängiges Honorar zu zahlen.

✋ Allerdings muss bei einem **alleinigen** Gesellschafter-Geschäftsführer im Voraus eine klare und eindeutige Vereinbarung über den Umfang und die Höhe des Entgelts getroffen werden.

Die Trennung zwischen dem Leistungsanteil der P-GmbH und des P an den Geschäften beanstandete der BFH ebenso wenig wie die Trennung zwischen unentgeltlicher Geschäftsführung und entgeltlicher Subunternehmertätigkeit. Den vom Finanzamt für den Nachweis der Tätigkeit geforderten Rahmenvertrag hielt der BFH für entbehrlich, wenn **anderweitig** deutlich werde, dass der Gesellschafter-Geschäftsführer auf schuldrechtlicher Basis für die GmbH tätig werde; dazu reichte hier die handschriftliche Aktennotiz.

Schließlich akzeptierte der BFH auch die Abrechnung des **Honorars nach Tagessätzen** sowie die Zahlungsweise durch die GmbH nach Eingang der entsprechenden Mittel der Auftraggeber, da dies im jeweiligen (wissenschaftlichen) Bereich üblich sei. Dabei kam dem Gesellschafter-Geschäftsführer zugute, dass sich die Gesamtrechnungsbeträge durch Rückrechnung der Projekttage aufschlüsseln ließen.

Der BFH hat in der Sache allerdings nicht selbst entschieden, sondern sie zur weiteren Sachverhaltsaufklärung an das FG zurückverwiesen. Diese soll sich insbesondere darauf beziehen, dass manche Projekte an P herangetragen, von ihm an die GmbH weitergegeben und schließlich durch P als Subunternehmer der GmbH realisiert wurden. Andere Projekte wurden dagegen wohl direkt an die GmbH herangetragen und dann von P als Subunternehmer umgesetzt. In beiden Fällen hat die GmbH laut BFH einen Anspruch auf ein – noch zu bezifferndes – Entgelt, das entweder in einem **Gewinnaufschlag** oder in einem **Abschlag** auf das Honorar des P bestehen könne. Dagegen lehnt der BFH eine pauschale Annahme, dass der GmbH ein Viertel des Gewinns verbleiben muss, ab. Vielmehr müsse sich das Honorar des Gesellschafter-Geschäftsführers am marktüblichen Preis orientieren.

Konsequenzen:

✋ Die Entscheidung könnte auf den ersten Blick den Eindruck erwecken, dass sich bei Subunternehmertätigkeiten des Gesellschafter-Geschäftsführers die Gefahr einer vGA relativ einfach ausräumen lässt. Dieser Eindruck täuscht. Hier bleibt für den Gesellschafter-Geschäftsführer ein erhebliches steuerliches Restrisiko.

Dieses besteht immer dann, wenn

– der GmbH **unmittelbar Projekte** angeboten werden; im Urteilsfall hätte die Realisierung der Projekte durch einen gegen Gehalt tätigen Gesellschafter-Geschäftsführer für die GmbH günstiger sein können als auf Honorarbasis;

– die GmbH Aufträge annimmt, die angesichts der Höhe der Tagessätze des Auftragnehmers nicht mit Gewinn ausgeführt werden können.

In beiden Fällen kann es zu einer vGA kommen.

BFH, Urteil vom 9.7.2003, Az. I R 100/02

83   Subunternehmertätigkeit – Gesellschafter-Geschäftsführer (2)

Wahrnehmung von Geschäfts-Chancen durch Gesellschafter-Geschäftsführer im Wettbewerb zur GmbH und steuerliche Subunternehmerfälle

Der Fall und das Urteil:

Geschäftsgegenstand der A-GmbH ist die strategische und konzeptionelle Umsetzung der Marketingziele von Industrieunternehmen. Die alleinige Gesellschafter-Geschäftsführerin A erhielt ein Festgehalt sowie eine Tantieme von 45% des Gewinns. Darüber hinaus bestand zwischen der A-GmbH sowie A ein Vertrag über eine Tätigkeit als freie Mitarbeiterin. Aufgrund dieses Vertrags ist A für ein Honorar von 500 DM pro Stunde als Texterin, Journalistin sowie Schriftstellerin tätig geworden. Weiter heißt es im Vertragstext: „Ihr Aufgabengebiet erhält sie von der Geschäftsführung."

Im Streitjahr belief sich das Geschäftsführergehalt auf 116.000 DM sowie das Honorar als freie Mitarbeiterin auf 275.250 DM. Unter Abzug auch dieser Betriebsausgaben ermittelte die A-GmbH für das Streitjahr einen relativ geringen Gewinn.

Das Finanzamt behandelte das Geschäftsführergehalt in Höhe von 20.000 DM sowie die einen Stundensatz von 350 DM übersteigenden Honorarbeträge in einer Gesamthöhe von 82.575 DM als vGA. Einspruch und Klage der A-GmbH waren erfolglos.

Die Revision hielt der BFH für begründet, da sich Finanzamt und FG nicht eingehend genug mit dem Fall auseinandergesetzt hätten. Das Verfahren wurde deshalb vom BFH an das Finanzgericht zur Klärung der Fragen, ob und in welchem Umfang eine vGA vorliegt, zurückverwiesen.

In den Entscheidungsgründen befasste sich der BFH zunächst mit dem Problemkreis der **Geschäfts-Chancenlehre**. Nach seiner Auffassung liegt eine vGA nicht allein schon deshalb vor, weil die von einem Gesellschafter für eigene Rechnung ausgeübte Tätigkeit unter den Unternehmensgegenstand der GmbH fällt.

Da A als Alleingesellschafterin – im Gegensatz zur mehrgliedrigen GmbH – keinem Wettbewerbsverbot unterlag, konnte bei der A-GmbH auch kein zivilrechtlicher Schadenersatzanspruch entstehen. Dennoch ist auch in diesen Fällen steuerlich zu prüfen, ob der Gesellschafter der GmbH eine konkrete Geschäfts-Chance entzogen und dadurch den Gewinn der GmbH gemindert hat.

Eine vGA kommt demzufolge – unabhängig vom Vorliegen eines Wettbewerbsverbots – immer nur dann in Betracht, wenn das Vermögen der GmbH im Einzelfall gemindert wurde und die entgangene Geschäfts-Chance dem Einzelunternehmen des Gesellschafters zugute kommt.

Konsequenzen:

Die in der Praxis am häufigsten anzutreffenden Problemfälle stellen die so genannten Subunternehmerfälle dar. Erhält der Gesellschafter den „Konkurrenzauftrag" von seiner GmbH – wird er also als Subunternehmer für die GmbH tätig –, so ist grundsätzlich zu unterstellen, dass er eine **Geschäfts-Chance der GmbH** wahrnimmt.

Eine gesellschaftsrechtlich veranlasste Vermögensminderung ist hierin aber nur dann zu sehen, wenn eine **klare** und **eindeutige Aufgabenabgrenzung** fehlt, der Konkurrenzauftrag dem Unternehmensgegenstand der GmbH zuzurechnen ist, die GmbH selbst fachlich, finanziell und organisatorisch in der Lage ist, den Auftrag auszuführen und die Beauftragung eines Subunternehmers für die GmbH **gewinnmäßig ungünstiger** war als die Selbstabwicklung des Geschäfts.

Für den Streitfall hieß das: Grundsätzlich war die A-GmbH berechtigt, ihre Geschäfts-Chancen auch dadurch wahrzunehmen, dass sie ihre Gesellschafter-Geschäftsführerin beauftragte. Es oblag der A-GmbH im Rahmen ihres unternehmerischen Ermessens, zu entscheiden, ob sie selbst die Geschäfts-Chance wahrnimmt oder einen Subunternehmer beauftragt.

Erforderlich war hierzu aber eine klare und eindeutige Vereinbarung. Dies galt insbesondere aufgrund der Vertragsformulierung, dass die Gesellschafter-Geschäftsführerin „ihr Aufgabengebiet von der Geschäftsführung erhält".

Im Gegensatz zur Auffassung der Vorinstanz war es hierzu nicht erforderlich, dass die A-GmbH die stundenweise Berechnung an ihre Kunden weitergab. Ausreichend ist es laut BFH, wenn eine pauschale Weiterberechnung unter Berücksichtigung eines angemessenen Gewinnaufschlags für die A-GmbH an deren Kunden erfolgt.

Damit erteilt der BFH überzogenen Anforderungen an die klare und eindeutige Aufgabenabgrenzung eine eindeutige Absage. Da aus dem vorinstanzlichen Urteil nicht zu entnehmen ist, ob die stundenweise zu berechnende Beratungsleistung der Fremdüblichkeit entspricht, hat er die Streitsache an das Finanzgericht zurückverwiesen.

☞ Für die Praxis ist eine **schriftliche Aufgabenabgrenzung** zwischen der Tätigkeit des Subunternehmers und des Geschäftsführers anzuraten.

Ein weiterer Problemkreis war im Streitfall die **Rentabilität** der A-GmbH. Ihr verblieb nach Abzug aller an die Geschäftsführerin gezahlten Vergütungen nur ein relativ geringer Gewinn, während ihre Gesellschafter-Geschäftsführerin eine Tätigkeits- und Beratungsvergütung von insgesamt 116.000 + 275.250 = 391.250 DM erhielt. Diese Gegenüberstellung offenbart schon ein Missverhältnis und rechtfertigt in aller Regel die Annahme einer **Gewinnabsaugung**.

Im Rahmen des anzustellenden **Fremdvergleichs** ist hierbei nicht ein dem Gesellschafter verbleibender bestimmter Anteil am Gewinn maßgebend; vielmehr ist die Rentabilität der Investition entscheidend. Maßstab hierfür ist die **Eigenkapitalrentabilität**. Ein Gesellschafter wird langfristig die Vergütung eines Geschäftsführers sowie das Honorar eines Subunternehmers nur akzeptieren, wenn für ihn eine angemessene Verzinsung seines eingesetzten Kapitals verbleibt.

✋ Die finanzgerichtliche Rechtsprechung fordert eine **Mindestverzinsung von 10%** des eingesetzten Kapitals. Bei einem Stammkapital von 50.000 DM der A-GmbH lag die Eigenkapitalrendite lediglich bei 3,4%. Zu beachten ist daher, dass die angemessene Eigenkapitalrendite, die langfristig zu erzielen ist, dokumentiert wird.

BFH, Urteil vom 17.12.2003, Az. I R 25/03

84 Tantieme – stärker gewinnorientiertes Gehalt

Anerkennung einer 25% der Gesamtausstattung übersteigenden Gewinntantieme

Der Fall und das Urteil:

Der alleinige Gesellschafter-Geschäftsführer einer im Einzelhandel mit mehreren Filialbetrieben tätigen GmbH hatte Anspruch auf eine wie folgt gestaffelte Gewinntantieme:

– 20% des Gewinns bis 100.000 DM,

– 30% des Gewinns zwischen 100.000 DM und 200.000 DM,

– 40% des 200.000 DM übersteigenden Gewinns.

Die Tantieme durfte insgesamt jedoch nicht höher sein als das Jahresfestgehalt.

Im Streitjahr sah das Finanzamt zwar die Gesamtvergütung von 480.000 DM (jeweils 240.000 DM für Festgehalt und Tantieme) als angemessen an, qualifizierte aber dennoch 160.000 DM der Tantieme als verdeckte Gewinnausschüttung (vGA). Die Erfolgsbeteiligung dürfe nur 80.000 DM betragen, weil nur dann die vom BFH vorgegebene Relation von 75% Festgehalt zu 25% variabler Vergütung eingehalten werde.

Während das FG der Klage der GmbH stattgab, hat der BFH die Entscheidung aufgehoben und die Sache an das FG zurückverwiesen.

Möglicher Maßstab für die Angemessenheitsprüfung sei zwar das Verhältnis der variablen zu den fixen Gehaltsbestandteilen. Ein Gesellschafter-Geschäftsführer werde **regelmäßig** nur maximal 25% der Gesamtausstattung als variabel akzeptieren. Das schließe aber nicht aus, dass eine Tantieme im Einzelfall aus **betrieblichen Gründen** höher ausfallen könne, z.B. **bei starken Ertragsschwankungen** der GmbH.

Da das FG dazu keine Überlegungen angestellt hatte, wurde dessen Urteil aufgehoben.

Konsequenzen:

Die Entscheidung zeigt, wie der Senat an seinem Grundsatzurteil vom 5.10.1994 (Az. I R 50/94, BStBl II 1995, S. 549) teilweise immer noch festhält. Trotz Angemessenheit der Gesamtbezüge sollte also im Normalfall die Tantieme sicherheitshalber nicht mehr als 25% der Jahresgesamtbezüge betragen, es sei denn, es liegt ein betrieblicher Grund für einen höheren Tantiemeanteil vor.

☝ Als solchen Grund nennt der BFH im Streitfall **Gewinnschwankungen, die allerdings prognostiziert werden müssen.** Nachträglich bessere Erkenntnisse helfen nicht!

Letztlich entscheidend für die Angemessenheit einer Gewinntantieme ist allerdings, dass: 1. das **Gesamtgehalt** inklusive Tantieme angemessen ist (BFH vom 27.2.2003, siehe Beiträge Nr. 46, 47) und 2. die **50%-Grenze** eingehalten wird (siehe Beiträge Nr. 51, 52).

BFH, Urteil vom 19.11.2003, Az. I R 42/03

85   Überstundenvergütungen (1)

BFH und Finanzgerichte behandeln Überstundenvergütungen an Gesellschafter-Geschäftsführer im Regelfall als vGA

Der Fall und die Entscheidung:

Die P-GmbH unterhielt einen Sicherheitsservice und musste für ihre Kunden 24 Stunden erreichbar sein. Sie zahlte ihrem alleinigen Gesellschafter und Geschäftsführer P Zuschläge für Sonntags-, Feiertags- und Nachtarbeit (§ 3b EStG). P hatte seine Arbeitszeiten an Werktagen zwischen 20 und 6 Uhr und an Sonn- und Feiertagen aufgezeichnet. Außer den Lohnzuschlägen erhielt P dafür keine gesonderte Vergütung, auch dann nicht, wenn dadurch die Wochenarbeitszeit von 40 Stunden überschritten war.

P bekam außerdem eine Gewinntantieme. Sein Jahres-Gesamtgehalt lag in den Streitjahren zwischen 270.000 DM und 400.000 DM. Der P-GmbH verblieb ein Jahresüberschuss zwischen 4.000 und 70.000 DM.

Auch in dieser Entscheidung blieb der BFH wie bereits zuvor bei seiner harten Linie und entschied auf vGA. Außerdem stellte er klar: Die Rechtsfrage, ob an Gesellschafter-Geschäftsführer gezahlte Überstundenvergütungen **aus Gründen der steuerlichen Gleichbehandlung** (Art. 3 Grundgesetz) **mit Fremdgeschäftsführern** Gewinn mindernde Betriebsausgaben sein müssen, bedarf seiner Ansicht nach **keiner Klärung** mehr. Mit diesem Argument habe sich der

BFH bereits früher eingehend auseinandergesetzt und es nicht für stichhaltig gehalten (vgl. Urteil vom 27.3.2001, Az. I R 40/00 unter Hinweis auf BFH, Az. I R 75/96 BStBl II 1997, S. 577, Az. I R 66/96, BFH/NV 1997, S. 804).

Konsequenzen:

👉 Damit ist die Frage der möglichen Anerkennung von Überstundenvergütungen **beim BFH** wohl in vielen Fällen im negativen Sinne abgehakt. Auch im Bereich der erstinstanzlichen Entscheidungen scheint sich dieser negative Trend zu verfestigen.

– So hat das FG Hamburg rechtskräftig entschieden: Die Tatsache, dass eine GmbH im **Ladenbau** tätig ist und ihr Geschäftsführer selbst **auch außerhalb üblicher Ladenöffnungszeiten** dort mitarbeitet, ist **kein besonderer betrieblicher Grund**, der die Zahlung einer Überstundenvergütung ausnahmsweise rechtfertigen könnte (Urteil vom 29.6.2001, Az. II 202/00, EFG 2001, S.1412).

– Das FG Köln hat ebenfalls rechtskräftig entschieden, dass die Zahlung von Überstundenvergütungen auch dann eine vGA ist, wenn eine GmbH **mehrere** (Gesellschafter-)Geschäftsführer hat. Dies gelte selbst dann, wenn die Anwesenheit der Geschäftsführer im Betrieb durch eine sog. Stempeluhr erfasst wird.

Eine ausführliche Darstellung der steuerfreien Zuschläge für Sonntags-, Feiertags- und Nachtarbeit gem. § 3b EStG findet sich in der GmbH-Stpr. 2012, S. 161 ff.

BFH, Beschluss vom 19.7.2001, Az. I B 14/00; BFH, Urteil vom 14.7.2004, Az. I R 111/03; BFH, Urteil vom 27.3.2012, Az. VIII R 27/09

86 Überstundenvergütungen (2)

Mehrarbeitszuschläge für Sonntags- und Feiertagsarbeit an Minderheits-Gesellschafter-Geschäftsführer als vGA

Der Fall:

Das Stammkapital der X-GmbH beträgt 51.000 €. A, B und C sind mit jeweils 17.000 € daran beteiligt und zugleich als Geschäftsführer der X-GmbH bestellt.

Neben einem Grundgehalt für eine Grundarbeitszeit von 160 Stunden monatlich erhalten die drei Gesellschafter-Geschäftsführer jeweils Überstundenvergütungen für die über die monatliche Sollarbeitszeit (160 Stunden) hinausgehende Arbeitszeit sowie Zuschläge für Sonn- und Feiertagsarbeit.

Im Zuge einer Betriebsprüfung wurden sowohl die Überstundenvergütungen als auch die Sonn- und Feiertagszuschläge (SFN-Zuschläge) als vGA qualifiziert.

Das Urteil:

Das FG Baden-Württemberg bestätigte die Auffassung des Finanzamts. Dabei griff es auf die Grundsätze der vGA bei einem beherrschenden Gesellschafter zurück. Zwar verfügten im Streitfall jeder der drei Gesellschafter nur über eine Minderheitsbeteiligung von 33% am Stammkapital der X-GmbH, sodass keiner der Gesellschafter allein einen beherrschenden Einfluss auf die X-GmbH ausüben konnte.

Aber die vGA-Grundsätze bei einem beherrschenden Gesellschafter gelten auch dann, wenn mehrere **Minderheits-Gesellschafter mit gleich gerichteten Interessen** zusammenwirken, um eine ihren Interessen entsprechende Willensbildung der Gesellschaft herbeizuführen.

Auch bei einer Beteiligung von jeweils 33% kann nach Auffassung der Finanzrichter ein auf Erhöhung der Geschäftsführergehälter zielender Beschluss ohne Mitwirkung aller Gesellschafter nicht zu Stande kommen. Das Merkmal der Beherrschung durch alle drei Gesellschafter hat das Finanzamt deshalb im Streitfall als erfüllt angesehen.

Weder Überstundenvergütungen noch SFN-Zuschläge halten aber nach Auffassung des Gerichts einem Fremdvergleich stand. Mit einem vom BFH entschiedenen Sonderfall, wonach SFN-Zuschläge ausnahmsweise nicht zu vGA führten, ist der Streitfall nicht vergleichbar (vgl. BFH, Urteil vom 14.7.2004, Az. I R 111/03, BStBl II 2005, S. 307; Urteil vom 3.8.2005, Az. I R 7/05, BFH/NV 2006, S. 131). Denn in beiden Verfahren hatte der Gesellschafter-Geschäftsführer – im Gegensatz zu den Gesellschafter-Geschäftsführern der X-GmbH – keinen Anspruch auf eine Tantieme. Die hat der BFH aber als wesentliches Unterscheidungsmerkmal herausgearbeitet. Somit liegt kein derartiger Ausnahmefall vor.

Konsequenzen:

Die Vergütung eines Gesellschafter-Geschäftsführers muss in ihrer Gesamtstruktur einem Fremdvergleich standhalten. Das Gehalt eines Geschäftsführers wird **nicht nach Regel- und Überstunden berechnet**, da nach den Prinzipien des Gesellschaftsrechts der Geschäftsführer einer Kapitalgesellschaft als Organ der Gesellschaft sieben Tage in der Woche jeweils 24 Stunden im Dienst ist.

☝ Deswegen ist schon die Vereinbarung eines monatlichen Grundgehalts steuerlich zu beanstanden, weil dann die gesamte restliche Zeit eines Monats, in der jeder Geschäftsführer als Organ der X-GmbH tätig sein muss, Überstunden darstellten. Diese Gehaltsstruktur hält einem Fremdvergleich nicht stand.

FG Baden-Württemberg, rechtskräftiges Urteil vom 30.3.2009, Az. 6 K 432/06

87 Überstundenvergütungen (3)

Auch Überstundenvergütungen an Gesellschafter-Geschäftsführer einer kleinen Handwerks-GmbH sind regelmäßig vGA

Der Fall:

An der X-GmbH waren A, B und C zu je einem Drittel beteiligt. Sie waren zugleich Geschäftsführer der X-GmbH. Nach den gleich lautenden Anstellungsverträgen sollten diese für eine Grundarbeitszeit von 160 Stunden monatlich ein Grundgehalt von 4000 DM erhalten. Die ersten 50 Überstunden im Monat sollten mit einer später anfallenden betriebsbedingten geringeren Arbeitszeit verrechnet werden. Darüber hinausgehende Überstunden waren mit jeweils 28 DM zu vergüten. Für Sonntagsarbeit sollten 45 DM je Stunde gezahlt werden. Außerdem hatten die Geschäftsführer Anspruch auf eine Tantieme in Höhe von 15% des Gewinns der X-GmbH.

Im Anschluss an eine Außenprüfung behandelte das Finanzamt die von der X-GmbH gezahlten zusätzlichen **Vergütungen für Überstunden und Sonntagsarbeit als vGA**. Einspruch und Klage hatten keinen Erfolg.

Der Beschluss:

Der BFH wies die Nichtzulassungsbeschwerde der X-GmbH als unbegründet zurück. Es sei nicht klärungsbedürftig, dass Überstundenvergütungen bei einer kleinen, im Handwerk tätigen GmbH mit drei Gesellschafter-Geschäftsführern sowie an diese gezahlte Sonn- und Feiertagszuschläge als vGA anzusehen sind. Diese Frage sei insoweit geklärt, als die gesonderte Vergütung eines Gesellschafter-Geschäftsführers aus steuerlicher Sicht regelmäßig eine vGA darstellt. Das gelte nur dann nicht, wenn die Vermutung der Veranlassung durch das Gesellschaftsverhältnis durch überzeugende betriebliche Gründe entkräftet wird (vgl. BFH vom 14.7.2004, Az. I R 111/03, BStBl II 2005, S. 307 ff.). Diese Grundsätze gelten auch für Gesellschaften mit zwei oder drei Gesellschafter-Geschäftsführern und unabhängig davon, ob die Mehrarbeitsvergütungen besondere Zuschläge enthielten oder nicht.

Im Streitfall war aber eine ausschließlich betriebliche Veranlassung der streitigen Vergütungen, bei deren Vorliegen eine vGA verneint werden könnte, nicht festzustellen.

Konsequenzen:

Die Vergütung eines Gesellschafter-Geschäftsführers muss in ihrer Grundstruktur einem Fremdvergleich standhalten. Das Gehalt eines Geschäftsführers wird nicht – wie im Streitfall – nach Regel- und Überstunden berechnet, da ein Geschäftsführer einer Kapitalgesellschaft **als deren Organ sieben Tage 24 Stunden im Dienst ist.** Deswegen ist im Streitfall schon die Vereinbarung des Grundgehalts – „für eine Grundarbeitszeit von 160 Stunden monatlich" – steuerlich zu beanstanden, weil dann die gesamte restliche Zeit eines Monats, in der jeder der drei Geschäftsführer als Organ der Gesellschaft zumindest potenziell tätig sein muss, Überstunden darstellten. Diese Gehaltsstruktur der drei Gesellschafter-Geschäftsführer hält im Streitfall einem Fremdvergleich nicht stand.

Im Streitfall verfügt zwar jeder der drei Gesellschafter nur über eine Minderheitsbeteiligung von 1/3 des Stammkapitals. Der einzelne Gesellschafter kann deshalb allein keinen beherrschenden Einfluss auf die GmbH ausüben. **Die Grundsätze der vGA bei einem beherrschenden Gesellschafter** gelten aber **auch dann,** wenn die Möglichkeit der Einflussnahme nach den jeweiligen tatsächlichen Verhältnissen des einzelnen Falls auf sachlich begrenzte Bereiche beschränkt ist. Ein solcher begrenzter Einflussbereich liegt dann vor, wenn mehrere Gesellschafter mit gleich gerichteten Interessen zusammenwirken, um eine ihren Interessen entsprechende, einheitliche Willensbildung der Gesellschaft herbeizuführen. Das ist im Streitfall bei einer Beteiligung von je 1/3 gegeben.

BFH, Beschluss vom 6.10. 2009, Az. I B 55/09

88 Überversorgung

Detailfragen bei überversorgenden Pensionszusagen an Gesellschafter-Geschäftsführer

Der Fall:

Geklagt hatte eine Wirtschaftsprüfungs- und Steuerberatungs-GmbH, an der A zu 24%, B zu 20%, E zu 10% und weitere Gesellschafter beteiligt waren. Die Aufträge im Rahmen der Geschäftstätigkeit der GmbH wurden bis zum 31.12.1996 im Innenverhältnis von einer neben der Klägerin bestehenden, weitgehend gesellschafteridentischen GbR abgewickelt (sog. Parallel-Gesellschaft). Diese GbR unterhielt auch den für die Durchführung der Aufträge und Mandate erforderlichen Geschäftsbetrieb und hatte das notwendige Personal angestellt.

Die Arbeitnehmer der GbR wurden zum 1.1.1997 (Gesellschafterwechsel) von der Klägerin übernommen. Für die Auftragsabwicklung zahlte die Klägerin Leistungsgebühren nach einem einheitlichen Schema. Die Gesellschafter der GmbH waren zugleich zu Geschäftsführern bestellt. Sie erhielten unterschiedliche Vergütungen, z.T. (nur) Pensionszusagen, z.T. Tantiemen, teils geringen Barlohn, der nicht ausgezahlt wurde. Bei zwei der Geschäftsführer war der Versorgungsfall wegen Erreichens der Altersgrenze bereits eingetreten, als es zur Veräußerung der GmbH-Anteile kam. Auf Wunsch des Erwerbers sollten die Pensionsverpflichtungen „abgelöst" werden. Zum Teil wurden die Verpflichtungen auf Pensionsgesellschaften mbH der jeweiligen Berechtigten ausgegliedert, teils wurde eine Abfindung geleistet.

Das Urteil:

Aufgrund der äußerst komplexen Sachverhalte und Vereinbarungen mit den einzelnen Gesellschaftern sowie der Ablösung/Übertragung der Pensionsverpflichtungen war es erforderlich, dass der BFH (nochmals) zu einer ganzen Reihe von Grundsatzproblemen in diesem Bereich Stellung bezog. Der besseren Verständlichkeit halber werden diese nachfolgend numerisch abgehandelt:

1. **Nach Eintritt des Versorgungsfalls** ist eine Pensionsrückstellung mit dem Barwert der künftigen Pensionsleistungen am Schluss des Wirtschaftsjahrs zu bewerten. Ein **Verstoß gegen** § 6a Abs. 3 Satz 2 Nr. 1 Satz 4 i.V.m. mit Nr. 2 Halbsatz 2 EStG und **die** daraus abzuleitenden so genannten **Überversorgungsgrundsätze** liegt nur vor, wenn künftige Pensionssteigerungen oder -minderungen am Bilanzstichtag berücksichtigt werden – nicht jedoch wenn die zugesagte Pension höher als der zuletzt gezahlte Aktivlohn ist

2. Bei der **generellen Prüfung,** ob eine so genannte **Überversorgung** vorliegt, sind in die Berechnung der Aktivbezüge auch bei einer Betriebsaufspaltung nur diejenigen Gehälter einzubeziehen, welche von der die Altersversorgung zusagenden Betriebs-GmbH gezahlt werden (also nicht auch die des Besitzunternehmens).

3. Erteilt eine GmbH ihrem Gesellschafter-Geschäftsführer eine so genannte **Nur-Pensionszusage,** ohne dass dem eine ernstlich vereinbarte Umwandlung anderweitig vereinbarten Barlohns zugrunde liegt, zieht die Zusage der Versorgungsanwartschaft **regelmäßig** eine so genannte **Überversorgung** nach sich.

4. Die Anerkennung einer Pensionszusage an den Gesellschafter-Geschäftsführer setzt im Allgemeinen die Einhaltung einer **Probezeit** voraus, um die Leistungsfähigkeit des bestellten Geschäftsführers beurteilen zu können. Bei **neu gegründeten** GmbHs ist die Zusage überdies erst dann zu erteilen, wenn die künftige wirtschaftliche Entwicklung der Gesellschaft zuverlässig abgeschätzt werden kann. Ausschlaggebend ist die Situation im Zusagezeitpunkt, sodass die Anwartschaft auch nach Ablauf der angemessenen Probe- oder Karenzzeiten nicht in eine fremdvergleichsgerechte Versorgungszusage „hineinwächst".

5. Eine **Pensionszusage,** die bei vorzeitiger Beendigung des Dienstverhältnisses **zum anteiligen Teilwert abgefunden** werden darf, steht unter einem **steuerlich schädlichen Vorbehalt.**

6. Die Zuführungen zu einer Rückstellung für die Verbindlichkeit aus einer betrieblichen Versorgungszusage, die den Vorgaben des § 6a EStG entspricht, aus steuerlichen Gründen aber als vGA zu behandeln ist, sind **außerhalb der Bilanz dem Gewinn hinzuzurechnen.** Ist eine Hinzurechnung unterblieben und aus verfahrensrechtlichen Gründen eine Änderung der betreffenden Steuerbescheide nicht mehr möglich, können die rückgestellten Beträge auf der Ebene der Kapitalgesellschaft nicht mehr als vGA berücksichtigt werden.

7. Zu weniger als 50% an der GmbH beteiligte Geschäftsführer unterfallen den **Regelungen des BetrAVG.** Dies gilt jedoch nicht, wenn mehrere Gesellschafter-Geschäftsführer nicht ganz unbedeutend an der GmbH beteiligt sind, **zusammen über die Mehrheit** der Anteile verfügen und gleichgerichtete Interessen verfolgen.

8. Die **veräußerungsbedingte Abfindung** einer Pensionszusage ist dann **nicht durch das Gesellschaftsverhältnis** veranlasst, wenn die Leistungen vereinbarungsgemäß im Zusammenhang mit der Beendigung des Dienstverhältnisses **eines (nicht) beherrschenden Gesellschafter-Geschäftsfüh-**

rers stehen. Anders verhält es sich jedoch für die Abfindung oder Ablösung in dem Umfang, in dem die Pensionszusage zu einer **Überversorgung** des begünstigten Gesellschafter-Geschäftsführers führte.

Konsequenzen:

Der BFH hat seine ständige vGA-Rechtsprechung größtenteils bestätigt, teilweise die Auffassung der Finanzverwaltung toleriert, ihr aber auch teilweise widersprochen. Im Einzelnen ist Folgendes zu bemerken:

Zu 1: Nach Eintritt des Versorgungsfalls nimmt eine Pensionsrückstellung, die 75% der letzten Aktivbezüge einschließlich der Rentenanwartschaft übersteigt, eine künftige Steigerung der Aktivbezüge nicht mehr vorweg. Der BFH bestätigt hier die Verwaltungsauffassung, nach der bei laufenden und ausfinanzierten Rentenleistungen eine schädliche Vorwegnahme künftiger Lohnentwicklungen regelmäßig nicht mehr in Betracht kommt (vgl. BMF-Schreiben vom 3.11.2004, BStBl I 2004, S. 1045, Tz. 6).

Zu 2: Das Finanzgericht war zunächst davon ausgegangen, dass keine Überversorgung vorlag, weil die GmbH-Gesellschafter-Geschäftsführer auch als Gesellschafter der GbR hohe Gewinnanteile bezogen haben. Nach Ansicht des BFH ist jedoch **streng auf das Gehalt abzustellen, das die altersversorgende GmbH** zahlt. Das gilt selbst dann, wenn mit der Personengesellschaft enge wirtschaftliche Verflechtungen bestehen. Schließlich handelt es sich hierbei gleichwohl um jeweils rechtlich selbstständige Unternehmen, und die in der anderen Gesellschaft bezogenen Gewinnanteile sind nicht Teil der Vergütungen für die Geschäftsführertätigkeit in der GmbH.

Zu 3: Bestätigt hat der BFH nochmals, dass so genannte **Nur-Pensionszusagen** zu einer **vGA** führen, sofern **keine echte Barlohnumwandlung** vorliegt. Die Finanzverwaltung folgt dieser Rechtsprechung bislang nicht ohne weiteres (vgl. BMF-Schreiben vom 16.6.2008, BStBl I 2008, S. 681).

Zu 4: Der BFH hält an dem Erfordernis der Probezeit fest (vgl. auch BFH vom 17.3.2010, Az. I R 19/09). Ausschlaggebend für die Beurteilung ist nach seiner Auffassung die Situation im Zusagezeitpunkt, sodass eine Anwartschaft auch nach Ablauf der angemessenen Probe- oder Karenzzeiten nicht in eine fremdvergleichsgerechte Versorgungszusage „hineinwächst".

Damit widerspricht er ausdrücklich der Auffassung der Finanzverwaltung, die bei der angenommenen vGA nach Ablauf der angemessenen Probezeit die weiteren Zuführungen aufgrund der ursprünglichen Pensionszusage für die Folgezeit gewinn mindernd berücksichtigt (vgl. BMF-Schreiben vom 14.5.1999, BStBl I 1999, S. 512, Tz. 1.2).

Zu 5: Kann bei **vorzeitiger Beendigung des Dienstverhältnisses** die Pensionszusage zum quotierten Teilwert abgefunden werden, führt dies zu einem steuerlich schädlichen Vorbehalt – bereits nach bisheriger BFH-Rechtsprechung. Dies entspricht der Verwaltungsauffassung (vgl. BMF-Schreiben vom 6.4.2005, BStBl I 2005 S. 619).

Zu 6: Die Grundsätze zur **außerbilanziellen Zurechnung von vGA** wurden durch den BFH nochmals bestätigt. Danach ist eine als vGA zu behandelnde Versorgungszusage sowohl der Steuerbilanz als auch der Handelsbilanz zugrunde zu legen, soweit sie im Übrigen den Vorgaben des § 6a EStG entspricht. Eine außerbilanzielle Zurechnung hat dann zu unterbleiben, wenn eine Änderung der betreffenden Steuerbescheide nicht mehr möglich ist.

Zu 7: Nach dem Wortlaut des § 17 Abs. 1 Satz 2 des BetrAVG gilt das Gesetz auch für GmbH-Geschäftsführer. Ausnahmen bestehen jedoch für beherrschende Gesellschafter-Geschäftsführer. Aus dem Regelungsbereich des Betriebsrentengesetzes können auch Minderheitsgesellschafter herausfallen, wenn sie (zusammen) nicht ganz unbedeutend an einer GmbH beteiligt und (zusammen) über die Mehrheit der Anteile verfügen.

Zu 8: Nach mittlerweile gefestigter BFH-Rechtsprechung ist die **Übertragung einer Versorgungsverpflichtung auf einen anderen Rechtsträger** nicht allein deshalb als vGA zu werten, weil sie im Zusammenhang mit der Veräußerung der Anteile steht.

Sind z.B. Abfindungen vereinbarungsgemäß im Zusammenhang mit der Beendigung des Dienstverhältnisses eines nicht beherrschenden Gesellschafter-Geschäftsführers gezahlt worden, werden sie ausschließlich als betrieblich veranlasst angesehen. Eine vGA scheidet in vergleichbaren Fällen schon deshalb aus, weil die GmbH im Gegenzug von ihrer Pensionsverpflichtung befreit wird. Hierdurch tritt keine Minderung des Unterschiedsbetrags nach § 4 Abs. 1 S. 1 EStG i.V.m. § 8 Abs. 1 KStG ein.

BFH, Urteil vom 28.4.2010, Az. I R 78/08

89   Umsatztantieme – Allgemeines

Umsatztantiemen für den Gesellschafter-Geschäftsführer einer Kapitalgesellschaft sind regelmäßig vGA

Der Fall:

A ist alleiniger Gesellschafter und Geschäftsführer der X-GmbH. Neben einem Festgehalt erhält er eine Umsatztantieme für die von ihm selbst abgeschlossenen Geschäfte. Das Finanzamt qualifizierte diese als verdeckte Gewinnausschüttung (vGA). Einspruch und Klage hatten keinen Erfolg.

Der Beschluss:

Der BFH wies die Nichtzulassungsbeschwerde mit Beschluss vom 12.10.2010 als unbegründet zurück. Nach Auffassung der Richter ist in der Rechtsprechung geklärt, dass die Vereinbarung von Umsatztantiemen für den Gesellschafter-Geschäftsführer regelmäßig als vGA zu beurteilen ist (BFH, Urteil vom 19.2.1999, Az. I R 105-107/97, BStBl II 1999, S. 321 sowie Urteil vom 6.4.2005, Az. I R 10/04, BFH/NV 2005, S. 2058; GmbH-Stpr. 2005, S. 369).

Des Weiteren ist geklärt, dass die an einen Gesellschafter-Geschäftsführer gezahlten **Umsatzprovisionen**, die weder zeitlich noch der Höhe nach beschränkt sind, auch dann regelmäßig vGA darstellen, wenn die Provisionen für die von ihm selbst abgeschlossenen Geschäfte geleistet werden (BFH, Urteil vom 28.6.2006, Az. I R 108/05, BFH/NV 2007, S. 107; GmbH-Stpr. 2007, S. 45 sowie Mertes, GmbH-Stpr. 2009, S. 108 ff.).

Konsequenzen:

✋ Eine Umsatztantieme kann **ausnahmsweise** dann anzuerkennen sein, wenn die mit der Vergütung angestrebte Leistungssteigerung durch eine Gewinntantieme nicht zu erreichen wäre, so etwa **in der ertragsschwachen Aufbauphase** des Unternehmens (BFH, Urteil vom 20.9.1995, Az. I R 130/94, BFH/NV 1996, S. 508).

Bei einem Alleingesellschafter-Geschäftsführer besteht im Falle der Umsatztantieme die Gefahr, dass er – um eine möglichst hohe Tantieme zu erhalten – die Umsätze zulasten der Unternehmensrentabilität in die Höhe treibt.

✋ Aus dem Beschluss ergibt sich außerdem, dass noch nicht einmal der gewahrte „Fremdvergleich" die Gestaltung steuerlich retten kann, etwa wenn andere GmbH-Mitarbeiter ebenfalls eine Umsatztantieme erhalten. Denn die Einflussnahme sonstiger Mitarbeiter auf die Tätigkeit der GmbH und damit auf den Umsatz ist nicht mit dem Einfluss des Alleingesellschafter-Geschäftsführers vergleichbar.

Hinweis:

In Ausnahmesituationen wie dem Gründungsstadium muss die Umsatztantieme **zeitlich befristet** sein. Zudem ist in jedem Fall die Festlegung einer **betragsmäßigen Höchstgrenze** unerlässlich, um einer steuerschädlichen Gewinnabsaugung vorzubeugen. Vergleiche zum Thema „Umsatztantiemen" auch Mertes, Geschäftsführer-Erfolgsvergütung, GmbH-Stpr. 2009, S. 69 ff. sowie derselbe, Tantieme-Gestaltung, GmbH-Stpr. 2009, S. 108 ff.

BFH, Beschluss vom 12.10.2010, Az. I B 70/10

90 Umsatztantieme – vertragliche Gestaltung

Zeitliche und betragsmäßige Begrenzung einer Umsatztantieme aus steuerlichen Gründen erforderlich

Der Fall und das Urteil:

A war Gesellschafter einer GmbH mit einer Beteiligung von 44% und zugleich deren Geschäftsführer. Die GmbH war im Jahr 02 gegründet worden. Der Anstellungsvertrag des A sah vor, dass er neben einem Festgehalt eine Umsatztantieme von 4% erhält, „soweit die Firma dadurch nicht einen Verlust ausweist". Die Tantiemevereinbarung enthielt keine Begrenzung der Höhe nach und auch keine Bestimmung über die Dauer. In den Streitjahren 05 bis 08 stellten sich Umsatz, Gewinn und Umsatztantiemen wie folgt dar (Zahlen gerundet):

Schaubild:

Jahr	Umsatz	Gewinn	Umsatz-tantiemen
05	2,3 Mio. DM	98.000 DM	93.000 DM
06	3,5 Mio. DM	8.800 DM	141.000 DM
07	5,1 Mio. DM	144.000 DM	203.000 DM
08	4,6 Mio. DM	7.600 DM	61.000 DM

Finanzamt und FG nahmen in Höhe der jeweils im Folgejahr ausgezahlten Umsatztantieme vGA an.

Der BFH bestätigte diese Auffassung. Er entschied, dass eine Umsatztantieme **im Regelfall** eine vGA ist, wenn in der Tantiemevereinbarung eine **zeitliche** und **höhenmäßige Begrenzung** der Tantieme fehlt.

Konsequenzen:

Der Umsatztantieme haftet seit jeher das Risiko der vGA wegen Gewinnabsaugung an. Deshalb sollte sie nur in **ganz besonders gelagerten Ausnahmefällen** vereinbart werden, in denen sie praktisch die einzige Möglichkeit bietet, eine leistungsgerechte Vergütung zu zahlen (vgl. Beitrag Nr. 89).

Nach dem vorliegenden Urteil muss die Tantiemevereinbarung zusätzlich eine **zeitliche und betragsmäßige Begrenzung** enthalten. Dies gilt sowohl **für den Mehrheits- als auch für den Minderheitsgesellschafter.**

Im Urteil vom 19.5.1993 (GmbH-Stpr. 1994, S. 103, BFH/NV 1994, S. 124) hatte der BFH noch eine Umsatztantieme-Vereinbarung anerkannt, die nur im Falle des Verlusts eine Tantieme-Reduzierung vorsah. Dies lag aber – wie er jetzt meint – „an den Besonderheiten des dort zu entscheidenden Sachverhalts".

Um den strengeren Anforderungen gerecht zu werden, empfehlen wir, in Ihre Tantiemevereinbarung folgende zeitliche und betragsmäßige „Bremse" einzubauen:

Formulierungsvorschlag:
Die Tantieme beträgt ...% des im Geschäftsjahr erzielten Umsatzes. Sie beläuft sich höchstens auf ... EUR. Ein Anspruch auf Umsatztantieme besteht für längstens ... Jahre.

BFH-Urteil vom 19.2.1999, Az. I R 105-107/97

91 Unternehmerstatus – Geschäftsführer

Geschäftsführertätigkeit auch als „unternehmerische" Tätigkeit im Sinne des Umsatzsteuerrechts möglich

Der Fall und das Urteil:

M war als angestellter Professor an der Universität E tätig. Daneben arbeitete er zunächst unentgeltlich als Geschäftsführer für die B-GmbH (Klägerin).

Mit Wirkung ab dem 15.7.1997 nahm er seine Tätigkeit entgeltlich wahr. Nach dem abgeschlossenen „Honorarvertrag" konnte er ein monatliches Pauschalentgelt von 9.000 DM zuzüglich Mehrwertsteuer beanspruchen. Später wurde dieses Entgelt auf 5.000 DM zuzüglich Mehrwertsteuer reduziert. Zum 1.7.2000 wurde ein weiterer Geschäftsführer bestellt. M erhielt gemäß dem neu abgeschlossenen Honorarvertrag ein monatliches pauschales Entgelt von 6.000 DM zuzüglich Mehrwertsteuer. Er konnte vertragsgemäß den zeitlichen Rahmen seiner Tätigkeit für die GmbH nach eigenem Ermessen bestimmen. Ebenfalls durfte er Ort und Umfang seiner Tätigkeit frei bestimmen. Er war darüber hinaus an keine Vorschriften der Gesellschaft gebunden.

Im Rahmen einer Lohnsteueraußenprüfung wertete der Prüfer die Tätigkeit von M für die GmbH als weisungsabhängig und qualifizierte sie somit als Arbeitnehmertätigkeit. Das Finanzamt versagte daraufhin der GmbH den Vorsteuerabzug aus den Honorarabrechnungen des M. Das FG gab ihm mit folgender Begründung Recht:

Gemäß § 15 Abs. 1 Nr. 1 UStG kann der Unternehmer die in Rechnungen gesondert ausgewiesene Steuer für Lieferungen oder sonstige Leistungen, die von anderen Unternehmern für sein Unternehmen ausgeführt worden sind, als Vorsteuer in Abzug bringen. Vorausgesetzt: Der Rechnungsaussteller ist „selbstständiger Unternehmer" im Sinne des Umsatzsteuerrechts.

Nach Ansicht des Finanzgerichts Köln ist dies bei den von M in Rechnung gestellten Leistungen nicht der Fall. Die **Tätigkeit als Geschäftsführer einer GmbH** sei grundsätzlich **nicht unternehmerisch**. Hier fehle es an dem nach § 2 Abs. 1 UStG erforderlichen Merkmal der Selbstständigkeit.

Es sei nämlich zu beachten, dass der Geschäftsführer einer GmbH, ungeachtet der Regelungen im Anstellungsvertrag und ungeachtet seiner tatsächlichen Position, **aufgrund seiner Organstellung** GmbH-rechtlich den Weisungen der Gesellschafterversammlung unterliege. Daran ändere im Streitfall auch die Tatsache nichts, dass M nach dem Inhalt der Honorarverträge Ort, Zeit und Umfang seiner Tätigkeit frei bestimmen konnte und an keine Vorschriften der Gesellschaft gebunden war.

Konsequenzen:

Das Urteil des Finanzgerichts entsprach der langjährigen höchstrichterlichen Rechtsprechung: Geschäftsführer einer GmbH sind danach grundsätzlich unselbstständig tätig, obwohl sie ein großes Maß persönlicher und wirtschaftlicher Selbstständigkeit haben und am Gewinn und damit auch am Unternehmerrisiko beteiligt sind. Dem lag folgender Gedanke zugrunde: Ein GmbH-Geschäftsführer leitet die Geschicke des Unternehmens nämlich nicht aus eigener Machtvollkommenheit, sondern handelt nur als Organ der juristischen Person (vgl. Sölch/Ringleb, § 2 UStG Rz 72). Er ist also Kraft seiner Aufgabe in das Unternehmen der GmbH eingegliedert (vgl. BFH, UR 2002, S. 422).

Auch die **Finanzverwaltung** hatte zur umsatzsteuerrechtlichen Behandlung der Geschäftsführungs- und Vertretungsleistungen der Gesellschafter an die Gesellschaft mehrfach klargestellt, dass **natürliche Personen** als Gesellschafter, die Geschäftsführungs- und Vertretungsleistungen gegenüber einer Kapitalgesellschaft erbringen, grundsätzlich nicht selbstständig tätig sind. Aus dem BFH-Urteil vom 6.6.2002 (Az. V R 43/01, vgl. GmbH-Stpr. 2002, S. 389) ergibt sich nach Auffassung des Finanzgerichts ebenfalls nichts anderes.

✋ Der **BFH** hat das Urteil des FG Köln aber aufgehoben und in **Abkehr von seiner bisherigen** Rechtsprechung entschieden: Die Organstellung eines Geschäftsführers allein reiche noch nicht aus, ihm den Status als Unternehmer im Sinne des Umsatzsteuergesetzes abzusprechen (Urteil vom 10.3.2005, Az. V R 29/03). Der BFH stellte außerdem klar (vgl. GmbH-Stpr. 2005, S. 230):

1. Eine selbstständige (unternehmerische) Tätigkeit kann immer dann vorliegen, wenn der Geschäftsführer ein **eigenes Unternehmerrisiko** in Form eines Vergütungsrisikos trägt.

2. Die Frage der Selbstständigkeit (natürlicher Personen) sei **unabhängig von der ertragsteuerlichen Beurteilung** im Einzelfall nach dem Gesamtbild der Verhältnisse zu entscheiden.

Der BFH wies die Sache an die erste Instanz zurück, damit das FG ermittelt, ob der Sachverhalt weitere Anhaltspunkte für oder gegen die Unternehmereigenschaft bietet. Die bisherigen Feststellungen des FG hielt der BFH jedenfalls nicht für ausreichend, um den Fall abschließend beurteilen zu können.

☞ Nach dem BFH-Urteil vom 10.3.2005 liegt es nun im Bereich des Möglichen, dass ein Geschäftsführer umsatzsteuerlich Unternehmer ist (vgl. Lehr, GmbH-Stpr. 2005, S. 230). Besonders wichtig ist in diesem Fall, dass er völlig frei in der GmbH agieren kann und keine „arbeitnehmertypische" Vergütung erhält. Wegen des für Unternehmer möglichen **Vorsteuerabzugs** kann sich die Änderung von bisherigen Anstellungs-(Dienst-)Verträgen in „Honorarverträge" mit ausgewiesener Umsatzsteuer lohnen (vgl. GmbH-Stpr. 2005, S. 231).

Auch die **Finanzverwaltung** hat die BFH-Rechtsprechung mittlerweile akzeptiert. Das BMF hat in seinem Erlass vom 21.9.2005 allerdings deutlich gemacht, dass die Frage des Unternehmerstatus eines GmbH-Geschäftsführers für **alle** Bereiche des Steuerrechts grundsätzlich **einheitlich** beurteilt wird. Wer also umsatzsteuerlich Unternehmer ist, kann lohnsteuerlich nicht als Arbeitnehmer gelten (vgl. Prühs/Zimmers, GmbH-Stpr. 2006, S. 1).

Mit Urteil vom 20.10.2010 (Az. VIII R 34/08) hat der BFH entschieden, dass ein GmbH-Geschäftsführer **regelmäßig** aus steuerlicher Sicht **als Selbstständiger** zu behandeln ist, wenn er zugleich mindestens 50% des Stammkapitals hält. Allerdings soll es auch dann auf die Gesamtumstände des Einzelfalls ankommen, ob ein abhängiges Beschäftigungsverhältnis oder ein selbstständiges Beratungsverhältnis zwischen der GmbH und ihrem Gesellschafter-Geschäftsführer vorliegt (ausführlich zur Problematik Zimmers in GmbH-Stpr. 2011, S. 193 ff.).

BFH, Urteil vom 10.3.2005, Az. V R29/03; Vorinstanz: FG Köln, Urteil vom 30.4.2003, Az. 6 K 5692/01; BMF, Erlass vom 21.9.2005, Az. IV A 5 – S 7104 – 19/05

92 Urlaubsabgeltung

Steuerliche Anerkennung von Abgeltungszahlungen wegen aus betrieblichen Gründen nicht genommenem Urlaub

Der Fall und das Urteil:

Drei zu je einem Drittel an einer Dentallabor-GmbH beteiligte Gesellschafter-Geschäftsführer sowie ihr als Arbeitnehmer angestellter Schwager erhielten für aus betrieblichen Gründen nicht in Anspruch genommene Urlaubstage eine Vergütung von der GmbH. Der Anspruch auf Urlaubsabgeltung war dem Grunde und der Höhe nach in den Anstellungsverträgen der Gesellschafter-Geschäftsführer geregelt, nicht aber im Arbeitsvertrag des Schwagers. Zu den Zahlungsfälligkeiten war nichts vertraglich geregelt. Anfang Dezember beschloss die Gesellschafterversammlung die Auszahlung der Urlaubsabgeltungen für das noch nicht abgelaufene Jahr. Die Vergütungen wurden bereits Ende Dezember des Jahres ausgezahlt, für das der Urlaub abgegolten wurde.

Das Finanzamt beurteilte sämtliche Urlaubsabgeltungen als nicht fremdüblich und damit als verdeckte Gewinnausschüttungen (vGA). Weder vor dem FG noch vor dem BFH konnte sich das Finanzamt damit durchsetzen.

Laut BFH ist es nicht zu beanstanden, wenn dem (Gesellschafter-)Geschäftsführer einer GmbH statt des vertraglich vereinbarten Urlaubsanspruchs für nicht genommene Urlaubstage eine Abgeltung in Geld gewährt wird, weil seine Arbeit und seine Verantwortung für die GmbH die Inanspruchnahme des Urlaubs verhindert haben.

Zu den **Zahlungsvoraussetzungen** (also dem „**Wann**" der Zahlungen) bedarf es keiner besonderen Vereinbarung, wenn – wie hier im Streitfall – der **Abgeltungsanspruch dem Grunde** und der **Höhe** nach **geregelt** ist und der Urlaub **aus betrieblichen Gründen** nicht genommen werden kann. Eine besondere Benennung solcher Gründe im Anstellungsvertrag ist nicht erforderlich.

Das **arbeitsrechtliche Verbot** von Urlaubsabgeltungen gelte nicht für (Gesellschafter-)Geschäftsführer, wohl aber für den angestellten Schwager. Dass die Vereinbarung der Urlaubsabgeltung mit dem Schwager daher arbeitsrechtlich nichtig ist, sei **steuerlich jedoch unschädlich**, zumal dargelegt wurde, dass der Schwager gegenüber den übrigen Angestellten eine **leitende Position** innehatte. Also ist auch die an ihn gezahlte Urlaubsabgeltung als Arbeitslohn (bei der GmbH abziehbare Betriebsausgabe) anzuerkennen und keine „Angehörigen-vGA".

Der frühe Zeitpunkt für den Beschluss über die Urlaubsabgeltung jeweils am 1. Dezember und die Auszahlung im gleichen Monat stieß beim BFH nicht auf Bedenken. Um dies anzuerkennen, muss nur zu diesem Zeitpunkt **erkennbar** sein, dass der Urlaub bis Ende Dezember sowie zu Beginn des Folgejahrs nicht angetreten werden kann.

Konsequenzen:

Gesellschafter-Geschäftsführern, welche oft aus betrieblichen Gründen nicht ihren (gesamten) Urlaub nehmen können, kommt die großzügige Rechtsprechung des BFH sicherlich entgegen. Um den Urlaub abgelten zu können, muss nur ein Urlaubsanspruch, etwa von 30 Tagen pro Jahr (im Voraus!), und ein Abgeltungsanspruch für den Fall geregelt sein, dass der Urlaub aus betrieblichen Gründen nicht genommen werden kann. Mehr muss dann nicht vereinbart sein.

Allerdings ist auf eine **lückenlose Dokumentation** der genommenen und der noch zustehenden Urlaubstage zu achten. Eine „Urlaubs-Bilanz" kann – wie der Streitfall zeigt – auch schon im Dezember gezogen werden, wenn absehbar ist, dass bzw. welche Urlaubstage nicht genommen werden können.

Für diese „Urlaubs-Bilanz" empfiehlt sich – wie im Streitfall geschehen – die Feststellung im Rahmen eines Gesellschafterbeschlusses. Im Rahmen dieses Beschlusses kann dann zweckmäßigerweise direkt über das „Ob" und „Wie" der Urlaubsabgeltung entschieden werden.

BFH, Urteil vom 28.1.2004, Az. I R 50/03

93   Urlaubs- und Weihnachtsgeld

Urlaubs- und Weihnachtsgeld an beherrschende Gesellschafter-Geschäftsführer: Voraussetzungen für den Betriebsausgabenabzug

Bei beherrschenden Gesellschafter-Geschäftsführern müssen zwecks Vermeidung einer vGA von Anfang an klare und eindeutige Vereinbarungen vorliegen, in denen die Tätigkeitsvergütung in ihrem gesamten Umfang – einschließlich der Nebenleistungen – festgelegt ist.

Vereinbarungen über **Urlaubs- und Weihnachtsgeld** müssen zumindest die Berechnungsgrundlage erkennen lassen. Diese muss so bestimmt sein, dass die Höhe des Urlaubs- und Weihnachtsgelds **allein durch Rechenvorgänge** ermittelt werden kann, ohne dass noch irgendwelche Ermessensakte durch die Geschäftsführung oder die Gesellschafterversammlung erforderlich sind.

Nach einem Urteil des FG Saarland vom 5.4.1994 ist das Gebot der Klarheit einer Vereinbarung auch dann gewahrt, wenn diese vom Wortlaut her auslegungsbedürftig ist. Diese Auslegung darf die Gesellschafter allerdings nicht in die Lage versetzen, den Gewinn der Gesellschaft nach ihrem Gutdünken zu beeinflussen.

So sah das Gericht eine Regelung **als unbedenklich** an, wonach sowohl Urlaubs- als auch Weihnachtsgeld **nach einer** – tatsächlich existenten – **betrieblichen Übung** gezahlt werden und Bemessungsgrundlage des Weihnachtsgelds das jeweilige Dezembergehalt ist. In einem solchen Fall könne der beherrschende Gesellschafter-Geschäftsführer den Jahresgewinn der GmbH nicht nach eigenem Gutdünken beeinflussen.

Konsequenzen:

Das Erfordernis der klaren und eindeutigen Vereinbarung setzt nicht unbedingt Schriftform voraus. Aus Beweisgründen sollte aber der Anstellungsvertrag einschließlich aller Nebenabsprachen **immer** schriftlich abgefasst werden.

Zur Vermeidung von Differenzen mit dem Finanzamt sollten Sie als Gesellschafter-Geschäftsführer bei der Vereinbarung von Urlaubs- und Weihnachtsgeld darauf achten, dass die **Bemessungsgrundlage klar und eindeutig definiert** ist. Legen Sie beim Weihnachtsgeld grundsätzlich nur ein Monatsgehalt zugrunde und geben Sie hinsichtlich des Urlaubsgelds klare Prozentsätze an (z.B. 80% oder 100% eines monatlichen Festgehalts).

✋ Beachten Sie als beherrschender Gesellschafter-Geschäftsführer, dass wegen des Nachzahlungsverbots das Weihnachts- und das Urlaubsgeld **zu Beginn des Kalenderjahrs** vereinbart sein müssen.

☞ Bei Streitigkeiten im Rahmen der Betriebsprüfung sollten Sie auf die Rechtsprechung des BFH hinweisen. So hat der BFH z.B. in seinem Urteil vom 17.12.1997 entschieden, dass das Fehlen schriftlicher und im Voraus abgeschlossener Vereinbarungen nicht unwiderlegbares Merkmal für eine vGA ist, sondern nur ein für eine vGA sprechendes Beweisanzeichen. Urteile der Finanzgerichte lassen eine ähnliche Tendenz erkennen (so z.B. Niedersächsisches Finanzgericht vom 8.9.1998, Az. VI 687/96), sodass bei Differenzen in Betriebsprüfungen nicht direkt nachgegeben werden sollte und bei „verhärteten Fronten" durchaus der Gang zum Finanzgericht in Erwägung gezogen werden sollte.

FG Saarland, Urteil vom 5.4.1994, Az. 1 K 102/93; BFH vom 17.12.1997, Az. I R 70/97; FG Niedersachsen vom 8.9.1998, Az. VI 687/96

94 Vereinsbeiträge – Zahlung durch GmbH

Übernahme von Vereinsbeiträgen des Gesellschafter-Geschäftsführers durch GmbH als Arbeitslohn oder vGA?

Durch Verlagerung von Ausgaben in den „Betriebsausgabenbereich" der GmbH ist man als Gesellschafter längst nicht alle steuerlichen Sorgen los. Das gilt für jede Ausgabe, die eine „gewisse" Nähe zum Privatbereich des Gesellschafter-Geschäftsführers hat.

Der Fall und das Urteil:

A, B und C sind zu je 1/3 am Stammkapital der X-GmbH beteiligt. Seit vielen Jahren unterhielt die X-GmbH eine Firmenmitgliedschaft zu einem Golfclub. Ab 1988 leistete die X-GmbH Mitgliedsbeiträge für die Eheleute A und die Eheleute B. Nach einer Betriebsprüfung behandelte das Finanzamt diese Mitgliedsbeiträge als vGA. Demgegenüber ging die X-GmbH von abziehbaren Betriebsausgaben aus. Denn dort ließen sich für ihren Geschäftsbetrieb (Werbeagentur) wichtige Kontakte knüpfen.

Das FG Hamburg bestätigte die Auffassung des Finanzamts. Die Aufwendungen für den Jahresbeitrag zum Golfclub seien weder Arbeitslohn für die Geschäftsführer noch seien sie von der GmbH in ganz überwiegendem betrieblichem Interesse übernommen worden.

Ein eigenbetriebliches Interesse der GmbH an der Clubmitgliedschaft verneinte das FG. Das **allgemeine Interesse** der GmbH an Kundenkontakten reiche nicht zur Rechtfertigung des **Betriebsausgabenabzugs** aus.

Zwar könne auch Arbeitslohn vorliegen, wenn der Arbeitgeber die Mitgliedsbeiträge seiner Beschäftigten in privaten Vereinen übernehme. Dann müsste dieser Vorteil aber durch das individuelle Dienstverhältnis veranlasst sein. Das habe die Rechtsprechung dann bejaht, wenn der Arbeitgeber seinen Vorstandsmitgliedern oder anderen herausgehobenen Bediensteten die Beiträge für den Rotary-Club oder Tennisverein bezahle (BFH, BStBl II 1993, S. 841).

✋ Bei **beherrschenden Gesellschaftern** einer GmbH komme es für die Abgrenzung von Arbeitslohn zur vGA darauf an, dass eine zivilrechtlich wirksame, klar und von vornherein abgeschlossene Vereinbarung getroffen wurde, ob und in welcher Höhe ein Entgelt für eine Leistung an den Gesellschafter zu zahlen ist und dass entsprechend der Vereinbarung verfahren wird.

Im Streitfall seien A und B als beherrschende Gesellschafter anzusehen. Denn mit ihrer Beteiligung von je 1/3 hätten sie zusammen eine ihren Interessen entsprechende **einheitliche Willensbildung** herbeiführen können. Mit Rücksicht auf das gemeinsame Engagement im Golfsport sei daher von gleichgerichteten Interessen auszugehen. Was fehle sei jedoch die nötige zivilrechtlich gültige Vereinbarung. Unstreitig liege keine schriftliche Vereinbarung vor. Da keine lohnsteuerlichen Folgerungen aus der behaupteten Abrede gezogen worden seien, könne auch **keine mündliche** Vereinbarung unterstellt werden. Daher sei die Übernahme der **Mitgliedsbeiträge** als vGA und nicht als geldwerter Vorteil (= Arbeitslohn) anzusehen.

In einem vergleichbaren Urteil vom 16.6.2011 hat das FG Köln die Übernahme der Golfclubbeiträge eines Kommanditisten durch die KG als Privatentnahme des Gesellschafters behandelt, also ebenfalls den Betriebsausgabenabzug verneint (vgl. Az. 10K 3761/08, GmbH-Stpr. 2012, S. 247).

Konsequenzen:

Die Übernahme von Mitgliedsbeiträgen in **privaten Vereinen** als Betriebsausgaben der GmbH anerkannt zu bekommen, dürfte schwierig sein. Anders sieht die Sache dagegen bei Mitgliedschaften in **Interessenverbänden** aus (z.B. Unternehmerverbände).

☞ Statt darauf (vergeblich) zu hoffen, dass die Kostenübernahme von Mitgliedsbeiträgen in privaten Vereinen durch eine GmbH steuerlich als Betriebsausgaben anerkannt wird, hilft GmbH-Chefs hier nur die Flucht nach vorne: die Vereinbarung der **Kostenübernahme im Dienstvertrag.** Damit liegt zwar Arbeitslohn vor, aber jedenfalls keine vGA!

FG Hamburg, Urteil vom 6.12.2001, Az. VI – 155/99

95   Verzicht auf Nutzungsentgelt

Nutzung von Wirtschaftsgütern einer GmbH durch den Gesellschafter – Verzicht auf Nutzungsentgelt als vGA

Der Fall:

Die X-GmbH hat einen Flachbildschirm in ihrer Bilanz aktiviert. Dieser wurde ausschließlich vom Gesellschafter-Geschäftsführer W privat genutzt. Im Anschluss an eine Betriebsprüfung vertrat das Finanzamt die Auffassung, der Flachbildschirm stelle kein Betriebs-, sondern Privatvermögen dar. Er sei daher mit 0 € zu bilanzieren. In Höhe der Anschaffungskosten des Flachbildschirms ergebe sich ein außerordentlicher Aufwand, der gemeinsam mit der bisherigen AfA eine vGA darstelle. Hiergegen hat sich die X-GmbH gewehrt.

Der Beschluss:

Das Finanzgericht gab ihr teilweise Recht. Seiner Auffassung nach liegt **in Höhe des Bilanzansatzes** des Flachbildschirms keine vGA vor.

Unstreitig ist, dass die X-GmbH Eigentümerin des Flachbildschirms gewesen ist und dieser ausschließlich vom Alleingesellschafter W privat genutzt wurde. Das Finanzgericht widersprach dem Finanzamt jedoch insofern, als dieses eine Überführung vom Betriebs- ins Privatvermögen angenommen hatte. Eine Kapitalgesellschaft hat keine außerbetriebliche Sphäre und damit auch kein Privatvermögen (BFH-Urteil vom 4.12.1996, Az. I R 54/95, BFHE 182, S. 123).

Somit ist davon auszugehen, dass der Flachbildschirm der GmbH gehörte und dem W zur Nutzung überlassen worden ist. Eine vGA besteht daher in dem **Verzicht auf die Vereinbarung eines Nutzungsentgelts** in Höhe der angefallenen Aufwendungen zuzüglich eines angemessenen Gewinnaufschlags (BFH-Urteil vom 5.3.2008, Az. I R 45/07, BFH/NV 2008, S. 1534).

Der X-GmbH sind Aufwendungen in Höhe der vorgenommenen **Abschreibungen** auf den Flachbildschirm entstanden. In dieser Höhe hat das Finanzamt eine vGA zu Recht angesetzt. Darüber hinaus ist eine vGA nur in Höhe einer

angemessenen Verzinsung (Gewinnzuschlag) anzusetzen, deren Ermittlung aber dem Hauptsacheverfahren vorbehalten bleibt.

Konsequenzen:

Kapitalgesellschaften verfügen steuerlich gesehen über keine außerbetriebliche Sphäre (vgl. BFH-Urteil vom 8.8.2001, Az. I R 106/99, BStBl II 2003, S. 487). Daher gehören von einer Kapitalgesellschaft angeschaffte Wirtschaftsgüter – im Streitfall der von der X-GmbH erworbene Flachbildschirm – **zum betrieblichen Bereich**. Die von der Kapitalgesellschaft hierauf getätigten Aufwendungen und die hieraus resultierenden Verluste stellen Betriebsausgaben dar.

✋ Eine Überlassung solcher Wirtschaftsgüter ändert an dieser Situation nichts – auch nicht für Privatzwecke des Gesellschafter-Geschäftsführers. Im Verzicht auf ein angemessenes Entgelt liegt aber eine vGA.

FG München, rechtskräftiges Urteil vom 7.1.2010, Az. 7 V 3332/09

96 Werbungskosten – Statusfeststellungskosten

Kosten für Beratung des Geschäftsführers und seine sozial-rechtliche Status-Feststellung als berufsbedingter Aufwand

Der Fall:

Ein GmbH-Geschäftsführer nahm im Oktober 2004 Beratungsleistungen zu der Frage in Anspruch, ob für die Tätigkeit als GmbH-Geschäftsführer für die H-GmbH Sozialversicherungsbeiträge abgeführt werden müssen. Ende des Jahres 2004 teilte die Krankenkasse mit, dass der Geschäftsführer nicht sozialversicherungspflichtig sei. Im Jahr 2004 zahlten die zuständige Landesversicherungsanstalt die entrichteten Beiträge zur Rentenversicherung und die Agentur für Arbeit die Beiträge zur Arbeitslosenversicherung zurück.

Das beklagte Finanzamt änderte daraufhin rückwirkend seine Einkommensteuerbescheide nach § 175 Abs. 1 Satz 2 Nr. 2 AO und kürzte die erstatteten Versicherungsleistungen bei dem Sonderausgabenabzug der betreffenden Jahre.

Die geltend gemachten Beratungskosten in Höhe von etwa 11.000 € wurden vom Finanzamt weder als Werbungskosten noch als Sonderausgaben berücksichtigt. Einspruch und Klage (FG Rheinland Pfalz, Urteil vom 25.3.2009, Az. 2 K 1478/07) blieben erfolglos.

Die Entscheidung:

Der Bundesfinanzhof hob das angefochtene Urteil auf und gab der Klage statt. Entgegen der Ansicht der Vorinstanz entschied der BFH, dass die Beratungshonorare als Werbungskosten bei den **Einkünften aus nicht selbstständiger Arbeit** zu berücksichtigen sind.

Nach ständiger Rechtsprechung des BFH sind Aufwendungen als Werbungskosten dann abzugsfähig, wenn zwischen Aufwendungen und Einnahmen ein **objektiver beruflicher Zusammenhang** besteht (§ 9 Abs. 1 Satz 1 EStG). Dabei ist im Übrigen auch ohne Belang, ob sich die Aufwendungen konkret auf die Höhe des Arbeitslohns auswirken (BFH, Urteil vom 11.1.2007, Az. VI R 52/03, BStBl II 2007, S. 317).

Konsequenzen:

Kosten der Rechtsberatung und der Rechtsverfolgung (Beratungs-, Vertretungs- und Prozesskosten) können Werbungskosten bei den Arbeitnehmereinkünften eines Geschäftsführers sein, wenn der Gegenstand des Rechtsstreits mit der Einkunftsart „Arbeitseinkünfte" zusammenhängt. Mit der Einkunftsart der nicht selbstständigen Arbeit hängen nach bisheriger Rechtsprechung alle das Arbeitsverhältnis betreffenden **bürgerlich-rechtlichen oder arbeitsrechtlichen Streitigkeiten** zusammen (so bereits BFH, Urteil vom 6.12.1983, Az. VIII R 102/79, BStBl II 1984, S. 314).

Neu und höchstrichterlich geklärt ist, dass nunmehr auch die mit einer Beschäftigung (§ 7 SGB IV) einhergehenden **öffentlich-rechtlichen Streitigkeiten** den erforderlichen Veranlassungszusammenhang mit den Einkünften aus § 19 EStG aufweisen. Denn die Beschäftigung ist nach § 7 Abs. 1 SGB IV regelmäßig Ausfluss eines Arbeitsverhältnisses (so BAG, Beschluss vom 19.8.2008, Az. 5 AZB 75/08).

☞ Aufwendungen von GmbH-Geschäftsführern im Zusammenhang mit dem **Anfrageverfahren** nach § 7a SGB IV (sog. Statusfeststellungsverfahren), das die Feststellung der Sozialversicherungspflicht der Beschäftigung zum Gegenstand hat (vgl. auch BSG, Urteil vom 11.3.2009, Az. B 12 R 11/07 R sowie Urteil vom 4.6.2009, Az. B 12 R 6/08 R), zählen daher genauso wie **Beratungskosten** zu den Werbungskosten bei den Einkünften aus nicht selbstständiger Arbeit. Ob das Honorar in Form eines prozentualen Anteils an den Erstattungen anfällt **(Erfolgshonorar) oder** in Form einer **zeitabhängigen Beratungsleistung** gezahlt wird, ist dabei ohne Einfluss auf die steuerliche Berücksichtigung als Werbungskosten.

BFH, Urteil vom 6.5.2010, Az. VI R 25/09

97 Werbungskosten – Umzugskosten

Zur beruflichen Veranlassung der Umzugskosten eines GmbH-Geschäftsführers bei gleichzeitigem Umzug zusammen mit der GmbH

Der Fall:

A ist Geschäftsführer der X-GmbH. A und seine Ehefrau wohnten in demselben Haus, in dem die X-GmbH ihre Geschäftsräume hatte. Als der Vermieter sowohl der X-GmbH als auch A und seiner Ehefrau wegen Eigenbedarfs kündigte, zogen die X-GmbH wie auch A und seine Ehefrau in eine Immobilie, die den Ehegatten gehörte.

A machte die umzugsbedingten Aufwendungen als Werbungskosten geltend, womit das Finanzamt aber mangels Vorliegen einer beruflichen Veranlassung nicht einverstanden war.

Das Urteil:

Das Finanzgericht gab dem Finanzamt Recht und versagte den Werbungskostenabzug.

Werbungskosten seien alle Aufwendungen zum Erwerb, zur Sicherung und Erhaltung der Einnahmen (hier: Geschäftsführereinkünfte). Bei Umzugskosten gelte: Der Umzug selbst müsse **nahezu ausschließlich** beruflich veranlasst sein. Private Umzugsgründe dürften nur eine ganz untergeordnete Rolle spielen. Hier hat die Finanzrechtsprechung bestimmte Fallvarianten (s.u.) entwickelt.

Im Streitfall gab es zwar auch betriebliche Gründe für den Umzug, nach der Überzeugung des Finanzgerichts aber auch **nicht unerhebliche private** Gründe.

Für eine solche private Veranlassung spreche, dass A und B aus der Mietwohnung in das in ihrem Eigentum stehende Haus umgezogen seien. Wenn der Vermieter nur den Eheleuten, nicht aber der X-GmbH gekündigt hätte, hätten die Eheleute A umziehen müssen – und zwar rein privat. Dass sie gleichzeitig mit der X-GmbH umgezogen seien, mache aus dem Umzug noch lange nicht ein ganz überwiegend beruflich bedingtes Ereignis.

Konsequenzen für die Praxis:

Die wichtigsten Fälle **beruflich veranlasster Umzugskosten** sind:

–   **Verkürzung der Fahrzeit** um mindestens eine Stunde (BFH vom 23.2.2001, Az. VI R 189/97, BStBl II 2002, S. 56);

- **leichtere Erreichbarkeit des Arbeitsplatzes** (BFH vom 22.11.1991, Az. VI R 77/89, BStBl II 1991, S. 494;

- **Umzug im Interesse des Arbeitgebers** (FG Rheinland-Pfalz vom 5.7.1982, Az. 5 K 155/82, EFG 1983, 111);

- **Umzug wegen Arbeitsplatzwechsel** (BFH vom 15.10.1976, Az. VI R 162/74, BStBl II 1977, S. 117);

- **Umzug wegen erstmaliger Aufnahme einer beruflichen Tätigkeit** (FG Düsseldorf vom 21.1.2000, Az. 7 K 3191/98, EFG 2000, S. 485).

Grundsätzlich trägt der Steuerpflichtige die objektive Beweislast für die überwiegend berufliche Veranlassung der als Werbungskosten geltend gemachten Aufwendungen (BFH vom 15.3.2007, Az. VI R 61/04, BFH/NV 2007, S. 1132). Das bedeutet, bezogen auf den Streitfall:

Wenn Sie als Geschäftsführer aus dringenden betrieblichen Gründen immer nah an der GmbH-Betriebsstätte wohnen bzw. schnell erreichbar sein müssen, können Ihre Aufwendungen Werbungskosten sein, wenn Sie zusammen mit Ihrer GmbH umziehen (müssen). Für das ganz überwiegend berufliche Interesse an Ihrem eigenen Umzug müssen Sie dem Finanzamt aber handfeste Argumente bieten. Ihre Wohnung muss quasi eine Dienstwohnung sein. Es reicht nicht aus, dass es für Sie und die GmbH geschäftlich bzw. beruflich nützlich bzw. vorteilhaft ist, wenn Sie in demselben Gebäude oder im Nahbereich der Betriebsstätte wohnen.

FG Berlin-Brandenburg, rechtskräftiges Urteil vom 18.11.2006, Az. 6 K 2272/06 C

98 Wettbewerbsverbot – GmbH-Geschäftsführer

Gestaltungsmöglichkeiten bei vertraglichen und nachvertraglichen Wettbewerbsverboten

- **Wettbewerbsverbot während der Vertragslaufzeit**

Grundsätzlich hat der Geschäftsführer einer GmbH dieser seine gesamte Arbeitskraft, seine persönlichen Fähigkeiten, Kenntnisse und Erfahrungen zur Verfügung zu stellen. Dabei unterliegt ein Geschäftsführer selbst dann einem **generellen Wettbewerbsverbot** während der Dauer seiner Anstellung, wenn sein Anstellungsvertrag **kein ausdrückliches Wettbewerbsverbot** enthält (BGH, GmbH- Stpr. 1997, S. 242).

Dies schließt jedoch nicht aus, dass der Geschäftsführer einer **Nebentätigkeit** nachgeht, solange dadurch seine Haupttätigkeit nicht beeinträchtigt wird. Berührt die Nebentätigkeit den Geschäftszweig der GmbH nicht, steht ihr regelmäßig nichts entgegen.

Tritt der Geschäftsführer aber in Konkurrenz zur GmbH, indem er beispielsweise in der gleichen Branche aktiv wird, können **zivil- und steuerrechtlich unangenehme Folgen** eintreten, z.B. Schadenersatzansprüche der GmbH und – wenn er gleichzeitig Gesellschafter ist – verdeckte Gewinnausschüttungen.

• **Befreiung vom Wettbewerbsverbot möglich**

Zu unterscheiden ist allerdings, ob ein Fremdgeschäftsführer, ein nicht beherrschender oder ein beherrschender Gesellschafter-Geschäftsführer vom Wettbewerbsverbot befreit werden soll. Die Befreiung eines **Fremdgeschäftsführers** oder eines nicht beherrschenden Gesellschafter-Geschäftsführers kann im Anstellungsvertrag geregelt werden.

Zur Legitimation der Befreiung reicht es aus, wenn die **Gesellschafterversammlung** der GmbH die Befreiung mit **einfacher Mehrheit** beschließt. Eine **schriftliche** Dokumentation des Gesellschafterbeschlusses ist nicht zwingend, jedoch aus **Nachweisgründen** ratsam. Dagegen ist eine nur von Mitgeschäftsführern ausgesprochene Befreiung unwirksam.

Komplizierter verläuft die Befreiung eines **beherrschenden Gesellschafter-Geschäftsführers** vom Wettbewerbsverbot. Hier bieten sich zivilrechtlich zumindest zwei Möglichkeiten an:

– Die **Satzung der GmbH** enthält eine Regelung, in der die Treuepflicht konkretisiert und eine Befreiung vom Wettbewerbsverbot ausgesprochen wird. Der BGH fordert hierfür, dass die Befreiung durch **sachliche Gründe** im Interesse der Gesellschaft **gerechtfertigt** ist, da die Erlaubnis zum Betrieb von Konkurrenzgeschäften für die anderen Gesellschafter eine einschneidende Maßnahme darstellt (BGHZ 80, S. 69, 74).

– Die zweite Möglichkeit besteht darin, dass die Satzung eine sog. **Öffnungsklausel** enthält, die es den Gesellschaftern erlaubt, eine Befreiung auszusprechen. In diesem Fall kann in der Gesellschafterversammlung mit **einfacher Mehrheit** über die Befreiung des Gesellschafter-Geschäftsführers vom Wettbewerbsverbot entschieden werden.

Folgende „**Öffnungsklausel**" kann in die Satzung aufgenommen werden:

„Den Gesellschaftern und Geschäftsführern der Gesellschaft kann Befreiung vom Wettbewerbsverbot erteilt werden. Über Art und Umfang der Befreiung beschließen die Gesellschafter mit einfacher Mehrheit."

Der **Anstellungsvertrag** des Minderheits-Gesellschafter-Geschäftsführers könnte folgende **Verbotsklausel** enthalten:

> *„Dem Geschäftsführer ist es untersagt, während der Dauer dieses Vertrags in selbstständiger, unselbstständiger oder sonstiger Weise für ein Unternehmen tätig zu werden, das mit der Gesellschaft in direktem oder indirektem Wettbewerb steht. In gleicher Weise ist es dem Geschäftsführer untersagt, während der Dauer dieses Vertrags ein solches Unternehmen zu errichten, zu erwerben oder sich hieran unmittelbar oder mittelbar zu beteiligen."*

- **Folgen bei einem Verstoß gegen das vertragliche Wettbewerbsverbot**

Verfolgt ein Geschäftsführer nun **eigene wirtschaftliche Interessen im Geschäftsbereich der GmbH** und verstößt damit gegen das Wettbewerbsverbot, hat die Gesellschaft zunächst einen **Anspruch auf Unterlassung** der Konkurrenztätigkeit. Entsteht der Gesellschaft ein Schaden, kann sie diesen nach § 43 Abs. 2 GmbHG ersetzt verlangen.

Darüber hinaus steht der GmbH ein **Eintrittsrecht** zu, das sie in die Lage versetzt, in den wirtschaftlichen Genuss des abgeschlossenen Geschäfts zu kommen. Der Geschäftsführer bzw. Gesellschafter muss sich nach § 113 HGB so behandeln lassen, als habe er die Geschäfte **für die GmbH** abgeschlossen.

Schließt der Gesellschafter bzw. Geschäftsführer die Geschäfte auf Rechnung eines Dritten ab, so umfasst das Eintrittsrecht der GmbH auch die Befugnis, die **Vergütung herauszuverlangen**, die der Geschäftsführer von dem Dritten bekommen hat.

- **Steuerliche Folgen im Zusammenhang mit dem vertraglichen Wettbewerbsverbot**

Im Zusammenhang mit dem Wettbewerbsverbot treten nur bei **Gesellschaftern** steuerliche Folgen in Gestalt **verdeckter Gewinnausschüttungen** (vGA) auf. Konkurrenztätigkeiten eines Gesellschafter-Geschäftsführers oder einer einem Gesellschafter nahestehenden Person können vGA auslösen, wenn hierdurch bei der GmbH eine gesellschaftsrechtlich veranlasste Vermögensminderung eintritt oder eine Vermögensmehrung verhindert wird.

Dabei sind drei Fallgruppen zu unterscheiden:

- Die **erste** betrifft den **Verstoß des Geschäftsführers gegen ein bestehendes Wettbewerbsverbot**. In diesem Fall entsteht – wie bereits erwähnt – ein **Schadenersatzanspruch der GmbH**. Verzichtet die GmbH auf die Geltendmachung dieses Anspruchs, so nimmt die Rechtsprechung eine vGA an, weil ein ordentlicher Kaufmann diesen Anspruch durchsetzen würde (BFH, GmbH-Stpr. 1987, S. 241).

- Die **zweite** Fallgruppe stellt die **Befreiung vom Wettbewerbsverbot ohne angemessene Gegenleistung** dar. Ein ordentlicher Kaufmann, der einen anderen von einer Pflicht befreit, würde sich hierfür eine Gegenleistung zahlen lassen. Verzichtet die GmbH auf eine angemessene Gegenleistung, ist dieser Verzicht ebenfalls eine vGA (BFH, GmbH-Stpr. 1990, S. 109).

- Die **dritte Gruppe** betrifft schließlich den Fall der „Wegnahme einer Ge- schäfts-Chance". Danach kommt es **unabhängig von der Verletzung** eines zivilrechtlichen **Wettbewerbsverbots** zu einer vGA, wenn die GmbH dem Gesellschafter-Geschäftsführer oder einer ihm nahestehenden Person eine konkrete Geschäfts-Chance zur Nutzung überlässt, die sie normalerweise selbst genutzt hätte, oder für deren Überlassung sie von einem fremden Dritten ein Entgelt gefordert hätte (BFH, GmbH-Stpr. 1996, S. 23). Dies gilt für den beherrschenden, den nicht beherrschenden und den Allein-Gesell- schafter-Geschäftsführer in gleichem Maße. Das Besondere an dieser drit- ten Fallgruppe liegt darin, dass es **trotz** zivilrechtlich wirksamer **Befreiung vom Wettbwerbsverbot** bzw. **nicht bestehendem** Wettbewerbsverbot (z.B. bei einem Nur-Gesellschafter bzw. bei einer Einmann-GmbH) zur Annahme einer vGA kommt.

Ob eine Geschäfts-Chance der GmbH vorliegt, beurteilt sich nicht nur rein formal nach dem in der Satzung festgelegten Unternehmensgegenstand. Entscheidend ist, ob das Geschäft der Gesellschaft tatsächlich zuzurechnen ist. Dabei kommt es für die Zuordnung nach der BFH-Rechtsprechung darauf an, ob die Gesellschaft Geschäfte dieser Art überhaupt schon getätigt, das kon- krete Geschäft vor Umsetzung durch den Gesellschafter angebahnt und ihrer- seits bereits Maßnahmen zur Durchführung des Geschäfts getroffen hat (BFH, GmbH-Stpr. 1997, S. 18).

Hintergrund für die Annahme einer vGA durch die Rechtsprechung ist die Ge- fahr der **willkürlichen Zuweisung** von Geschäften nach Belieben des Gesell- schafter-Geschäftsführers. Er könnte risikoreiche Geschäfte der Gesellschaft „zuordnen" und risikolose Geschäfte auf eigene Rechnung machen.

• **Nachvertragliches Wettbewerbsverbot für den Geschäftsführer**

Nach seinem **Ausscheiden aus dem Amt** unterliegt der Geschäftsführer nach dem Gesetz keinem Wettbewerbsverbot. Ein GmbH-Geschäftsführer kann aber auch für die Zeit **nach seiner Anstellung** mit einem Wettbewerbsverbot belegt werden. Dieses **„nachvertragliche Wettbewerbsverbot"** untersagt ihm dann zumeist bestimmte Geschäfte auf dem Geschäftsgebiet der GmbH für eine bestimmte Zeit nach Beendigung des Anstellungsverhältnisses. Es kann sich auch auf eine Konkurrenztätigkeit an einem bestimmten Ort oder in einer bestimmten Branche beziehen.

 Es muss aber immer **schriftlich vereinbart** sein, um zivilrechtlich Gültigkeit zu haben.

Es wird oft im Interesse der GmbH liegen, ein nachvertragliches Wettbewerbsverbot zu vereinbaren, da der Geschäftsführer häufig in der Branche sehr erfahren ist, nicht selten nach Spannungen innerhalb der Gesellschaft ausscheidet und aufgrund seiner Fachkenntnisse und seiner engen Kontakte zu den Kunden in der Lage sein wird, die geknüpften Beziehungen für sich zu nutzen. Der Geschäftsführer seinerseits hat ein Interesse daran, weiterhin in der Branche, in der er einschlägige Erfahrungen gesammelt hat, zu arbeiten und sein Knowhow Gewinn bringend einzusetzen.

Eine nachvertragliche Beschränkung des Geschäftsführers kann jedoch **nicht schrankenlos vereinbart** werden. Eine solche Klausel kann im Anstellungsvertrag wie folgt formuliert werden:

(1) Der Geschäftsführer wird binnen zwei Jahren nach Beendigung des Anstellungsverhältnisses keine Tätigkeit für ein Konkurrenzunternehmen der Gesellschaft in der Bundesrepublik Deutschland aufnehmen. Untersagt ist ihm insbesondere:

– der Erwerb und die sonstige Begründung eines Konkurrenzunternehmens sowie die Beteiligung an einem solchen, außer dem Erwerb von Wertpapieren eines Unternehmens, die an Börsen gehandelt werden und ausschließlich dem Zweck der Kapitalanlage dienen,

– die Eingehung eines Arbeits- oder Beratungsverhältnisses mit einem Konkurrenzunternehmen.

(2) Konkurrenzunternehmen der Gesellschaft sind solche, deren Unternehmensgegenstand (auch) die Herstellung und der Vertrieb von .... sind.

(3) Zum Ausgleich leistet die Gesellschaft an den Geschäftsführer für die Dauer des Wettbewerbsverbots eine Entschädigung in Höhe der Hälfte seiner zuletzt bezogenen Vergütung. Diese wird dem Geschäftsführer in gleich bleibenden monatlichen Raten ausgezahlt.

- **Karenzentschädigung**

Die §§ 74 ff. Handelsgesetzbuch (HGB) sehen für nachvertragliche Wettbewerbsverbote eine sog. **Karenzentschädigung** vor. Dieses gilt jedoch nur für Handlungsgehilfen und Handelsvertreter (§§ 75a, 90a Abs. 2 HGB), zu denen

GmbH-Geschäftsführer nicht gehören. Sie sind auch nicht analog anwendbar, da die Vorschriften ein Schutzrecht zu Gunsten von Arbeitnehmern darstellen. Der Status des GmbH-Geschäftsführers ist mit dem eines Arbeitnehmers jedoch nicht vergleichbar. GmbHs können daher mit ihren Geschäftsführern ein nachvertragliches Wettbewerbsverbot **ohne Karenzentschädigung** vereinbaren (OLG Düsseldorf, GmbH-Stpr. 1997, S. 175).

Gleichwohl kann die Vereinbarung einer Karenzentschädigung für die zivilrechtliche Gültigkeit eines Wettbewerbsverbots bei Geschäftsführern eine Rolle spielen. Eine fehlende oder zu niedrige Entschädigung kann die Berufsausübung und wirtschaftliche Betätigung des Geschäftsführers **unbillig erschweren** und damit zur **Unzulässigkeit der Wettbewerbsklausel** nach § 138 BGB, Art. 12 GG führen.

Bei **Kundenschutzklauseln** führt das Fehlen einer Karenzentschädigung aber nicht zu einer **unbilligen Erschwerung der Berufsausübung.** Anders verhält es sich dagegen bei **gegenständlich unbeschränkten** Tätigkeitsverboten, da der Geschäftsführer hier überhaupt keine Möglichkeit hat, sich außerhalb der Gesellschaft in seinem bisherigen Tätigkeitsfeld eine neue Existenz aufzubauen.

Die Geltung der Regeln über die Karenzentschädigung sollte im Zweifel **einzelvertraglich** vereinbart werden, was in der Praxis im Falle des Wettbewerbsverbots mit GmbH-Geschäftsführern auch häufig geschieht. Je länger der Geschäftsführer für die GmbH tätig war, desto höher wird die Entschädigung angesetzt werden. Bei wirtschaftlich gut gestellten GmbHs und langjährig tätigen Geschäftsführern ist es nicht selten, dass die Karenzentschädigung für jedes Jahr des Wettbewerbsverbots bis zur Höhe **der gesamten Jahresbezüge** geht.

Als Geschäftsführer sollten Sie darauf achten: Falls Sie eine Karenzentschädigung erhalten, dürfen Sie nach dem Ausscheiden aus der Gesellschaft ihr Knowhow für die vereinbarte Stillhaltezeit nicht anderweitig verwerten.

Für die GmbH sind die Karenzzahlungen **Betriebsausgaben**, beim Geschäftsführer **nachträgliches Arbeitsentgelt**. Zahlt die GmbH an den Gesellschafter-Geschäftsführer eine Karenzentschädigung, obwohl eine solche nicht vereinbart war, handelt es sich um eine vGA bei der GmbH.

99 Wettbewerbsverbot, nachvertragliches

Verzicht der GmbH auf nachvertragliches Wettbewerbsverbot des Ex-Geschäftsführers

Der Fall und das Urteil:

Einem Geschäftsführer war im Anstellungsvertrag ein zweijähriges nachvertragliches Wettbewerbsverbot auferlegt worden. Der Vertrag sah eine Kündigungsfrist von zwölf Monaten vor. Während der Dauer des Verbots sollte der Geschäftsführer 50% des letzten Festgehalts als Karenzentschädigung erhalten. Der Geschäftsführer kündigte das Anstellungsverhältnis im September 2008 außerordentlich. Im Dezember 2008 verzichtete die Gesellschaft auf das Wettbewerbsverbot und stellte die Zahlung der Karenzentschädigung ein. Der Geschäftsführer klagte auf Zahlung der Karenzentschädigung für die vollen zwei Jahre von September 2008 bis August 2010.

Das OLG sprach dem Kläger die Karenzentschädigung für die Zeit vom September 2008 bis Dezember 2009 zu, wies jedoch für den darüber hinausgehenden Zeitraum von Januar bis August 2010 die Klage ab.

Konsequenzen:

Ist in einem GmbH-Geschäftsführeranstellungsvertrag ein Wettbewerbsverbot gegen Karenzentschädigung vereinbart worden, kann die Gesellschaft, wenn nichts anderes vereinbart wurde, auch noch **nach Beendigung des Anstellungsvertrags** auf das Wettbewerbsverbot verzichten mit der Folge, dass die Karenzentschädigung entfällt. Allerdings sind in diesem Fall die Interessen des Geschäftsführers zu wahren. Da dieser bis zur Ausübung des Verzichts davon ausgeht, dass er seinen künftigen Lebensunterhalt auf einem neuen Geschäftssektor suchen muss und auf eine Karenzentschädigung zurückgreifen kann, kann ein Verzicht nur so erfolgen, dass der Geschäftsführer sofort mit der Verzichtserklärung von der Pflicht zur Einhaltung des Wettbewerbsverbots frei wird, die Gesellschaft dagegen noch für eine gewisse Zeit die Karenzentschädigung fortzuzahlen hat. Für die **Bemessung dieser Frist** stellt das OLG auf die vertraglich vorgesehene Kündigungsfrist des Anstellungsvertrags ab.

Nach § 75a HGB kann der Arbeitgeber **vor der Beendigung** eines Dienstverhältnisses auf ein Wettbewerbsverbot mit der Wirkung verzichten, dass er mit Ablauf eines Jahres seit der Erklärung von der Verpflichtung zur Zahlung der Entschädigung frei wird. Das OLG München lehnte eine analoge Anwendung dieser Vorschrift ausdrücklich ab.

✋ Die Tendenz der Zivilgerichte geht dahin, sich immer weiter von den „arbeitsrechtlichen" Normen der §§ 74 ff. HGB zu entfernen und nur in Ausnahmefällen Analogien zu ziehen. Deshalb wird es für die Praxis immer wichtiger, in Wettbewerbsverbote mit Organmitgliedern (Geschäftsführer, Vorstand) **detaillierte Bestimmungen über Leistungsstörungen oder Verzichtsrechte** aufzunehmen. Gerade im Hinblick auf das Verzichtsrecht sollte klar geregelt werden, ob, unter welchen Voraussetzungen und mit welchen Rechtsfolgen ein Verzichtsrecht des Unternehmens bestehen soll.

OLG München, Urteil vom 28.7.2010, Az. 7 U 2417/10

100 Zufluss – Vergütung

Steuerlich maßgebender Zufluss von Vergütungen an beherrschende Gesellschafter-Geschäftsführer

Der Fall:

Der zu 51% an einer GmbH beteiligte Gesellschafter hatte nach einem Gesellschafterbeschluss Anspruch auf ein monatliches Honorar von 10.500 DM zuzüglich Umsatzsteuer für Planungsleistungen, das er der GmbH in Rechnung stellen und erhalten sollte, wenn die GmbH dazu wirtschaftlich in der Lage war. Ein gleich hohes Honorar sollte er für seine Geschäftsführungstätigkeit beziehen. Zudem sollte er eine einmalige Abfindung für Aufwendungen in Höhe von 10.000 DM erhalten.

Für das Jahr 1992 stellte er der GmbH am 20.12.1992 insgesamt 126.000 DM zuzüglich 17.640 DM Umsatzsteuer in Rechnung. Außer dieser Geschäftsführervergütung erhielt er 48.549 DM für seine Beratungstätigkeit sowie 10.000 DM Aufwendungsersatz. Das Finanzamt stufte sowohl den Aufwendungsersatz als auch das Geschäftsführungshonorar von 143.640 DM als verdeckte Gewinnausschüttung ein und unterstellte den Zufluss von Zinsen in Höhe von 2.213 DM für der GmbH gewährte Darlehen.

Das Urteil:

Die dagegen eingelegten Rechtsmittel blieben letztlich ohne Erfolg. Die Vereinbarungen über die **Vergütung** der **Beratungs-** und der **Geschäftsführertätigkeit** sind – so der BFH – nicht klar und eindeutig im Voraus getroffen worden. Denn es blieb offen, ob und in welcher Höhe ein Entgelt für diese Leistungen gezahlt werden sollte. Dem könne nicht entgegengehalten werden, der Gesellschafter habe die GmbH trotz seiner 51%igen Beteiligung nicht beherrscht. Ob die Minderheits-Gesellschafter den Mehrheits-Gesellschafter fachlich hätten unter Druck setzen können, spiele keine Rolle.

Die einzelnen Vergütungen seien dem Gesellschafter auch **zugeflossen;** denn bei einem beherrschenden Gesellschafter ist dazu **keine Gutschrift** auf seinem Konto erforderlich, sondern der Zufluss wird durch die Fälligkeit ausgelöst. Die Fälligkeit ergab sich **aus der Rechnungsstellung,** nach welcher der Gesellschafter die Zahlung verlangen konnte. Eine die Fälligkeit hinausschiebende Nebenvereinbarung lag nicht vor.

Die GmbH war zu diesem Zeitpunkt auch als zahlungsfähig einzustufen; hohe Umsatzerlöse und Vorratsbestände hätten es ihr erlaubt, sich die erforderlichen Mittel **im Zweifel per Kredit** zu beschaffen. Zudem war sie in der Lage, andere Verbindlichkeiten zu begleichen. Dass der Gesellschafter die Liquidität der GmbH schonen wollte und im Streitfall die **Auszahlung der Vergütungen stundete**, hindert nach Ansicht des BFH die Annahme des Zuflusses nicht. Vielmehr sei zu unterstellen, dass die Mittel ihm bereits im Fälligkeitszeitpunkt zugeflossen sind und er sie der GmbH als Darlehen zurückgewährt habe.

Auch die **einmalige Abfindung** von 10.000 DM sei als verdeckte Gewinnausschüttung zu beurteilen, da es an einer klaren und eindeutigen Vereinbarung hierüber fehlte. Ein solcher Anspruch könne nicht aus den §§ 675, 670 BGB (Geschäftsführung ohne Auftrag) abgeleitet werden, zumal im Streitfall die GmbH keine Einzelnachweise für die Aufwendungen gefordert hatte.

Konsequenzen:

Der BFH bestätigt mit dieser Entscheidung seine bisherige Rechtsprechung. Er hält daran fest, dass ein zu 51% beteiligter Gesellschafter als beherrschend gilt, wenn keine abweichenden Stimmrechtsvereinbarungen vorliegen.

 Überlegene Fachkenntnisse von Minderheits-Gesellschaftern können an seiner „Beherrschung" nichts ändern.

Zahlungen an einen beherrschenden Gesellschafter gelten bereits dann als zugeflossen, wenn sie **fällig** sind. Ist kein konkreter Zeitpunkt vereinbart, richtet die Fälligkeit sich nach den bürgerlich-rechtlichen Vorschriften. Die Unterstellung eines erfolgten Zuflusses lässt sich nur durch den Nachweis widerlegen, dass die GmbH zum Fälligkeitszeitpunkt nicht zahlungsfähig war. Das ist aber erst dann der Fall, wenn sie keine Kredite mehr erhält.

 Der Zufluss hätte sich im Urteilsfall teilweise verhindern lassen, wenn der Gesellschafter seine Beratungsleistungen zu einem späteren Zeitpunkt in Rechnung gestellt hätte.

Die Unterstellung des Zuflusses von Leistungsvergütungen bei Fälligkeit gilt nur für beherrschende Gesellschafter. Dies hat der BFH erneut in einem Urteil vom 3.2.2011 betont (Az. VI R 4/10, GmbH-Stpr. 2011, S. 215). In diesem Urteilsfall ging es um Arbeitslohn eines Gesellschafter-Geschäftsführers ohne beherrschende Stellung, der ihm nicht ausgezahlt worden war. Entgegen der Auffassung des Finanzamts verneinte der BFH den Zufluss.

BFH, Urteil vom 5.10.2004, Az. VIII R 9/03

Teil C: Vertragliche Musterformulierungen mit Hinweisen

• Vorbemerkungen

Damit Vergütungsregelungen optimal – auch finanzamtssicher – umgesetzt werden können, enthält dieser Praxis-Teil Formulierungshilfen zu den wichtigsten Gehaltsfragen eines Geschäftsführer-Anstellungsvertrags, die in zentralen Punkten zum besseren Verständnis auch erläutert sind, so u.a. zu:

- erlaubten bzw. nicht erlaubten Nebentätigkeiten,
- Tätigkeiten im Geschäftsbereich der GmbH oder als deren Subunternehmer,
- der Gestaltung der Hauptvergütung (Grundgehalt), von festen und variablen Sondervergütungen,
- der Vergütung bei Dienstverhinderung und Tod,
- Direktversicherung und Unfall-Vorsorgeversicherung,
- Dienstwagen und Privatnutzung,
- Auslagenersatz, z.B. bei der Benutzung des eigenen Privat-Pkw oder Telefons, Garagengeld
- der Erstattung von Reisekosten und Spesen und eines Entgelts für nicht genommenen Urlaub.

Um nicht beim Finanzamt anzuecken, sollten **Gesellschafter-Geschäftsführer** auch „Nebenvergütungen" wie z.B. Auslagenersatz und Dienstwagennutzung schriftlich mit der GmbH regeln. Auch bei **Fremdgeschäftsführern** empfiehlt sich eine solche Regelung aus Klarstellungsgründen.

Über eine betriebliche Altersversorgung in Form einer **Pensionszusage** sollte eine **gesonderte vertragliche Vereinbarung getroffen werden**. Schriftlichkeit in allen Details ist hier ein absolutes Muss, weil sonst laut Gesetz die GmbH nicht zur Vornahme Gewinn mindernder Pensionsrückstellungen berechtigt ist.

Einen kompletten Gesellschafter-Geschäftsführervertrag mit Erläuterungen und zahlreichen Gestaltungsempfehlungen können Sie als Muster beim VSRW-Verlag, Rolandstr. 48, 53175 Bonn, Fax 0228 95124-90 anfordern (3. Auflage 2011, 68 Seiten, 19,80 €).

Die nachfolgenden Vertragsklauseln mit Praxis-Tipps sollen Anregungen für eine rechts- und steueroptimale Vergütungsregelung vor allem von GmbH-Gesellschafter-Geschäftsführern geben. Dieses entbindet Sie nicht von der Aufgabe, die Musterformulierungen auf Ihren eigenen Bedarf zuzuschneiden.

In Vergütungsfragen sollte Ihr Anstellungsvertrag, wenn Sie **beherrschender** Gesellschafter-Geschäftsführer sind, eher ausführlicher als zu knapp gehalten sein. Denn hier gilt: Alle wesentlichen Vertragsinhalte müssen eindeutig genug, d.h. für jeden Dritten verständlich, geregelt sein (sog. Klarheitsgebot). Sonst drohen verdeckte Gewinnausschüttungen „dem Grunde nach" (siehe Teil A, Ziff. 5), also der steuerlich denkbar schlechteste Fall!

- **Vergütungsrelevante Vertragsklauseln mit Anmerkungen**

§ 4 Tätigkeit für die GmbH – Nebentätigkeit

(I) Der Geschäftsführer hat seine volle Arbeitskraft sowie sein Wissen und Können in die Dienste der Gesellschaft zu stellen. In der Bestimmung seiner Arbeitszeit ist der Geschäftsführer frei. Er hat jedoch, soweit das Wohl der Gesellschaft dies erfordert, jederzeit zu ihrer Verfügung zu stehen und ihre Interessen wahrzunehmen.

(II) Dem Geschäftsführer ist während der Dauer des Vertrags jede entgeltliche oder unentgeltliche Nebentätigkeit für sich oder Dritte untersagt (alternativ: erlaubt).

(Oder alternativ: Dem Geschäftsführer wird folgende anzeigepflichtige Tätigkeit erlaubt: ....)

Aus der Standard-Formulierung in Geschäftsführerverträgen „.... hat seine volle Arbeitskraft zur Verfügung zu stellen", folgert die Finanzrechtsprechung, dass auch Mehrarbeit „für denselben Preis" geschuldet ist mit der Folge, dass Mehrarbeitszuschläge vGA sind.

Das **GmbH-Gesetz** sieht keine Regelung über die Ausübung von Nebentätigkeiten durch den Geschäftsführer vor. Grundsätzlich ist es ihm deshalb nicht verwehrt, einer Nebentätigkeit überhaupt nachzugehen.

Allerdings gebietet der Vertragszweck und die Position eines GmbH-Geschäftsführers, dass hierdurch seine Leistung für die Gesellschaft bzw. deren Belange **nicht beeinträchtigt** werden dürfen. Wird ihm eine Nebentätigkeit – entgeltlich oder unentgeltlich – durch Geschäftsführervertrag untersagt oder von der Zustimmung der Gesellschaft abhängig gemacht, so ist dem Geschäftsleiter jede Nebentätigkeit verboten bzw. diese nur mit vorheriger Zustimmung erlaubt.

Eine unerlaubte Nebentätigkeit – eventuell sogar noch im Geschäftsbereich der GmbH – dürfte dem Betriebsprüfer Anlass geben, die Angemessenheit der Geschäftsführervergütung besonders intensiv zu prüfen.

§ 5 Vertragliches Wettbewerbsverbot

(I) Dem Geschäftsführer ist es untersagt, während der Dauer dieses Vertrags in selbstständiger, unselbstständiger oder sonstiger Weise für ein Unternehmen tätig zu werden, das mit der Gesellschaft in direktem oder indirektem Wettbewerb steht. In gleicher Weise ist es dem Geschäftsführer untersagt, während der Dauer dieses Vertrags ein solches Unternehmen zu errichten, zu erwerben oder sich hieran unmittelbar oder mittelbar zu beteiligen.

(II) Nimmt der Geschäftsführer eine Geschäfts-Chance der Gesellschaft wahr (auch bei erlaubter Nebentätigkeit), hat er ihr dafür eine angemessene marktübliche Vergütung zu zahlen.

[Alternativ z.B. für Allein- und Mehrheits-Gesellschafter-Geschäftsführer: Der Geschäftsführer darf neue Tätigkeiten im Geschäftsbereich der GmbH in Eigenregie vornehmen bzw. als Subunternehmer der Gesellschaft auftreten bzw. folgende, bisher ausgeübte Tätigkeiten fortsetzen .... (Auflistung)]

Für den GmbH-Geschäftsführer finden sich keine ausdrücklichen Regelungen über ein **Wettbewerbsverbot** im GmbH-Gesetz. Auch ohne ausdrückliche vertragliche Regelung ist es dem Geschäftsführer jedoch verboten, in Wettbewerb zur GmbH zu treten. Gleichwohl empfiehlt sich die Aufnahme der entsprechenden Klauseln, um dem Geschäftsführer die Pflichtwidrigkeit gegenläufigen Handelns klar vor Augen zu halten.

Verstöße gegen das Wettbewerbsverbot führen zunächst zu **Unterlassungs-** und **Schadenersatzansprüchen**. Darüber hinaus steht der GmbH anstelle des Schadenersatzanspruchs ein **Eintrittsrecht** hinsichtlich des Konkurrenzgeschäfts zu. Macht die Gesellschaft Ansprüche gegenüber dem Gesellschafter-Geschäftsführer nicht geltend, liegt eine **vGA** dann – aber auch nur dann – vor, wenn die Ansprüche zivilrechtlich feststellbar und durchsetzbar sind.

Zur **Befreiung** des Geschäftsführers vom **Wettbewerbsverbot** reicht eine Klausel im Anstellungsvertrag oder ein Gesellschafterbeschluss nicht aus, wenn es darum geht, eine vGA zu vermeiden. Dazu ist vielmehr eine **Satzungsregelung** bzw. entsprechende Satzungsänderung (ausreichend als Öffnungsklausel) erforderlich.

Ein Entgelt für die Befreiung vom Wettbewerbsverbot ist laut neuerer BFH-Rechtsprechung zu zahlen, soweit der Gesellschafter-Geschäftsführer **konkrete Geschäfts-Chancen** der GmbH im Einzelfall wahrgenommen hat. Schwierigkeiten bereitet zurzeit die Feststellung eines „Marktwerts" der Geschäfts-Chance. Entscheidend ist, ob ein fremder Dritter der GmbH für die Überlassung der Geschäfts-Chance eine Vergütung gezahlt hätte (Fremdvergleich). In der Nichtzahlung einer üblichen Vergütung liegt eine vGA.

§ 6 Vergütung

(I) Der Geschäftsführer erhält ein festes monatliches Grundgehalt in Höhe von .... € brutto, das jeweils zum Ende eines Monats ausgezahlt wird.

(II) Das Grundgehalt erhält der Geschäftsführer pro Kalenderjahr 12 mal. Außerdem bekommt er ein Urlaubsgeld in Höhe des Grundgehalts, zahlbar zum .... (z.B. 31.7.). Als Jahressonderzahlung bekommt er ein 14. Monatsgehalt. Dieses wird im Monat November ausgezahlt. Das 14. Monatsgehalt wird nicht gezahlt, wenn der Geschäftsführer den Anstellungsvertrag zum 31. Dezember gekündigt hat.

(III) Das Grundgehalt (Abs. 1 und 2) gilt zunächst für einen Zeitraum von .... Jahren, (z.B. für 3 Jahre) als fest vereinbart.

(IV) Außerdem erhält der Geschäftsführer eine Tantieme (Gewinntantieme) in Höhe von 20% des Jahresüberschusses der GmbH vor Ertragssteuern und Tantieme und nach Berücksichtigung von Verlustvorträgen, für die der Geschäftsführer verantwortlich zeichnet, maximal 50% des handelsrechtlichen Jahresüberschusses der GmbH (vor Abzug der ertragsabhängigen Steuern und der Tantieme).

(V) Überschreitet der Jahresüberschuss (alternativ: Netto-Umsatz) der GmbH die Grenze von .... €, erhält der Geschäftsführer im Folgejahr eine erfolgsabhängige Sondervergütung in Höhe von .... € als zusätzliches Festgehalt, zahlbar binnen 3 Monaten nach Feststellung der jeweiligen Gewinn-/Umsatzgröße für das Vorjahr.

Die im Anstellungsvertrag zu treffende Vergütungsregelung ist von zentraler Bedeutung. Sie sollte daher mit besonderer Sorgfalt formuliert werden und auch die **jeweils relevanten steuerlichen Sonderaspekte** berücksichtigen.

Das **13. Monatsgehalt** wird häufig als Weihnachtsgeld bezeichnet. Ein gesetzlicher Anspruch hierauf besteht nicht. Es muss ausgehandelt werden. Auch Tarifverträge gelten nicht. Ebenso hat ein Geschäftsführer keinen Anspruch auf Zahlung eines gesonderten **Urlaubsgelds**. Dies muss ebenfalls separat vereinbart werden. Dies empfiehlt sich auch für eine **Urlaubsabgeltung**.

Die **Höhe der Vergütung** eines Geschäftsführers bemisst sich nach zahlreichen Faktoren. Entscheidend ist vor allem die Situation des Unternehmens, nämlich seine Größe, Ertragslage, Branche sowie der Standort. Steuerlich wird nur eine angemessene Gesamtvergütung anerkannt.

Der Geschäftsführer **schuldet** – soweit nichts anderes vereinbart ist – gegen Zahlung des Jahresgrundgehalts **seine volle Arbeitsleistung**. Überstunden, Nacht-, Sonntags- und Feiertagsarbeit können zusätzlich vergütet werden, was für Gesellschafter-Geschäftsführer aber regelmäßig steuerlich nicht anerkannt wird.

Das Jahresgrundgehalt wird meist ergänzt durch eine **Tantieme**. In Betracht kommt eine gewinnabhängige Tantieme oder eine, die anteilig von dem vom

Unternehmen erzielten Umsatz zu leisten ist. Für den **Gesellschafter-Geschäfts-führer** existieren strenge Vorgaben der Finanzrechtsprechung, inwieweit und unter welchen Voraussetzungen Gewinn- und Umsatztantiemen zulässig sind. Umsatztantiemen werden nur in Ausnahmefällen anerkannt.

Bei der Gestaltung von **Gewinntantiemen** ist die neuere BFH-Rechtsprechung zu beachten, um nicht in die Gefahr von vGA zu kommen. Eine Begrenzung auf maximal **25% vom Gesamtgehalt** ist nicht mehr erforderlich. Im Einzelfall können sich aber tantiemebegrenzende Regelungen „vorbeugend" empfehlen. Nach wie vor gilt eine absolute Obergrenze von **50% des GmbH-Jahresüberschusses** – auch wenn die GmbH von mehreren Gesellschafter-Geschäftsführern geleitet wird.

Auch steuerlich gilt, dass eine Tantiemeregelung bei beherrschenden Gesellschafter-Geschäftsführern in **allen Punkten klar und eindeutig** getroffen sein muss; dies gilt insbesondere in punkto **„Bemessungsgrundlage"**. Jeder Außenstehende muss anhand der vertraglichen Regelung die Tantieme ausrechnen können. Unklare Tantiemeregelungen oder Tantiemen, die vom „good will" (dem Belieben) der Gesellschafter bzw. der GmbH abhängig sind, führen ausnahmslos zu vGA.

Nach neuerer BFH-Rechtsprechung sind sogar umsatzabhängige Jahressonderzahlungen anzuerkennen (vgl. Urteil vom 5.8.2002, Az. I R 69/01, GmbH-Stpr. 2003, S. 1 ff.).

Vergütungen an den Gesellschafter, die vGA sind (z.B. ein überhöhtes Gehalt oder Bezüge ohne wirksame Vertragsabrede), müssen vermieden werden. Auch unter der Geltung des Halb-(Teil-)Einkünfteverfahrens kommen vGA steuerlich zu teuer, kosten Liquidität und führen zu unerwünschten Wechselwirkungen im Verhältnis der Gesellschafter untereinander (vgl. GmbH-Stpr. 2003, S. 6).

Probleme mit der steuerrechtlichen Anerkennung einer **Gewinntantieme** für einen Gesellschafter-Geschäftsführer wird es kaum geben. Hier hat der BFH in einer ganzen Stafette von neueren Urteilen konkrete Vorgaben entwickelt, bei deren Einhaltung er die Gewinntantieme für steuerrechtlich unbedenklich hält (BFH vom 27.2.2003, Az. I R 46/01, GmbH-Stpr. 2003, S. 373; vom 27.2.2003, Az. R 80 bzw. 81/01, GmbH-Stpr. 2004, S. 23; vom 4.6.2003, Az. I R 24/02, GmbH-Stpr. 2004, S. 21).

Folgende Grenze ist dabei besonders wichtig: Die Summe aller Tantiemezahlungen (an alle Gesellschafter-Geschäftsführer) **darf nicht 50%** des GmbH-Gewinns übersteigen. Bemessungsgrundlage für den 50%-Satz ist der handelsrechtliche Jahresüberschuss vor Abzug der ertragsabhängigen Steuern und der Tantieme (vgl. Beiträge Nr. 51, 52).

Das für **alle** Gesellschafter-Geschäftsführer geltende **Durchführungsgebot** besagt, dass das, was vertraglich vereinbart ist, tatsächlich auch so durchgeführt werden muss. Es wird daher nicht steuerlich anerkannt, dass Gehaltsansprüche seitens der Gesellschaft längere Zeit „gestundet" werden, indem z.B. aus wirtschaftlichen Gründen das dem Geschäftsführer für Dezember zugesagte Weihnachtsgeld erst im Frühjahr ausgezahlt wird. Die Auszahlung des Weihnachtsgelds im Frühjahr würde eine vGA bedeuten.

§ 7 Vergütung bei Dienstverhinderung und Tod

(I) Im Falle der Erkrankung oder sonstigen unverschuldeten Dienstverhinderung werden dem Geschäftsführer seine vertragsmäßigen Bezüge gem. § 6 Abs. 1 für die Dauer von 3 Monaten [6 Monaten (Allein- und Mehrheitsgesellschafter)] fortgezahlt.

(II) Für die Tantieme-Ansprüche gemäß § 6 Abs. 4 gilt im Falle der Erkrankung oder sonstigen unverschuldeten Dienstverhinderung des Geschäftsführers Folgendes:

a) Eine Erkrankung oder sonstige unverschuldete Dienstverhinderung bis zu 2 Monaten lässt den Tantieme-Anspruch unberührt.

b) Bei Erkrankung oder sonstiger unverschuldeter Dienstverhinderung, die über 2 Monate hinausgeht, wird der Tantieme-Anspruch gemäß § 6 Abs. 4 für jeden weiteren begonnenen Kalendermonat fortbestehender Dienstverhinderung um je 1/12 gekürzt.

(III) Beim Tod des Geschäftsführers erhält die Witwe das Grundgehalt gemäß § 6 Abs. 1 noch für die Dauer von 3 Monaten [12 Monaten bei Allein-/Mehrheitsgesellschafter-Geschäftsführern], beginnend mit dem Ablauf des Sterbemonats, weiter. Für den Tantieme-Anspruch gilt § 6 Abs. 5.

Die Vertragsparteien müssen sich auch Gedanken darüber machen, für welche Dauer im Krankheitsfall das Gehalt fortgezahlt werden soll. In der Praxis sind häufig Vereinbarungen anzutreffen, wonach das Festgehalt im **Krankheitsfall** für drei bis sechs Monate fortgezahlt wird.

Für den **beherrschenden** Gesellschafter-Geschäftsführer gilt auch hier, dass zur Vermeidung einer vGA die entsprechenden Vereinbarungen einer klaren und eindeutigen vorherigen Vertragsregelung bedürfen.

§ 8 Sonstige Leistungen

(I) Die Gesellschaft schließt zu Gunsten des Geschäftsführers eine Lebensversicherung als betriebliche Direktversicherung ab. Der von ihr übernommene Jahresbeitrag beträgt .... €. Beim Tod des Geschäftsführers sind seine Ehefrau bzw. seine Kinder (bei verstorbener Ehefrau oder Ehedauer unter 5 Jahren) bezugsberechtigt.

(II) Das Bezugsrecht aus der Direktversicherung wird ab Vertragsschluss unwiderruflich an den Geschäftsführer abgetreten.

(III) Die Gesellschaft schließt für den Geschäftsführer außerdem eine Unfall-Vorsorgeversicherung mit folgenden Deckungssummen ab:

für den Todesfall: ..... €

für den Invaliditätsfall: ..... €

und übernimmt für die Laufzeit des Vertrags alle hierfür anfallenden Beitragsleistungen. Die Ansprüche aus dem Versicherungsvertrag stehen unmittelbar dem Geschäftsführer oder seinen Erben zu.

(IV) Die Gesellschaft stellt dem Geschäftsführer einen Dienstwagen der gehobenen Mittelklasse (bis maximal 50.000 € Listenpreis) zur Verfügung, der auch zu privaten Zwecken genutzt werden darf und dessen Privatnutzung (als geldwerter Vorteil) vom Geschäftsführer zu versteuern ist.

(V) Für Geschäftsreisen, die im Interesse der Gesellschaft erforderlich sind, hat der Geschäftsführer Anspruch auf Erstattung seiner Spesen (Reisekosten, Verpflegung, Übernachtung) im Rahmen der jeweils steuerlich zulässigen Höchstsätze. Die Unterlagen und Nachweise dafür sind lückenlos und zeitgerecht zu erbringen.

(VI) Nutzt der Geschäftsführer sein eigenes Privatfahrzeug für Zwecke der Gesellschaft, hat er Anspruch auf Ersatz seiner Aufwendungen in tatsächlicher Höhe (bzw. nach der steuerlichen Dienstreisepauschale pro Kilometer).

(VII) Für dienstlich veranlasste Telefongespräche vom Privatanschluss des Geschäftsführers erstattet die Gesellschaft dem Geschäftsführer die Kosten in nachgewiesener Höhe. [Regelung für Allein-/Mehrheitsgesellschafter: Die Gesellschaft übernimmt die Kosten des Anschlusses und die laufenden Kosten eines Telefonanschlusses im Heimbüro des Geschäftsführers (in der Privatwohnung ....), damit dieser auch außerhalb betrieblicher Öffnungszeiten für Geschäftspartner und Arbeitnehmer erreichbar ist. Dieser Anschluss darf auch für Privatgespräche genutzt werden.]

(VIII) Die Gesellschaft leistet an den Geschäftsführer folgenden steuerfreien Auslagenersatz: .... (z.B. Garagengeld), ferner für sämtliche Aufwendungen, die der Geschäftsführer im Interesse der Gesellschaft aus eigener Tasche bezahlt hat und deren betriebliche Veranlassung er glaubhaft machen kann.

Die **Altersversorgung** des Geschäftsführers wird sich üblicherweise zusammensetzen aus (1) den Bezügen aus der gesetzlichen Rentenversicherung (soweit es sich um ein versicherungspflichtiges Arbeitsverhältnis handelt, z.B. bei einem Minderheits-Gesellschafter-Geschäftsführer), (2) der betrieblichen Altersversorgung (Direktversicherung, Pensionszusage) und (3) Leistungen aus einer eigenen privaten Altersvorsorge, z.B. einer Kapitallebensversicherung.

Der **Fremdgeschäftsführer** ist in aller Regel **sozialversicherungspflichtig** und damit auch in der gesetzlichen Rentenversicherung zu versichern. Beim **Gesellschafter-Geschäftsführer** kommt es auf eine Einzelfallprüfung an, ob Sozialversicherungspflicht besteht. Hat der Geschäftsführer **maßgeblichen Einfluss** auf die Geschicke der Gesellschaft, ist er nicht weisungsabhängig und damit **sozialversicherungsfrei**.

Bei einer **Pensionszusage** verspricht die GmbH dem Geschäftsführer für den Altersruhestand, gegebenenfalls zusätzlich für den vorzeitigen Eintritt der Berufsunfähigkeit bzw. Invalidität Versorgungsleistungen. Für den Fall des Todes kann eine Hinterbliebenenversorgung vereinbart werden.

☞ Bei Pensionszusagen empfiehlt sich eine **gesonderte vertragliche Regelung**, auch vor dem Hintergrund, dass diese in allen Details **schriftlich** (eindeutig) vereinbart sein muss, damit die Gewinn mindernden Pensionsrückstellungen der GmbH anerkannt werden können (vgl. § 6a EStG).

Die Pensionszusage sollte in die Gesamtversorgung des Geschäftsführers eingebettet werden. Dies kann durch Anrechnung der Sozialversicherungs- und sonstiger Renten auf die Betriebsrente geschehen. Die **Höhe der Gesamtversorgung** (Betriebsrente + gesetzliche Rente + sonstige Renten) ist hierbei der Höhe nach **steuerlich auf maximal 75% des zuletzt bezogenen Bruttogehalts begrenzt**. Sonst liegt in Gestalt der Pensionszusage eine „Überversorgung" vor, die insoweit zu einer vGA beim Gesellschafter-Geschäftsführer führt (vgl. Beitrag Nr. 88).

✋ Die Pensionszusage ist Bestandteil der Gesamtvergütung des Geschäftsführers. Bei Gesellschafter-Geschäftsführern muss diese Gesamtausstattung angemessen sein. Neben der Angemessenheit der Pensionszusage stellt die Rechtsprechung noch die folgenden Anerkennungs-Erfordernisse auf: Erdienbarkeit der Pensionszusage, Einhaltung einer Probezeit vor Erteilung der Pensionszusage und Finanzierbarkeit der Pensionszusage.

Ein **fester Spesensatz** wird in der Regel nur vereinbart, wenn der Geschäftsführer laufend im Außendienst tätig ist. Der Spesensatz orientiert sich dann regelmäßig an den steuerlichen Bestimmungen. Hinterher ist die Höhe des Aufwands anhand von Belegen nachzuweisen.

Für den **beherrschenden** Gesellschafter-Geschäftsführer gilt, dass Vereinbarungen über die Reisekostenerstattung immer im Voraus zu treffen sind. Dies gilt selbst dann, wenn der Erstattungsanspruch auch ohne ausdrückliche Vertragsregelung zivilrechtlich begründet wäre.

§ 9 Urlaub

(I) Dem Geschäftsführer steht jährlich ein Erholungsurlaub von 30 Arbeitstagen unter Fortzahlung seiner Bezüge zu. [Die zeitliche Festsetzung erfolgt unter Berücksichtigung der betrieblichen Belange der Gesellschaft – Regelung für Minderheits-Gesellschafter-Geschäftsführer].

(II) Kann der Geschäftsführer aus betrieblichen oder in seiner Person liegenden Gründen den Urlaub nicht oder nicht vollständig bis zum Jahresende nehmen, hat er Anspruch auf Urlaubsabgeltung in Höhe von .... % (z.B. 100% bei Allein-/Mehrheits-Gesellschafter-Geschäftsführer) seines Festbezugs (§ 6 Abs. 1 des Vertrags).

Da der Geschäftsführer nicht Arbeitnehmer im arbeitsrechtlichen Sinne ist, **gilt** für ihn **das Bundesurlaubsgesetz nicht**. Ohne vertragliche Regelung hätte der Geschäftsführer lediglich aus der Treue- und Fürsorgepflicht der GmbH heraus einen Anspruch auf angemessenen Erholungsurlaub.

Im Gegensatz zu den nur für Arbeitnehmer geltenden Regelungen des Bundesurlaubsgesetzes besteht bei (Gesellschafter-)Geschäftsführern alternativ oder kombiniert auch die Möglichkeit zur finanziellen Abgeltung des Urlaubsanspruchs.

§ 11 Vertragsdauer und Kündigung

(I) Dieser Vertrag tritt mit Wirkung vom .... in Kraft und wird auf unbestimmte Zeit geschlossen.

(II) Der Vertrag kann von beiden Vertragspartnern – unbeschadet der Möglichkeit zur Kündigung aus wichtigem Grund – mit einer Frist von sechs Monaten [oder kürzere Kündigungsfristen bei Allein- oder Mehrheitsgesellschaftern] zum Ende eines Kalenderjahrs gekündigt werden. Jede Kündigung bedarf der Schriftform.

(III) Im Fall einer Kündigung oder bei Abberufung/Amtsniederlegung ist die Gesellschaft berechtigt, den Geschäftsführer [für Minderheits-Gesellschafter: unter Anrechnung auf etwaigen noch offen stehenden Urlaub] bis zum Ablauf der Vertragsdauer von der Verpflichtung zur Dienstleistung freizustellen.

Die Laufzeit des Anstellungsvertrags bzw. der Vergütungsvereinbarung richtet sich allein **nach dem Vertrag**. Gesetzliche Vorgaben bestehen nicht, sodass Geschäftsführerverträge auch befristet oder langfristig mit Kündigungsvorbehalt abgeschlossen werden können.

Beispiel: Dieser Vertrag tritt mit Wirkung vom .... in Kraft und wird auf die Dauer von zunächst drei Jahren geschlossen. Der Vertrag verlängert sich um weitere drei Jahre, wenn er nicht spätestens sechs Monate vor Ablauf der Vertragsdauer von einer der Parteien gekündigt wurde.

Kürzere Kündigungsfristen, welche eine schnellere Anhebung des Geschäftsführergehalts (auch steuerlich wirksam) ermöglichen, haben für Gesellschafter-Geschäftsführer auch ihre Schattenseiten: Läuft die Geschäftsentwicklung bei der GmbH weniger gut, kann sie entsprechend früher aus steuerlichen Gründen zur Vertragsanpassung nach unten gezwungen sein, damit keine vGA vorliegen.

☞ Vor diesem Hintergrund empfiehlt es sich, bei der Kündigungsfrist im Zweifel einen „Mittelweg" zu gehen. Dieser kann z.b. zunächst eine längere Vertragsdauer (von zwei Jahren) mit jährlicher Verlängerungsoption um ein Jahr vorsehen.

✋ Da die Bestimmung der Nebenleistungen (Tantieme) von der Laufzeit des Vertrags abhängen kann, aber nicht muss, sollte der Vertragsbeginn ausdrücklich vermerkt sein, ggf. vertragliche Sonderlaufzeit bei Tantieme und dergleichen.

Das Kündigungsschutzgesetz ist auf Geschäftsführerverträge nicht anwendbar. Will der Geschäftsführer gegen die **Kündigung** vorgehen, so handelt es sich nicht um eine arbeitsrechtliche Streitigkeit, die vor den Arbeitsgerichten ausgetragen wird. Zuständig sind vielmehr die ordentlichen Gerichte (Zivilgerichte).

Von der Kündigung des Anstellungsvertrags ist die (gesellschaftsrechtliche) **Abberufung** vom Amt als Geschäftsführer zu unterscheiden. Grundsätzlich hat neben der Kündigungserklärung ein Abberufungsbeschluss zu ergehen, falls der Geschäftsführer auch von seinem Amt abberufen werden soll.

☞ Zulässig ist jedoch eine vertragliche Regelung, wonach die Abberufung zugleich die Kündigungserklärung darstellt. Die Abberufung ist jederzeit ohne eine Kündigung möglich.

---

§ 12 Herausgabe von Gegenständen und Unterlagen

(I) Bei Beendigung des Anstellungsvertrags oder im Falle einer durch die Gesellschaft erfolgten Freistellung von der Dienstleistung hat der Geschäftsführer unverzüglich sämtliche die Angelegenheiten der Gesellschaft betreffenden Gegenstände und Unterlagen, insbesondere Schlüssel, Bücher, Modelle, Aufzeichnungen jeder Art, einschließlich etwaiger Abschriften oder Kopien, die sich im Besitz des Geschäftsführers befinden, an die Gesellschaft herauszugeben.

Über die **Weiternutzung des Dienstwagens** für eine Übergangszeit empfiehlt es sich, eine konkrete vertragliche Regelung z.B. im Rahmen einer Abfindungsvereinbarung zu treffen.

§ 13 Nachvertragliches Wettbewerbsverbot

(I) Nach Beendigung seiner Geschäftsführertätigkeit bei der Gesellschaft kann der Geschäftsführer jede andere Tätigkeit (auch im Wettbewerb mit der Gesellschaft) aufnehmen [bzw. nach folgender Maßgabe .... eine Wettbewerbstätigkeit aufnehmen – Klausel für Minderheits-Gesellschafter]

(II) Im Fall eines nachvertraglichen Wettbewerbsverbot (s. Abs. 1) wird Folgendes vereinbart:

Der Geschäftsführer wird binnen zwei Jahren nach Beendigung des Anstellungsverhältnisses keine Tätigkeit für ein Konkurrenzunternehmen der Gesellschaft in der Bundesrepublik Deutschland aufnehmen. Untersagt ist ihm insbesondere

– der Erwerb oder die Gründung eines Konkurrenzunternehmens sowie die Beteiligung an einem solchen Unternehmen. Ausgenommen ist der Erwerb von Wertpapieren eines Konkurrenzunternehmens, die an der Börse gehandelt werden und nur zum Zweck der Kapitalanlage erworben werden;

– die Eingehung eines Arbeits- oder Beratungsverhältnisses mit einem Konkurrenzunternehmen.

(III) Konkurrenzunternehmen der Gesellschaft sind solche Unternehmen, deren Unternehmensgegenstand auch die Herstellung und der Vertrieb von .... ist.

(IV) Zum Ausgleich zahlt die Gesellschaft an den Geschäftsführer für die Dauer des Wettbewerbsverbots eine Entschädigung in Höhe der Hälfte seiner zuletzt bezogenen Vergütung nach § 6 Abs. 1. Diese wird dem Geschäftsführer in gleich bleibenden monatlichen Raten ausgezahlt (alternativ: Verzicht auf Entschädigung, d.h. ersatzlose Streichung von IV).

Zur rechtlichen Verbindlichkeit nachvertraglicher Wettbewerbsverbote kann auf die gesetzliche Regelung in §§ 74 ff. Handelsgesetzbuch (HGB) zurückgegriffen werden. Kern dieser Regelungen ist, dass die wirksame Vereinbarung eines nachvertraglichen Wettbewerbsverbots die Zahlung einer Entschädigung an den Geschäftsführer voraussetzt. Diese muss **zumindest die Hälfte** der zuletzt bezogenen vertragsgemäßen Vergütung (inklusive Tantiemen, Prämien und Jahresabschlussbezügen) erreichen (§ 74 HGB).

☞ Auf die Entschädigung muss sich der Geschäftsführer anrechnen lassen, was er durch eine anderweitige Verwertung seiner Arbeitskraft an Einkommen erzielt oder böswillig zu erzielen unterlässt.

Die Dauer des Wettbewerbsverbots sollte einen Zeitraum von zwei Jahren nicht übersteigen. Das Verbot ist unter Aushändigung der Urkunde an den Geschäftsführer schriftlich zu vereinbaren.

§ 14 Schlussbestimmungen

(I) Änderungen und Ergänzungen dieses Vertrags bedürfen der Schriftform sowie der Legitimation durch einen entsprechenden Gesellschafterbeschluss.

(II)...

Diese (einfache) Schriftformklausel lässt eine **nicht schriftliche** Vertragsänderung zu, etwa durch mündliche Abreden und deren konsequente Durchführung (sog. konkludentes Handeln) und einen schriftlich legitimierenden Gesellschafterbeschluss.

Unter steuerlichen Aspekten empfiehlt sich bei **jeder** Änderung von Vergütungsregelungen für Gesellschafter-Geschäftsführer „die Form zu wahren", also auf Schriftlichkeit zur Beweisdokumentation und einen entsprechenden Gesellschafterbeschluss zu achten.

Teil D: Literaturliste

Übersicht über lesenswerte Beiträge aus der Fachzeitschrift „GmbH-Steuerpraxis" (GmbH-Stpr.)

Foerster, Abfindung bei Entlassung des Geschäftsführers – Anwendungen der einkommensteuerlichen Tarifvergünstigung – aktuelle Entscheidungen, GmbH-Stpr. 2011, S 161

Gebauer, Sicherung von Pensionsansprüchen des Gesellschafter-Geschäftsführers im GmbH-Insolvenzfall, GmbH-Stpr. 2011, S. 229

Mertens, Aktualisierte Angemessenheits-Tabelle der OFD Karlsruhe, GmbH-Stpr. 2010, S. 1

Mertens, Angemessene Gesamtvergütung bei mehreren Geschäftsführern, GmbH-Stpr. 2011, S. 293

Ott, Unternehmenssteuerreform – Folgen für mittelständische GmbHs, insbesondere zu vGA durch überhöhte Gehaltszahlungen an Gesellschafter-Geschäftsführer, GmbH-Stpr. 2007, S. 259, 260

Poppelbaum, Sozialversicherungsfreiheit – Voraussetzungen bei GmbH-(Ge-sellschafter-)Geschäftsführern, GmbH-Stpr. 2011 S. 15

Prühs, Angemessene Gesamtvergütung – steuerliche Sonderproblematik bei mehreren Gesellschafter-Geschäftsführern kleinerer GmbHs, GmbH-Stp. 2010, S. 3

Prühs, Betriebliche Altersversorgung für GmbH-Gesellschafter-Geschäftsführer im Spiegel neuerer Rechtsprechung, GmbH-Stpr. 2010, S. 225

Prühs, Forderungsverzicht des Gesellschafters gegen Besserungsschein, GmbH-Stpr. 2004, S. 77 (mit Formulierungshilfen)

Prühs, Gesellschafter-Geschäftsführer – Vergütungs-Check zum Jahreswechsel 2012 (mit Checkliste), GmbH-Stpr. 2011, S. 361

Prühs, Gewinntantieme – Notwendigkeit zur Gewinndeckelung, GmbH-Stpr. 2003, S. 41

Rath/Mertens/Siems, BBE-Gehälterstudie 2013, GmbH-Stpr. 2013, S. 1

Zimmers, Aktuelle Steuerrechtsprechung zur Angemessenheit von Gesellschafter-Geschäftsführergehältern (Orientierungshilfe), GmbH-Stpr. 2009, S. 13

Zimmers, Gewinntantieme – Deckelung auf maximal 50%, GmbH-Stpr. 2004, S. 267

Zimmers, Steuerliche Gehaltskürzung bei mehrfacher Geschäftsführertätigkeit, GmbH-Stpr. 2009, S. 10

Zimmers, Umsatzbeteiligung von Gesellschafter-Geschäftsführern (Umsatztantieme): Chancen, Risiken, Orientierungshilfe, GmbH-Stpr. 2007, S. 101

Zimmers, Umsatzorientierte Sondervergütung (als Teil des Festgehalts), Chancen und Formulierungshilfe, GmbH-Stpr. 2005, S. 103

Grundlegende BFH-Rechtsprechung:

Angemessenheit der Gesamtvergütung, keine festen Höchstbeträge – Urteil vom 27.2.2003, GmbH-Stpr. 2004, S. 23

50%-Grenze bei Gewinntantieme - Urteil vom 4.6.2003, Az. I R 24/02, GmbH-Stpr. 2004, S. 21

Mehrere Gesellschafter-Geschäftsführer bei kleineren GmbHs – Urteil vom 4.6.2003, Az. I R 38/02, GmbH-Stpr. 2004, S. 22

Forderungsverzichte/GmbH-Gesellschafter – Entscheidung des Großen Senats vom 9.6.1997, GmbH-Stpr. 1997, S. 304

GmbH-Geschäftsführer-Vergütungen

Vergütungen aus steuerlicher Sicht „wasserdicht" gestalten

Aktuelle Vergleichswerte über Gehälter von GmbH-Chefs haben einen hohen praktischen Wert. Wichtig sind sie einerseits für Gehaltsverhandlungen. Andererseits sind sie für GmbH-Gesellschafter-Geschäftsführer von großer Bedeutung. Denn sie können mit diesen Zahlen die Angemessenheit ihrer Vergütung überprüfen und damit ärgerliche Steuernachzahlungen als Folge sogenannter verdeckter Gewinnausschüttungen vermeiden.

Wer über den letzten Stand der Dinge in punkto GmbH-Geschäftsführer-Vergütungen informiert sein will, bekommt mit der jährlich neu erscheinenden BBE-Studie „GmbH-Geschäftsführer-Vergütungen" die neuesten Daten von mehr als 3.550 GmbH-Geschäftsführern. Zusammengefasst und nach allen wichtigen Kriterien ausgewertet sind sie auf rund 220 Seiten DIN A 4. Ein exklusives Auswertungsprogramm auf CD-ROM erlaubt eine individualisierte Suche mit bis zu 8 unterschiedlichen Kriterien und ermöglicht das schnelle Finden von Vergleichsdaten aus den Wirtschaftszweigen Einzelhandel, Großhandel, Handwerk, Dienstleistung und Industrie.

Sichern Sie sich alle aktuellen Fakten und profitieren Sie von dieser jährlich neu erscheinenden Studie

- bei **Streitigkeiten mit dem Fiskus** über die Angemessenheit des Geschäftsführergehalts

- bei **Gehaltsverhandlungen** mit Fremdgeschäftsführern

- bei der **Bestimmung des eigenen Marktwerts** beim Wechsel von Aufgaben oder des Unternehmens.

Die jeweils aktuelle Studie (auch die der Vorjahre) kann beim VSRW-Verlag unter Fax-Nr. 0228 95124-90 bestellt werden. Weitere Produkte und Infos unter www.vsrw.de

 VSRW Rolandstr. 48 • 53179 Bonn • Tel.: 0228 95124-0 • Fax: 0228 95124-90 • E-Mail: vsrw@vsrw.de

Weitere GmbH-Ratgeber

GmbH-Geschäftsführer: Rechte und Pflichten

Die 100 wichtigsten Rechte und Pflichten eines GmbH-Geschäftsführers

Von Dr. Hagen Prühs, GmbH-Ratgeber Bd. 4, 4. Auflage, 262 Seiten, 24,80 €

GmbH-Gesellschafter: Rechte und Pflichten

Die wichtigsten Rechte und Pflichten eines GmbH-Gesellschafters

Von Dr. Hagen Prühs, GmbH-Ratgeber Bd. 12, 3. Auflage, 250 Seiten, 24,80 €

Der GmbH-Beirat

Gründung – Organisation – Haftung

Von Andreas Sattler, Peter Jursch und Bernd Müller, GmbH-Ratgeber Bd. 17, 124 Seiten, 24,80 €

Der GmbH-Jahresabschluss

der kleinen und mittelgroßen GmbH nach der Bilanzrechtsreform

Von Steuerberater Wilhelm Krudewig, Reihe GmbH-Ratgeber Bd. 22, 124 Seiten, 24,80 €

Die Unternehmergesellschaft (haftungsbeschränkt)

Gründung und Vertragsgestaltung

Von Rechtsanwalt Dr. Stephan Dornbusch, Reihe GmbH-Ratgeber Bd. 21, 96 Seiten, 24,80 €

Unternehmensnachfolge in der GmbH

Den Generationenwechsel erfolgreich gestalten – unter Berücksichtigung der GmbH- und Erbschaftsteuerreform

Von Rechtsanwalt Dr. Andreas Rohde, GmbH-Ratgeber Bd. 20, 120 Seiten, 24,80 €

Die Ratgeber können beim VSRW-Verlag unter Fax-Nr. 0228 95124-90 oder unter www.vsrw.de bestellt werden

Notizen: